律师公司法业务前沿问题与案例评析 ②

《公司法解释（四）》的理解与适用

CORPORATE LAW PRACTICE
── CHALLENGES AND SOLUTIONS ──

中华全国律师协会公司法专业委员会　编著

图书在版编目(CIP)数据

律师公司法业务前沿问题与案例评析.②,《公司法解释(四)》的理解与适用/中华全国律师协会公司法专业委员会编著.—北京:北京大学出版社,2018.3
 ISBN 978-7-301-29349-2

Ⅰ.①律… Ⅱ.①中… Ⅲ.①公司法—法律解释—中国 ②公司法—法律适用—中国 Ⅳ.①D922.291.915

中国版本图书馆 CIP 数据核字(2018)第 032545 号

书　　　名	律师公司法业务前沿问题与案例评析②:《公司法解释(四)》的理解与适用 Lüshi Gongsifa Yewu Qianyan Wenti yu Anli Pingxi ②:《Gongsifa Jieshi(Si)》de Lijie yu Shiyong
著作责任者	中华全国律师协会公司法专业委员会　编著
责 任 编 辑	王建君　焦春玲
标 准 书 号	ISBN 978-7-301-29349-2
出 版 发 行	北京大学出版社
地　　　址	北京市海淀区成府路 205 号　100871
网　　　址	http://www.pup.cn　http://www.yandayuanzhao.com
电 子 信 箱	yandayuanzhao@163.com
新 浪 微 博	@北京大学出版社　@北大出版社燕大元照法律图书
电　　　话	邮购部 62752015　发行部 62750672　编辑部 62117788
印 刷 者	北京大学印刷厂
经 销 者	新华书店
	730 毫米×1020 毫米　16 开本　17 印张　343 千字 2018 年 3 月第 1 版　2018 年 3 月第 1 次印刷
定　　　价	49.00 元

未经许可,不得以任何方式复制或抄袭本书之部分或全部内容。
版权所有,侵权必究
举报电话: 010-62752024　电子信箱: fd@pup.pku.edu.cn
图书如有印装质量问题,请与出版部联系,电话: 010-62756370

出版说明

编写本书的缘由

2017年8月25日,最高人民法院发布《关于适用〈中华人民共和国公司法〉若干问题的规定(四)》[以下简称《公司法解释(四)》]。为了发挥中华全国律师协会公司法专业委员会(以下简称"公司法专委会")对全国律师办理公司法业务的引领、指导和规范作用,2017年9月9日、10日,公司法专委会在安徽省合肥市召开了"《公司法解释(四)》与股东权益保护法律实务论坛",围绕《公司法解释(四)》的理解与适用及相关律师实务,就股东权益保护的热点与难点展开热烈的研讨与争鸣。为保障本次论坛的顺利召开,论坛共收集论文一百余篇。会后,公司法专委会对提交论坛交流的论文进行了修改与完善,形成了一批具有一定质量和典型意义的文章与案例,最终形成本书,提交出版社出版。

出版本书,旨在通过对参加论坛的律师关于《公司法解释(四)》的理解与争鸣中形成的股东权益保护法律实务的操作创新经验、典型案例进行汇集和整理,归纳和总结律师开展公司法实务所遇到的各类前沿问题,交流律师应对各类前沿问题的实务操作经验,帮助律师提高从事公司法业务的整体素质和业务水平,同时向有关立法机关、司法机关和行政部门提出相应的立法和执法建议。

本书的主要内容

本书分为《公司法解释(四)》与公司决议效力之诉、《公司法解释(四)》与股东知情权纠纷、《公司法解释(四)》与股东利润分配请求权纠纷、《公司法解释(四)》与优先购买权纠纷、《公司法解释(四)》与股东代表诉讼、《公司法解释(四)》与非上市公司股权激励六大部分。

本书涉及的公司法实务前沿问题与研究成果主要包括：

1. 《公司法解释(四)》重点条款解析方面的研究成果；
2. 公司决议瑕疵制度方面的研究成果；
3. 公司决议实务操作方面的研究成果；
4. 上市公司股东提案权机制方面的研究成果；
5. 非上市公司股权激励律师实务方面的研究成果；
6. 股东代表诉讼方面的研究成果；
7. 公司决议效力之诉的律师实务方面的研究成果；
8. 股东知情权纠纷的律师实务方面的研究成果；
9. 股东利润分配请求权纠纷的律师实务方面的研究成果；
10. 股东优先购买权纠纷的律师实务方面的研究成果。

本书的读者对象

本书由中华全国律师协会公司法专业委员会从委员及其他具有丰富经验的执业律师的公司法业务经验总结文章和案例中，经反复筛选，并分门别类编撰而成。

本书可供律师、公司法务人员、公司法学理论研究者、法律院系的师生、立法部门、行政管理部门和司法部门的专业人士等使用。

作者

本书作者为中华全国律师协会公司法专业委员会的委员或具有公司法业务丰富从业经验的资深律师。公司法专委会是中华全国律师协会理事会批准设立并进行组织管理和业务活动指导的下属法律业务专业委员会。

本书所选文章与案例，是作者的执业感悟和研究结果，并不代表公司法专委会以及中华全国律师协会的意见。在此特别感谢北京大学出版社的蒋浩先生、陆建华先生和编辑王建君女士、焦春玲女士，他们为此书的出版发行付出了智慧和辛劳。

由于编辑时间仓促，加之对具体律师公司业务的办理可能仁者见仁、智者见智，以及与此相关的理论研究并无定论，本书中的不妥甚至谬误之处敬请见谅，也敬请读者不吝赐教。

中华全国律师协会公司法专业委员会
2018 年 1 月

目 录

第一部分 《公司法解释(四)》与公司决议效力之诉

公司决议瑕疵制度的完善
——以《公司法解释(四)(征求意见稿)》《公司法解释(四)》与《公司法》
对比为视角／吕　洁　姜山赫　杨子维　　003

签名伪造的公司决议效力认定
——兼谈对《公司法解释(四)》第5条第(五)项的
理解／李天霖　韦丽娅　　008

限制股东表决权章程修正案的效力探析
——以某甲诉乙公司公司决议效力确认纠纷案为样本／许正平　郑　杰　014

资本多数决原则与大小股东权益冲突
——湖南胜利湘钢钢管有限公司与湖南盛宇高新材料有限公司公司决议
纠纷案／吴金凤　　018

股东会会议的通知方式
——兼评《公司法解释(四)》的公司决议效力之诉／吴洪钢　　023

公司决议撤销纠纷的司法审查
——以李建军诉上海佳动力环保科技有限公司公司决议撤销纠纷案
为例／崔修滨　　027

公司决议瑕疵制度兼论《公司法解释(四)》之不足
——以决议可撤销为中心／张秀华　　035

股东会(大会)决议"程序瑕疵"与可撤销的边界
——兼评《公司法解释(四)》第4条／祝传颂　洪雅娴　　041

关于确认公司决议效力的实务探讨／吴　威　　048

上市公司股东提案权限制探讨／熊　杰　　054

以案看公司决议效力纠纷中司法审查的谦抑性原则
／张保生　朱进妹　刘　坤　　059

未履行通知义务的公司决议的法律后果／张　铁　　066

公司决议瑕疵诉讼探析／杨　帆　　070

股东诉请确认股东会决议无效问题分析
　　——兼论《公司法解释（四）》相关规定 / 郭　靖　　　　　　074

第二部分　《公司法解释（四）》与股东知情权纠纷

股东知情权纠纷的产生与司法救济 / 莫　雷　张艳杰　　　　　081
《公司法解释（四）》对股东知情权的影响 / 李琦文　　　　　　086
《公司法解释（四）》之股东知情权实务探析 / 李天霖　胡　乐　092
股东知情权的行使主体
　　——以隐名投资中股东身份认定为视角 / 罗皓雯　方明玉　099
《公司法解释（四）》中的股东知情权与公司商业秘密的保护 / 赵燕颖　105
有限责任公司股东知情权的若干思考
　　——以《公司法解释（四）》颁行为背景 / 胡国杰　　　　　108
股东知情权诉讼若干问题探讨 / 张化平　　　　　　　　　　　113
以案分析股东知情权的实现及法律障碍 / 陆栋良　　　　　　　122
股东知情权纠纷中的相关问题 / 曹　军　赵维久　　　　　　　127
股东知情权的主体资格 / 卜永新　王　梅　　　　　　　　　　133
股东知情权无法实现的赔偿责任
　　——兼评《公司法解释（四）》第12条 / 苗春健　　　　　139
股东查阅权的边界
　　——兼评《公司法解释（四）》关于知情权的规定 / 郭春宏　146
"不正当目的"的制度逻辑与实务理解
　　——兼论《公司法解释（四）》对"不正当目的"的认定 / 徐培龙　潘　青　159

第三部分　《公司法解释（四）》与股东利润分配请求权纠纷

股东利润分配请求权的司法保护
　　——兼论《公司法解释（四）》相关规定 / 徐嘉丽　　　　　167
中小股东利润分配请求权之司法直接救济
　　——兼评《公司法解释（四）》/ 祝传颂　郭　欢　　　　　172
抽象的股东利润分配请求权的司法救济
　　——兼论《公司法解释（四）》第14、15条 / 吴正林　　　178
中小股东利润分配请求权的司法干预与保护 / 杨志泉　王飞翔　185

第四部分 《公司法解释(四)》与优先购买权纠纷

有限责任公司股权外部收购中股东优先购买权的突破 / 奚 庆 李 雪　　193

股东优先购买权的"同等条件"
　　——对《公司法解释(四)》第18条的解读 / 李凤嫱 方明玉　　203

股东优先购买权的侵权救济
　　——现行立法的不足与完善 / 邓业军 盛 强　　210

股东优先购买权"同等条件"的法律认定
　　——兼谈对《公司法解释(四)》第18条的理解 / 李天霖 熊雪宇　　216

以案看优先购买权的法律风险 / 孟 宁　　221

股东优先购买权与《公司法解释(四)》相关规定的解读 / 王光英　　226

以案看《公司法解释(四)》关于股东优先购买权的问题 / 郭 歌　　232

第五部分 《公司法解释(四)》与股东代表诉讼

直接诉讼与股东代表诉讼的评析
　　——结合《公司法解释(四)》及其征求意见稿 / 孙 蓉 刘婉菱　　239

股东代表诉讼的两个问题 / 李天瑜　　244

以案看股东代表诉讼制度与公司利益的保护 / 何丽焦　　249

第六部分 《公司法解释(四)》与非上市公司股权激励

《公司法解释(四)》对非上市公司股权激励的实务影响 / 刘媛媛　　257

第一部分

《公司法解释（四）》与公司决议效力之诉

公司决议瑕疵制度的完善

——以《公司法解释(四)(征求意见稿)》《公司法解释(四)》与《公司法》对比为视角

吕 洁* 姜山赫** 杨子维***

[摘要] 《公司法》将公司决议的效力瑕疵分为可撤销和无效两种情形,然而实践中遇到的问题通常比法律、法规规定的更为多样、复杂。《公司法解释(四)(征求意见稿)》第一部分便对公司股东会或者股东大会、董事会决议效力问题进行了进一步的规定,旨在为公司决议效力问题提供明确的指引。将《公司法解释(四)(征求意见稿)》《公司法解释(四)》与《公司法》进行对照,不难发现最高人民法院对公司决议瑕疵制度方面观点的变化。

[关键词] 《公司法》 股东会决议 决议无效 瑕疵

公司决议瑕疵,是指公司决议的内容或者相关决议的程序违反了法律规定或公司章程规定的情形,是一种影响公司决议效力的法律缺陷。公司决议瑕疵的存在将严重损害股东等利害关系人的合法权益。因此,建立完善的公司决议瑕疵制度具有重大而深远的意义。虽然我国在公司法律实践中涉及公司决议瑕疵的纠纷时有发生,但是对于公司决议瑕疵制度的规定,即现行《中华人民共和国公司法》(以下简称《公司法》)第 22 条的规定却略显简单和滞后。2016 年 4 月 12 日,最高人民法院发布了《关于适用〈中华人民共和国公司法〉若干问题的规定(四)(征求意见稿)》[以下简称《公司法解释(四)(征求意见稿)》],向社会公开征求意见,并于 2016 年 12 月 5 日原则通过。该征求意见稿的重点之一就是对公司股东会或者股东大会、董事会决议效力的释明。2017 年 8 月 25 日最高人民法院《关于适用〈中华人民共和国公司法〉若干问题的规定(四)》[以下简称《公司法解释(四)》]正式颁布并于 2017 年 9 月 1 日起实施。正式稿中,对一部分条款进行了调整。本文将着重对公司决议行为的效力瑕疵制度进行对比分析,以更好地帮助读者了解公司决议瑕疵制度的变化。

---

* 北京市朝阳区职工大学讲师。
** 北京市铭泰律师事务所合伙人、中华全国律师协会公司法专业委员会委员、北京市律师协会理事、清华大学法学院联合导师、首都法学法律高级人才、北京市朝阳区人民政府法律顾问团成员、北京市资本市场专家服务团成员。
*** 北京市铭泰律师事务所实习律师。

一、区分公司决议行为的不成立与可撤销、无效

(一) 公司决议行为不成立与可撤销之区分

根据《公司法》第22条第2款之规定,程序瑕疵只能致使公司决议可撤销,但并不是造成公司决议无效的原因。然而在司法实践中,相关利害关系人以公司作出的决议没有通过正当程序为理由请求法院确认决议无效的事情却常常发生。法院对此往往采用迂回的方法,以程序不合法导致利害关系人的权利遭到损害为理由,来认定该决议为无效决议。如海南省高级人民法院作出的(2014)琼民三终字第1号民事判决中,法院以被告公司中只有股东张某一人同意变更股东出资比例并减少公司注册资本,违反了被告公司章程的相关规定,以及股东张某的表决权及持股比例亦不符合《公司法》第43条的规定为由确认该决议的相关部分无效。为解决此类问题,《公司法解释(四)(征求意见稿)》将相关程序问题分别归入未形成有效决议、决议不存在、决议无效及决议可撤销的不同类别中,以平衡现行法律规定与实践做法的关系。

《公司法解释(四)(征求意见稿)》对公司决议不成立与可撤销进行了详细区分,有利于实践中的操作适用。公司会议无决议能力时作出的决议,该决议不成立,具体表现为《公司法解释(四)(征求意见稿)》第4条、第5条之规定,如未满足出席人数的最低要求而作出的公司决议、未达到法定或者章程约定的多数决表决方式或未进行召集程序作出的决议进行无效认定。而对表决方式和召集程序存在瑕疵的决议,则属于公司决议是否可撤销的问题。对公司决议不成立与可撤销的区分具有重大实际意义,因为两者无论是在构成要件还是在法律后果(特别是能否被补正)上均存在较大差异。公司决议不成立和公司决议可撤销的原因都是相关程序的瑕疵,二者的区别就在于造成决议撤销的程序瑕疵的严重程度低于造成决议不成立的瑕疵的严重程度。程序存在严重瑕疵,导致公司决议在法律上不能存在时,决议不成立。原则上程序违法的公司决议应按照可撤销处理,同时根据严重程度确认是否达到不成立的标准。

(二) 公司决议不成立与公司决议无效之区分

法律行为的成立与生效是两个截然不同的概念,法律行为是否成立属于事实判断的范畴,而是否生效则属于价值判断的范畴。仅在一个法律行为成立后,才能产生其是否有效的问题。因此,法律行为的成立与生效,在理论上言,二者不能无所差异。公司决议不存在或者不成立的,则对应法律行为不成立,是指公司决议缺少成立要件。同理,在公司法理论中也应当区分公司决议的成立与生效。(如果)根本无股东会或其决议之存在,即无检讨股东会决议有无瑕疵之必要。例如,没有达到法定出席人数的股东大会没有决议能力,因此作出的决议不成立。公司决议存在与否,是探讨公司决议无效或者可撤销的前提,必须在立法上予以确认。

(三) 公司决议瑕疵"三分法"

《公司法解释（四）（征求意见稿）》显示出我国对于公司决议瑕疵制度从"二分法"到"三分法"的进步。"二分法"是指将公司决议瑕疵分为"决议无效"和"决议可撤销"两种情形，我国《公司法》第22条就是"二分法"，只将公司决议区分为无效和可撤销。然而，这种"二分法"过于简单，难以对现实生活进行有效回应，因为人们无论如何也没有办法去撤销一个没有成立的公司决议。而"三分法"把"公司决议不成立"分出来，作为一种独立的公司决议的瑕疵类型。历史上日本对公司决议瑕疵制度也曾采取"二分法"的模式，但随着学说的发展和实践的需求，都指明有建立确认股东大会决议不存在制度的必要性，因此《日本商法典》于1981年进行了修改，其中增加了"决议不存在"作为一种公司决议瑕疵的类型。《公司法解释（四）（征求意见稿）》中也增加了"未形成有效决议"和"决议不存在"两种情形，同时强调了应当严格区分未形成有效决议、决议不存在、决议无效及决议可撤销四种情形。《公司法解释（四）（征求意见稿）》顺应了国际普遍做法和国内实务的需求。

二、《公司法解释（四）（征求意见稿）》对公司决议无效情形的完善

（一）公司决议无效情形概论

现行《公司法》对公司决议行为的无效情形规定在第22条第1款："公司股东会或者股东大会、董事会的决议内容违反法律、行政法规的无效。"该条款中的法律、行政法规是指强制性法律规定。对于违反一般性、规范性的法律及行政法规或有违反公司章程的决议，不应当然地被认定为无效。如嘉兴市中级人民法院作出的(2010)浙嘉商终字第429号民事判决中，由于被告公司从事的是典当行业，根据《典当管理办法》的规定，被告作出的增资决议导致股东出资比例违法，法院以此作为认定该决议无效的依据之一。

虽然《公司法》规定了决议无效的情况只有违反法律、行政法规一种，但是在实践中，关于公司决议内容侵犯相关利害关系人的实体权利而导致无效的情形也时常发生。但对此现行法律没有确切的规定，所以在实践中也存在较多争议。法院判决时有的根据《中华人民共和国合同法》（以下简称《合同法》）第48条关于无权代理的规定，有的根据《合同法》第52条"有下列情形之一的，合同无效……（二）恶意串通，损害国家、集体或者第三人利益"的规定，没用定论。虽然《公司法解释（四）（征求意见稿）》中增加了两种公司决议无效的情形：一是决议进行重大不当关联交易、过度分配利润等导致公司债权人的利益受损；二是股东滥用股东权利通过决议损害公司或者其他股东的利益。但对主要的争议问题，如相关利害关系人的实体权利被侵犯应当如何认定等问题并未进行详细规定，应对此进行进一步完善。

（二）股东意思遭到排斥

实践中对于当股东个人的意思表示完全被排斥（例如没有通知、伪造签名

等),然而该决议事项并未损害该股东个人权益,且决议形成的程序也符合相关规定,此时是否认定公司决议无效的问题,各个法院的做法不尽相同。有的法院认为,决议内容合法,且没有损害相关股东权益,因此不符合决议无效的法定条件。有的法院认为,公司明知股东为股权所有人,却排除股东的意思表示,违反了《公司法》第4条"公司股东依法享有财产收益,参与重大决策和选择管理者等权利",因此侵犯了股东的实体权利。《公司法解释(四)(征求意见稿)》中也存在这种分歧。《公司法解释(四)(征求意见稿)》第5条第(三)项对于伪造签名问题,提出了两种不同的观点:第一种观点认为,决议上的签名系伪造,且被伪造签名的股东或者董事不予认可,即为"未形成有效决议";第二种观点认为,除以上条件外,在去除伪造签名后通过比例不符合《公司法》或者公司章程的规定的程度,才能认定为"未形成有效决议",即如果去掉被伪造签名的股东,依旧达到通过该决议的比例,则不应当否认该决议的效力。我们应当对《公司法解释(四)(征求意见稿)》的此处分歧予以关注。

三、《公司法解释(四)(征求意见稿)》对公司决议撤销情形的完善

(一)公司决议撤销事由

《公司法》第22条第2款、第3款规定:"股东会或者股东大会、董事会的会议召集程序、表决方式违反法律、行政法规或者公司章程,或者决议内容违反公司章程的,股东可以自决议作出之日起六十日内,请求人民法院撤销。股东依照前款规定提起诉讼的,人民法院可以应公司的请求,要求股东提供相应担保。"该两款规定并未对决议瑕疵进行明确规定。公司决议中的决议内容瑕疵、表决方式瑕疵、召集程序瑕疵等哪些具体事项的瑕疵,达到哪种程度会导致决议不成立;哪些具体事项的瑕疵达到哪种程度会导致公司决议可撤销,都需要进行更深层次的探讨以及立法进一步的完善。因此,《公司法解释(四)(征求意见稿)》第7条第1款规定:"公司法第二十二条第二款所称的'召集程序'和'表决方式',包括股东会或者股东大会、董事会会议的通知、股权登记、提案和议程的确定、主持、投票、计票、表决结果的宣布、决议的形成、会议记录及签署等事项。"该规定对公司决议的撤销事由进行了进一步的细化,有利于实践的适用。

(二)事后同意决议

《公司法》中关于股东事后同意方面尚不存在具体规定,在司法实践中,当相关利害关系人既不同意公司决议的内容,也未行使其权利或用实际行动履行决议时,一般认定公司决议并没有伤害其实体权利。如贵州省高级人民法院作出的(2015)黔高民商终字第10号民事判决,原告股东主张被告公司作出的增资决议损害了他的优先认购权,但法院认为,原告既不同意被告增加注册资本,同时公司增资时也没有要求进行认缴出资,因此被告公司的决议没有侵犯原告的权利。为了

弥补此项空缺,《公司法解释(四)(征求意见稿)》第8条对于事后同意决议作出了具体规定:"股东起诉请求撤销股东会或者股东大会、董事会决议,公司有证据证明存在下列情形之一的,应当驳回诉讼请求:(一)决议作出后,股东明确表示同意决议内容;(二)决议作出后,股东以自己的行为明确表示接受决议内容;(三)作出新的决议,实质认可股东诉讼请求的内容。"

但与此同时,《公司法解释(四)(征求意见稿)》中仍有欠缺,如:何种程度的瑕疵会导致决议可撤销的问题;监事会作为对公司经营活动和财务状况的监督机关,其作出的决议由谁监督即"谁来监督监督者"的问题等没有涉及。因此《公司法解释(四)(征求意见稿)》应当进一步对公司决议瑕疵制度进行释明。

四、后记

《公司法解释(四)》对《公司法解释(四)(征求意见稿)》的相关内容进行了调整,其中就笔者在上文中讨论的条款调整如下:

(1)《公司法解释(四)》将《公司法解释(四)(征求意见稿)》第4条"决议不存在"与第5条"未形成有效决议"合并为一条"决议不成立"。这样的修改更为精练、明确地显示出我国对于公司决议瑕疵制度从"二分法"到"三分法"的进步和完善。

(2)《公司法解释(四)》删除了《公司法解释(四)(征求意见稿)》第6条"决议无效事由"条款。由于《公司法》规定决议无效的情况只有违反法律、行政法规一种,《公司法解释(四)》如此做法是从更为尊重《公司法》上的当事人意思自治原则和保护当事人交易安全角度考量的。

(3)《公司法解释四》删除了《公司法解释(四)(征求意见稿)》第7条"决议撤销事由"与第8条"事后同意决议"条款。《公司法解释(四)(征求意见稿)》第7条与第8条是对公司决议撤销情形的完善,此次却在正式稿中全部删除,希望今后司法实践中可以进一步对公司决议瑕疵制度进行释明和完善。

参考文献

[1] 郑玉波:《民法总则》,中国政法大学出版社2003年版,第438页。

[2] 柯芳枝:《公司法论》(上),台北三民书局2002年版,第272页。

[3] 王雷:《公司决议行为瑕疵制度的解释与完善——兼评公司法司法解释四(征求意见稿)第4—9条规定》,载《清华法学》2016年第5期。

[4] 阚可心:《股东诉请确认股东会决议无效问题分析——以两版〈公司法〉司法解释(四)征求意见稿对比和实践总结为视角》,载《企业改革与管理》2016年第19期。

[5] 周晓莉:《瑕疵股东会决议并非当然无效——北京二中院判决谷成满诉康弘公司公司决议效力确认纠纷案》,载《人民法院报》2014年8月7日。

签名伪造的公司决议效力认定

——兼谈对《公司法解释(四)》第5条第(五)项的理解

李天霖* 韦丽娅**

[摘要] 签名伪造的公司决议并不必然无效,《公司法解释(四)》第5条第(五)项规定:"股东会或者股东大会、董事会决议存在下列情形之一,当事人主张决议不成立的,人民法院应当予以支持:……(五)导致决议不成立的其他情形。"那么,相关决议文件无效或者伪造是否属于这里的其他情形呢?如果属于,则该条文应解释为签名全系伪造的公司决议实际并未形成,该项所谓公司决议当然无效。据此,笔者结合司法实务中的典型案例对涉及伪造签名的该类决议效力进行分析,并构建下述四步分析模式,以求为此类决议效力分析认定提供便捷可行并可资借鉴的标准、模式与路径:签名是否全系或超法定比例伪造?签名全系伪造的,决议当然无效为认定原则,是否存在有效为例外?——签名部分系伪造的,决议是否仍存在《公司法解释(四)》中所谓的决议未形成的情形而当然无效——是否存在《公司法》规定的无效情形——是否存在可撤销情形——前三者均不属于的,则决议有效?

[关键词] 签名伪造 公司决议 效力

一、问题的提出

《中华人民共和国公司法》(以下简称《公司法》)第22条涉及的公司决议包括股东会决议、股东大会决议、董事会决议等,公司决议的内容涉及股东利益及公司"生死存亡"的事项。而决议行为根本特征在于其根据程序正义的要求采取多数决的意思表示形成机制,决议结果对团体成员都具有法律约束力。[①] 签名被伪造的公司决议不仅在一定程度上剥夺了股东对决议内容的知情权和表决权导致股东利益受损,甚至妨害交易秩序的稳定。所以,该类决议效力的认定对股东权益及交易秩序的维护具有举足轻重的作用,但是,司法实践及理论界并未就该类决议的效力认定形成统一标准。

---

* 北京康达(成都)律师事务所李天霖律师团队负责人。
** 北京康达(成都)律师事务所李天霖律师团队律师助理。
① 参见叶林:《股东会会议决议形成制度》,载《法学杂志》2011年第10期。

《公司法》第22条第1款、第2款规定："公司股东会或者股东大会、董事会的决议内容违反法律或者行政法规的无效。股东会或者股东大会、董事会的会议召集程序、表决方式违反法律、行政法规或者公司章程,或者决议内容违反公司章程的,股东可以自决议作出之日起六十日内,请求人民法院撤销。"该两款内容分别对公司决议的无效之诉和撤销之诉作出规定,但并没有明确规定签名伪造的公司决议的效力,故在司法实践中,原告多以上述规定提起无效之诉或者撤销之诉。当然亦有法院以"虽然决议中有伪造签名,但并未对决议构成实质影响"为由,认定决议有效。实践中还存在其他情形,即签名全系或部分系伪造,决议或并未形成,根本不符合公司决议的本质要求,或已实际形成等情形。此类决议在实践中存在,但是《公司法》并未规定其效力当如何认定。笔者认为,综合分析《公司法》的规定及司法实践中存在的决议签名系伪造或部分伪造的情形,应将其作为最高人民法院《关于适用〈中华人民共和国公司法〉若干问题的规定(四)》[以下简称《公司法解释(四)》]第5条第(五)项中的其他情形,原则上应当认定其当然无效。

签名伪造的公司决议若笼统的将其认定为无效,不能有效地平衡程序正义、效率与稳定之间的关系。① 因此,本文结合《公司法解释(四)》第5条第(五)项,针对被伪造签名的公司决议效力认定问题,通过对司法实践中出现的不同情况的实证分析研究,力求提出便捷可资借鉴的决议效力分析认定标准、判定思路与模式。

二、签名伪造的公司决议效力认定的实务分析

(一) 签名伪造的公司决议被认定为有效的实务分析

1. 部分签名系伪造并未对决议效力造成实质性影响,决议应认定为有效

在邱衍成、钟荣华股权转让纠纷案②中,虽然邱衍成在股东会变更决议中的签名系伪造,但由于去掉被伪造签名的份额后该决议仍然满足半数以上股东表决同意的成立条件,符合《公司法》及公司章程的规定,不存在《公司法》第22条中规定的内容或程序违法的情形,法院据此判定该决议有效。

签名伪造的公司决议属于召集程序、表决方式方面的程序瑕疵,被伪造签名的表决权人所"作出"的"表决行为"根本不存在,被伪造签名的表决权人表决行为的瑕疵若未实质性影响法定或者章程规定的多数决的实现,则公司决议行为本身的法律效力不受影响。"应当根据程序上的瑕疵是否对公司实体决议产生实质上影响来确定决议的效力,如果对实体决议并不产生实质性影响则不宜使该决议无效

---

① 参见赵心泽:《股东会决议效力的判断标准与判断原则》,载《政法论坛》2016年第1期。
② 为真实反映《公司法解释(四)》出台对被伪造签名的股东会会议决议效力认定的影响,本文相关的案例都是2017年以来已经生效的判决文书。该案例参见邱衍成、钟荣华股权转让纠纷案,湖北省武汉市中级人民法院(2016)鄂01民终6552号民事判决书。

或被撤销。"①可见，即使公司会议召集程序、表决方式存在表决权人签名被伪造的程序瑕疵，若该被伪造签名表决权人的反对票不会对公司实体决议产生实质性影响，则公司决议行为的法律效力不受影响。

2. 部分签名系伪造但股东知情并容忍有瑕疵的决议长期运行的，决议应认定已生效

在球皇有限公司与上海银涛高尔夫有限公司公司决议效力确认纠纷案②中，针对董事会决议上部分签名伪造，被伪造签名的董事不予追认，并且该董事默示容忍未积极行使撤销权导致该决议已经登记备案，第三人对此产生合理信赖，法院认为基于商事外观主义原则和合理信赖原则，股东或董事以自身行为默认或接受决议内容的，应确认决议发生法律效力。

召开股东会通常会耗费公司和股东大量的人力、物力及财力，不仅会对公司内部产生效力还会产生对世效力。决议作出及实施会形成一系列新的法律关系，随意撤销或认定无效会对公司外部关系产生判决溯及力问题。大多数情况下，肯定决议有效可以避免增加公司负担和整体社会成本，避免造成公司及第三人不必要的损失。因此，在确认决议效力的问题上，除却保护公司内部的相关股东的利益外，也要考量股东会决议的对世性，若是涉及公司与善意第三人的外部争议，则应基于商事外观主义，对第三人的信赖利益给予保护。③ 因此，当具有瑕疵的决议在容忍行为下开始运行并足以使第三人产生信赖时，应当认定股东或董事以自身默认接受决议，禁止其反言。

（二）部分签名系伪造的公司决议被认定为可撤销决议的实务分析

在聂君来、叶建辉公司决议纠纷案④中，法院认为被伪造签名的公司决议属于《公司法》第 22 条规定的程序瑕疵，属于可撤销的情形，但当事人逾期未行使撤销权，因此认定决议有效。

根据《公司法》第 22 条第 2 款的规定，股东会或者股东大会、董事会的会议召集程序、表决方式违反法律、行政法规或者公司章程，或者决议内容违反公司章程的，股东可以自决议作出之日起 60 日内，请求人民法院撤销。签名伪造的公司决议存在程序上的瑕疵无可厚非，然而，只要存在伪造签名的情形即认定程序违法则有矫枉过正之嫌。正如上文分析，存在虽伪造签名但并未对决议结果造成实质影响的情形时就不存在可撤销的条件。因此，认定是否为可撤销的决议应当分析伪

---

① 赵旭东主编：《公司法学》，高等教育出版社 2006 年版，第 382 页。
② 参见球皇有限公司与上海银涛高尔夫有限公司决议效力确认纠纷案，上海市第二中级人民法院（2016）沪 02 民终 7043 号民事判决书。
③ 参见王雷：《公司决议行为瑕疵制度的解释与完善——兼评公司法司法解释四（征求意见稿）第 4—9 条规定》，载《清华法学》2016 年第 5 期。
④ 参见聂君来、叶建辉公司决议纠纷案，江西省萍乡市中级人民法院（2017）赣 03 民终 133 号民事判决书。

造签名是否已经达到造成实体不公的程度。

（三）被伪造签名的股东会决议认定为无效的实务分析

1. 部分签名系伪造且决议内容损害股东合法权益的，应认定无效

夏丽君、董双尧、上虞嘉顺服饰有限公司与王大旱股权转让纠纷案①中，涉案决议剥夺了王大旱在公司的股东身份及相关职务且"王大旱"签名被证实为伪造的，法院以该决议内容侵害王大旱股东权益，属违反法律规定的侵权行为为由②，认定该决议无效。再如浙江建昊建筑工程有限公司、章吉波公司决议纠纷案③，法院亦是以通过的股东会会议决议损害股东的利益，而判决确认相关的会议决议无效。

根据《公司法》第 22 条第 1 款的规定，认定公司决议无效的理由只能为决议内容违反强制性法律、行政法规，而只存在程序上的瑕疵并不能直接导致决议无效。但这并不意味着间接鼓励公司决议程序瑕疵，作为利益平衡机制，被伪造签名的表决权人合法权益受到侵害时可以行使《公司法》第 74 条和第 142 条的异议股东股权回购请求权、第 71 条和第 137 条规定的股权转让权等，或者根据《中华人民共和国侵权责任法》第 2 条第 2 款及第 6 条主张股权侵权赔偿的法律责任。

2. 部分签名系伪造即归于意思表示不真实而判定决议无效待商榷，应引入公司法的多数决原则予以衡平考量判定

北京大万房地产开发有限责任公司与北京万全投资有限公司公司决议效力确认纠纷一案中，法院认为公司决议与合同相类似，因而其效力认定可类推适用合同效力认定的裁判规则，从而认定签名伪造的公司决议为意思表示不真实的民事法律行为，因此判定涉案决议无效。

该判决显然混淆了公司决议与合同行为的性质。公司决议具有团体性和程序性的鲜明特点，不同于强调当事人合意的合同行为。④ 其中最根本的区别在于"公司决议多数决原则下单个意思表示失去其独立性"⑤。一旦决议以多数决的方式通过，即便有表示不同意见甚至反对意见的社团成员，只要他们处于少数，决议仍然对全体成员生效。而在合同关系中只有表示同意接受合同约束的人，才受合同的约束。因此，意思表示真实有效是认定合同是否有效的决定性因素，并不适用于

---

① 参见夏丽君、董双尧、上虞嘉顺服饰有限公司与王大旱股权转让纠纷案，浙江省绍兴市中级人民法院(2016)浙 06 民终 4420 号民事判决书。

② 《公司法》第 20 条第 1 款规定："公司股东应当遵守法律、行政法规和公司章程，依法行使股东权利，不得滥用股东权利损害公司或者其他股东的利益；不得滥用公司法人独立地位和股东有限责任损害公司债权人的利益。"

③ 参见浙江建昊建筑工程有限公司、章吉波公司决议纠纷案，浙江省温州市中级人民法院(2016)浙 03 民终 4223 号民事判决书。

④ 参见王雷：《论民法中的决议行为》——从农民集体决议、业主管理规约到公司决议》，载《中外法学》2015 年第 1 期。

⑤ 史尚宽：《民法总论》，中国政法大学出版社 2000 年版，第 311 页。

认定公司决议的效力。

(四) 签名全系或超法定比例系伪造而决议未形式形成的,认定当然无效为原则,决议实际形成认定有效为例外

除上述三种情形外,司法实践中出现了诉请法院判决决议未形成而无效的案件。如李某诉上海某房地产经纪有限公司决议纠纷案①,李某以被告伪造其签名,在从未召开股东会的情形下,虚构股东会决议延长经营期限为由向法院起诉请求依法判决该决议未形成而无效。法院以股东会未召开,决议未形成为由支持原告的诉请。

该情形即为《公司法解释(四)》第5条第(五)项中规定的其他情形,本案中,股东会未召开,股东会决议中的全部签名均系伪造,当然未形成决议,此时伪造签名的决议当然无效。

实践中,也完全可能存在《公司法解释(四)》规定情形之例外情形,即决议中的全部签名均系或超法定比例系伪造,但利害各方以实际行为表明已事实履行决议内容,事后又反悔而起诉决议无效的情形。不考虑时效及情势变更因素,如决议无明显损害原告方权益之情形,笔者认为,在此类情形下决议已实际形成,应予例外有效之判定。

三、被伪造签名的公司决议效力认定的四步分析法

综上,并鉴于司法实务中,就签名伪造的公司决议提起无效之诉的案件,通常都会被驳回起诉(签名被伪造这一程序瑕疵很难构成《公司法》第22条第1款规定的内容违法),即使有部分法院判定无效,如前所论其理由也可能存在疏漏,因此,笔者根据签名系伪造或部分伪造的公司决议效力认定可能存在的情形,即决议未形成、无效或可撤销以及有效等,提出该类决议效力认定的四步分析法:

第一步,判断签名全系或超法定比例伪造的公司决议系实际未形成还是形式未形成。公司决议本身就是一个法律程序,若根本无股东会或其决议存在,就没有检讨决议瑕疵的必要。如没有召开股东会,或者股东会决议的签名伪造导致会议决定实际并未达到法定或者章程规定的表决权比例的,公司股东会或者董事会召集人被伪造签名等,相关公司决议均未形成,此等情形下决议应以无效认定为原则,有效认定为例外。若不存在签名全系或超法定比例系伪造且决议形式未形成的情形,则进入第二步。

第二步,是否存在无效的情形。根据《公司法》第22条的规定,认定决议无效需决议内容违反法律、行政法规的强制性规定,而伪造签名本身仅为程序上的瑕

---

① 参见李某诉上海某房地产经纪有限公司决议纠纷案,上海市黄浦区人民法院(2014)黄浦民二(商)初字第159号民事判决书。

疵，很难就此构成内容违法，因此被伪造签名的公司决议不存在该条规定的无效情形。由此进入第三步。

第三步，是否存在可撤销的情形。结合被伪造签名的股东数量、严重程度和决议内容先判断决议瑕疵类型即程序性瑕疵或内容瑕疵，然后根据程序瑕疵的轻重程度和内容瑕疵类型具体认定效力。

笔者认为，程序瑕疵可能导致实体不公时才可以认定该股东会决议可撤销。而被伪造签名的股东数量较多的股东会决议效力，如占据公司大部分股权的几个大股东在没有告知其他小股东并伪造其签名形成股东会决议，相比伪造某一个股东签名而言其程序瑕疵程度更为严重，已经破坏了法律对股东会召开应当遵守的召集表决程序的潜在价值。无论该决议是否实际造成股东或公司利益受损，在此种情形下，笔者以为都应当赋予股东可撤销权。但可撤销权是否行使的主动权还是握在股东自己手中，毕竟股东自己才是对个人利益的最佳预判者和守卫者。

第四步，决议不属于以上三种情形，即部分签名系伪造但决议不可归于无效或可撤销的情形，则应认定决议有效。

四、结语

综合分析案例后可见，大部分当事人在签名被伪造的公司决议效力认定案件中选择主张决议无效，然而正如文中对案件裁判理由的分析，该主张将面临很大的败诉风险。因此，笔者提出的四步分析法能为理清此类案件的法律关系提供一定的逻辑引导和分析认定模式借鉴，从而使当事人通过分析，选择更优的诉讼方案。

限制股东表决权章程修正案的效力探析
——以某甲诉乙公司公司决议效力确认纠纷案为样本

许正平* 郑 杰**

[摘要] 2016年、2017年上市公司股权争夺风云涌动。康达尔与京基集团的控制权纠纷历经多轮诉讼仍未平息;万科、宝能的世纪大战导致王石卸任、万科股权结构发生翻天覆地的变化……"野蛮人"在二级市场的狂飙猛进导致个别上市公司担心控制权被剥夺,通过各种类型的公司决议预防或限制"不受控制"的收购行为。但是,公司决议能够在何种程度上处置股东私权、公司决议是否具有溯及力、公司章程修正案的性质等问题,均值得探讨。2016年12月5日,最高人民法院审判委员会原则通过了《公司法解释(四)》,在《公司法》第22条第1款已规定公司决议无效之诉的基础上,以第6条对公司决议无效的情形进行细化。本文结合某甲诉乙公司公司决议效力确认纠纷一案,尝试对《公司法解释(四)》第6条在实践中的运用进行探析。

[关键词] 公司决议 股东固有权利 公司章程

一、某甲诉乙公司公司决议效力确认纠纷一案案情简介

某甲,于2015—2016年期间,多次在公开市场上增持乙公司股份,成为该公司个人持股第一大股东。由于某甲在其增持乙公司5%的股份至20%时,未在《中华人民共和国证券法》(以下简称《证券法》)及《上市公司收购管理办法》规定的时间内停止买入股份,中国证券监督管理委员会某省监管局向某甲出具警示函。之后,该监管局又以某甲成为第一大股东后,披露的《详式权益变动报告书》未按相关规定经财务顾问机构及其相关人员签字,并载明财务顾问有关意见和声明为由,责令某甲采取措施改正。

在某甲整改暂停表决权期间,乙公司召集临时股东大会修改章程,在原公司章程第37条"股东承担下列义务"的基础上增加了一项:"(五)通过证券交易所的证券交易,投资者持有或者通过协议、其他安排与他人共同持有公司已发行的股份达到5%时,应当在该事实发生之日起3日内,向国务院证券监督管理机构、证券交易

---

* 成都市律师协会副会长,泰和泰律师事务所高级合伙人。
** 泰和泰律师事务所律师。

所作出书面报告,书面通知公司并予公告,在上述期限内,不得再行买卖公司的股票。股东持有或者通过协议、其他安排与他人共同持有公司已发行的股份达到5%后,其所持公司已发行的股份比例每增加或者减少5%,应当依照前款规定进行报告和公告。在报告期限内和作出报告、公告后2日内,不得再行买卖公司的股票。投资者违反上述规定,在购买、控制公司股份过程中未依法履行报告和公告义务,或者在信息披露义务过程中存在虚假陈述、重大误导、遗漏的,构成恶意违法收购,应承担如下法律责任:(1)公司董事会及其他股东有权要求国务院证券监督管理机构、证券交易所追究其法律责任。公司其他股东有权要求其赔偿因其违法收购而造成的所有经济损失(含直接和间接损失)。(2)投资者违反上述规定购买、控制公司股份的,视为放弃表决权,其所持有或控制股票不享有表决权,公司董事会有权拒绝其行使除领取股利以外的其他股东权利。"

随后,乙公司在某甲未能行使表决权的情况下,通过了前述公司章程修正案。乙公司之后召开的数次临时股东大会,某甲均被乙公司董事会依据修改后的公司章程第37条第(五)项剥夺了提案权及表决权。后某甲诉至法院,要求确认乙公司临时股东大会作出的《关于修改〈公司章程〉的议案》的决议中关于修改公司章程第37条第(五)项的内容因违反法律、法规而无效。

二、乙公司临时股东大会决议效力问题所涉及的主要争议

乙公司临时股东大会决议通过修改公司章程第37条第(五)项后,某甲的表决权、提案权多次被乙公司董事会拒绝行使。该公司决议是否合法,涉及如下争点:

其一,公司的章程修正案能否对股东的固有权利进行限制;

其二,公司章程修正案是否具有溯及力;

其三,公司章程修正案效力认定的法律依据。

下文笔者将就前述三个争点逐一进行探讨。

(一)公司章程修正案能否对股东的固有权利进行限制

公司章程制定后,因公司经营发展、股权变更等各种因素,可能发生多次修改。部分学者将设立公司时制定的章程称为"初始章程",此后经修改的部分章程称之为"章程修正案"。因"初始章程"需要股东共同制定,被理论界认为属于合同行为,而"章程修正案"需以公司决议的方式作出。

《中华人民共和国公司法》(以下简称《公司法》)第23条、第25条、第43条、第76条、第103条对公司章程的制定与章程的修改有不同的规定:"首先是主体不同,制定章程的主体是股东或发起人,而修改章程的主体是公司;其次是通过机制不同,章程的制定需要全体股东或发起人的一致同意,而章程的修改则采取的是资本多数决原则。这两个区别显示了公司从章程的制定到章程的修改,是股东意思

表示到社团意思表示的一种转变。"①

我国股份有限公司修改公司章程需要满足:① 股东所持每一股份有一表决权;② 经出席会议的股东所持表决权的 2/3 以上通过。因股东会的召开有严格的法定程序要求,立法者为了追求商事交易的效率原则,章程修正案无需再经过全体股东的一致同意。但是,股东的固有权属于私权性质,任何对个别股东权的不同安排都是对股东权的一种处分,对股东私权的这种处分除依法定程序予以剥夺或限制外(如《公司法》第 16 条、第 103 条,《上市公司收购管理办法》第 75 条),均应当尊重当事人的意思表示。《公司法》第 4 条规定的股东的固有权利,未经股东同意,不得以章程或者股东大会多数决予以剥夺或限制。② 故,因某甲在乙公司临时股东大会上未能行使表决权,该次股东大会无权比照某甲的情形量身定做章程修正案,剥夺该类股东的私权。

(二) 公司章程修正案是否具有溯及力

《中华人民共和国民法总则》第 134 条第 2 款规定:"法人、非法人组织依照法律或者章程规定的议事方式和表决程序作出决议的,该决议行为成立。"第 136 条第 1 款规定:"民事法律行为自成立时生效,但是法律另有规定或者当事人另有约定的除外。"

《中华人民共和国立法法》第 93 条规定:"法律、行政法规、地方性法规、自治条例和单行条例、规章不溯及既往,但为了更好地保护公民、法人和其他组织的权利和利益而作的特别规定除外。"可见,法律、法规在加重法律主体义务的情况下均不溯及既往,公司章程修正案作为法人民事法律行为的表现形式,其对决议生效前所发生的法律行为更不应具有约束力。因而,即使某甲存在违反《上市公司收购管理办法》第 13 条的行为,其做出时并不能预见该行为可能会导致某甲无法行使股东固有权。乙公司作出此种具有溯及力的公司决议,与《公司法》的立法理念相悖。

(三) 限制股东固有权的公司章程修正案效力认定依据

权利限制,是指在不同主体基于法律或意思自治而达成某种权利或利益安排的基础上,在特定事由出现时,允许对一方某些权利的效力、范围进行调整、变更,从而使双方的权利和利益达到实质上的平衡。③ 可见,限制权利的前提条件为"特定事由"的出现,限制权利的目的系让不同主体达到"权益平衡",个人和组织无权随意对权利进行限制。

《公司法》第 4 条规定:"公司股东依法享有资产收益、参与重大决策、选择管

---

① 王成龙:《公司章程自治的空间》,郑州大学 2016 年硕士学位论文。
② 参见贾敬伟:《试论公司股东违反出资义务时的权利限制》,载中国民商法律网(http://old.civillaw.com.cn/article/default.asp? id=37454),访问日期:2017 年 10 月 21 日。
③ 参见陈勇:《〈公司法〉中效力性强制性规范的认定——浅析一则公司章程与〈公司法〉冲突而导致的无效案例》,载河南天基律师事务所微信公众号 2016 年 2 月 16 日。

理者等权利。"该条是现代公司制度基石的法律体现,属于原则性的强制性规定。股东的身份权及股东财产权系股东固有的基本权利,非公司授予,由法律直接规定,不经法定程序不得随意剥夺。否则,随意违反《公司法》中的强制性规范,名为意思自治、契约自由,实际上却是损害他人利益的行为,一旦超出法律规定的底线,就应当承担相应的法律责任。①

乙公司修改后的公司章程第 37 条第(五)项,将违反《证券法》第 86 条规定的股东能否行使股东固有权授权给董事会决定。该公司法律顾问在法律意见书中称:相关修正案不违反公司章程的性质,属于章程自治的范畴,系对股东义务进一步明确约定的条款。

对此,笔者认为,《证券法》第 86 条、《上市公司收购管理办法》第 75 条规定了对信息披露义务人未履行报告、公告以及其他相关义务的相应处罚措施,已系法律法规层面对收购人违规行为的否定。《上市公司收购管理办法》第 75 条暂停行使表决权的处罚旨在平衡收购双方利益、防止内部交易及操纵市场的行为,保证公开市场的流动性。收购人违反该条规定并不导致购买股份的行为无效,收购人因此而获得的股东身份亦不受影响。既然股东存在违反《证券法》《上市公司收购管理办法》相关条款的行为,均未受到限制股东基本权利的法律规制,股东在违法后其固有权并未成为或然状态,乙公司决议限制股东固有权和授权董事会的行为就明显超出了法律的赋权范围。

虽然,《公司法》第 4 条属于公司法的原则性规定之一,是否属于效力性强制性条款有待理论探讨,但公司章程的自治边界绝不仅是法律明确禁止的地带,他人权利是否受到侵犯,以及公司存在的基础是否被侵蚀,均应纳入考量范围。②

三、结语

诚然,《公司法》并未以"公司决议不得限制股东固有权利""公司章程限制股东基本权利的内容无效"等类似表述对公司决议的效力进行规制;《公司法解释(四)》第 6 条亦未规定"公司决议不得违反法律基本原则"。但是,通过上文分析,法律适用者需要结合规范目的(实定法中的利益评价)和规范对象(相互冲突的利益类型及其内容)去考虑交易安全,运用利益动态衡量方法综合识别判断。某甲诉乙公司一案中,乙公司的临时股东大会决议在多个层面上违反了既属于基本原则亦具有强制效力的法律规定,属于对公司制度、证券交易制度的严重破坏,应当认定为无效。

---

① 参见闫飞翔:《上市公司章程反恶意收购条款合法性》,载高杉 LEGAL 微信公众号 2016 年 9 月 9 日。
② 参见王雷:《公司决议行为瑕疵制度的解释与完善——兼评公司法司法解释四(征求意见稿)第 4—9 条规定》,载《清华法学》2016 年第 5 期。

资本多数决原则与大小股东权益冲突

——湖南胜利湘钢钢管有限公司与湖南盛宇高新材料有限公司公司决议纠纷案

吴金凤*

[摘要] 公司董事或高级管理人员的提名权并非股东法定或固有的权利。公司大股东通过股东会决议变更或取消章程中关于小股东董事或高级管理人员提名权的内容不属于滥用资本多数决原则的情形，不能适用《公司法》第20条第1款的有关规定认定有关股东会决议无效。

[关键词] 股东权利 资本多数决原则 诚实信用原则

一、基本案情及操作难点

2011年3月至4月,山东胜利钢管有限公司(以下简称"山东胜利公司")、湘潭钢铁集团有限公司(以下简称"湘潭钢铁集团")、湖南盛宇高新材料有限公司(以下简称"盛宇公司")三方先后签署《出资协议书》及其补充协议、《公司章程》,对共同出资成立湖南胜利湘钢钢管有限公司(以下简称"湖南胜利公司")相关事宜进行了约定。根据约定,公司注册资本为人民币5亿元,各方的出资比例分别为51%、40%和9%;盛宇公司有权推荐董事候选人及副总经理各1名。2012年7月,因盛宇公司不缴纳其第二期出资900万元,湖南胜利公司全体股东一致通过同意盛宇公司不再缴纳未出资的3600万元并相应减资的决议;减资后三方的出资比例分别为54.96%、43.10%、1.94%。2013年6月,湖南胜利公司股东会以98.06%的赞成票批准公司章程修正案(第四次修改)的决议,取消了盛宇公司的前述提名权,盛宇公司对此表示反对,并诉请湘潭市岳塘区人民法院撤销该决议。

2013年8月,湘潭市岳塘区人民法院以"股东会修改《公司章程》的决议内容不符合《公司章程》且盛宇公司对此表示反对"为由,支持了撤销该决议的主张。湖南胜利公司不服上诉,本案被发回重审。2015年8月,湘潭市岳塘区人民法院以"出资较多的股东单纯以'资本多数决'之原则变相侵害出资较少股东的利益,因而修改是违反法律规定的"为由,判决决议内容无效。湖南胜利公司再次上诉,

---

* 北京国枫(成都)律师事务所律师。

2016年6月湘潭市中级人民法院以"控股股东滥用'资本多数决原则',侵害了小股东参与公司经营管理权等股东权利,该决议内容因违反法律、行政法规无效;且少数股东持股比例下降并不能导致提名权产生变化"为由,驳回了上诉。湖南胜利公司不服并申请再审,2016年12月湖南省高级人民法院裁定驳回再审申请,认为《公司章程》关于董事提名权的约定是全体股东合资成立湖南胜利公司的最终合意,股东会决议从形式上看未违反《中华人民共和国公司法》(以下简称《公司法》)及《公司章程》的规定,但实质上违反了《公司法》第20条规定的实质要件及诚实信用原则。湖南胜利公司不服,向人民检察院申请抗诉并同时向最高人民法院申请提审或者指令下级人民法院再审本案。

本案的焦点、难点在于:第一,股东会关于批准《公司章程修正案(第四次修改)》的决议是否违反《公司法》和《公司章程》相关规定,是否为无效决议。第二,股东会是否有权对《公司章程》中关于盛宇公司的董事和副总经理提名权的条款进行修改,取消盛宇公司的提名权是否为大股东滥用股东权利损害小股东的权益,是否违反诚实信用原则。第三,本案是否可以适用《公司法》第20条第1款有关规定来认定该次股东会决议无效。

二、解决方案

针对本案争议决议是否违反《公司法》和《公司章程》,是否系滥用"资本多数决"原则及违反诚实信用原则情形,是否适用《公司法》第20条第1款有关规定被认定为无效,笔者通过对该案的仔细分析认为,两大股东仅是在遵守《公司法》和《公司章程》的前提下行使正当的表决权,并未滥用股东权利损害小股东的合法利益,其行为合法合规,也合乎情理;股东会关于批准《公司章程修正案(第四次修改)》的决议不存在滥用"资本多数决"原则以及违反诚实信用原则的情形,应予以保护;原审法院适用《公司法》第20条的相关规定存在法律适用错误。

(一) 股东会批准的《公司章程修正案(第四次修改)》的决议符合《公司法》和《公司章程》的规定,应依法予以保护

《公司章程》并未规定不得修改关于董事和高级管理人员提名权的条款,说明股东会有权依法修改包括董事和高级管理人员提名权在内的章程条款,与《公司章程》对公司董事候选人名额的分配一样,是三方合资成立湖南胜利公司的最终合意,不属于股东会超越《公司章程》权限决议的情形,只需符合《公司法》规定的条件即可。湖南胜利公司股东会批准的《公司章程修正案(第四次修改)》获得全体股东所持表决权98.06%的赞成票通过,符合《公司法》和《公司章程》的规定,应依法予以保护。如认定股东会决议无效,则意味着承认持股比例为1.94%的少数股东拥有对多数股东意见的否决权,不仅违背"资本多数决"的基本原则,损害多数股东的合法权益,而且实际上是对少数股东滥用股东权利的容忍和认可。

(二）两大股东并未滥用"资本多数决"原则，湖南胜利公司未违反诚实信用原则，股东会决议内容符合实质公平

1. 股东会决议取消盛宇公司对董事、副总经理的提名权是基于股权变化的事实，并未滥用"资本多数决"原则，具有实质上的公平合理性，未侵犯小股东权益

资本多数决是公司股东会决策的基本规则，股东会决议依资本多数决作出是惯常、合法的做法；如果合法、合乎情理地行使股东权，资本多数决下作出的决议即使客观上损害了股东的利益，也是合法、允许的；必须是"滥用＋侵犯公司或其他股东利益"才适用《公司法》第20条的规定，才构成可撤销或无效的股东会决议。湖南胜利公司最初的章程规定盛宇公司有权推荐1名董事是基于9%的持股比例，因盛宇公司没有后续资金缴付出资，持股比例从9%下降至1.94%，其原有的提名权基础已不复存在，如果固守原有的章程规定不变，盛宇公司以持有1.94%比例的股权仍享有持有9%比例的股权相对的权利，显然有失公允，在其他两位股东不同意的情况下，如果以司法干预方式来强制维持，是对另外两位股东合法权益的损害。《公司法》规定股东具有参加股东会的权利、股东知情权、股东表决权、股东分红利益等，第21条第1款中关于"其他股东的利益"的表述，应当理解为前述《公司法》上直接规定的法定权力和利益，而公司董事或高级管理人员的提名权并不是股东法定或固有的权利。股东担任公司管理人员的权利既可以由章程赋予，当然也可以通过章程的修改进行变更或取消。章程修改对股东管理权的变更或取消并不构成对该股东利益的损害，否则，公司章程对公司董事会或监事会以及总经理的任何改变都可能被相关股东主张为损害其股东利益，如此，公司的组织机构就会成为一经确定就不能改变的永久性机构。这显然背离了公司治理和组织机构制度的基本原理。因此，两大股东通过股东会依照程序修改公司章程中非禁止变更的内容，取消盛宇公司依据原公司章程约定享有的董事提名权，并未剥夺盛宇公司法定的或固有的股东权，并不存在滥用资本多数决损害小股东利益的问题。

2. 湖南胜利公司未违反诚实信用原则，股东会有权修改董事和副总经理提名权系全体股东合资成立的湖南胜利公司的最终合意

《公司章程》是一个关于股东承担义务、行使权利的有机整体，其关于董事提名权的约定是基于全体股东的出资比例，而不是基于"多数股东"和"少数股东"的概念区分，其并未规定不得修改董事和高级管理人员提名的条款，全体股东更未达成"少数股东"无论其持股比例系9%、1.94%、0.94%抑或0.094%均有董事提名权的合意。因此，股东会有权依法修改包括董事和高级管理人员提名在内的章程条款同《公司章程》对公司董事候选人名额的分配一样，是三方合资成立湖南胜利公司的最终合意，不属于股东会超越《公司章程》权限决议的情形。如果以修改《公司章程》关于董事候选人名额的分配的约定违反股东最终的合意为由而认定修改行为系违反诚实信用原则，那么不能或者禁止按照《公司章程》最终的合意修改董事和高级管理人员提名的内容则同样违反诚实信用原则。湖南省高级人民法

院仅凭股东会决议取消盛宇公司对董事、副总经理的提名权这一结果就认定湖南胜利公司违反诚实信用原则,而不考虑该结果产生的具体原因,有失公允。按照湖南省高级人民法院裁定中的逻辑,盛宇公司显然违反了公司最初章程关于其应该出资4500万元的诚实信用原则。有限责任公司具有资合性,资合情况的变化系公司的重大变化,湖南胜利公司股东会基于资合变化情况而作出的决议内容是合理的,并未违反诚实信用原则。

(三)原审法院以《公司法》第20条第1款认定批准《公司章程修正案(第四次修改)》的股东会决议无效存在法律适用不当的问题

《公司法》第20条第1款关于"滥用股东权利损害公司或者其他股东的利益"的规定是概括性表述。《公司法》第20条共有3款规定,共同构成法律规范完整的逻辑结构,其中第1款属于行为模式的内容,第2款、第3款是行为后果的内容,其中的法律含义在于:首先,从法律规范的逻辑结构分析,如果违反第1款的禁止性规定,行为人应当按照第2款、第3款的规定承担相应的法律责任,而行为人要承担第2款规定的责任必须达到"给公司或者其他股东造成损失"的程度,行为人要承担第3款的责任必须达到"严重损害公司债权人利益"的程度。如果行为人没有达到法定的违法程度,则无需承担本条规定的法律责任。如果将第20条第1款的概括性表述适用到第22条的情形时,如无诸如第20条第2款、第3款更为细化的违法程度的具体规定,则是对第1款规定的简单套用。其次,第2款是关于给付之诉的规定,第3款是关于"公司人格否认"的规定,而盛宇公司并未提起给付之诉的请求,且本案也与"公司人格否认"的情形无关。因此,原审法院以《公司法》第20条第1款认定股东会决议无效,属于法律条文的适用不当。

三、案件效果

湖南胜利公司已就本案提请人民检察院抗诉并向最高人民法院提起申诉,现抗诉申请已被湖南省湘潭市人民检察院受理。湖南胜利公司的股东山东胜利公司与湘潭钢铁集团仅是在遵守《公司法》和《公司章程》的前提下行使正当的表决权,并未滥用公司股东权利从而损害盛宇公司的合法利益,其行为符合《公司法》及《公司章程》的规定,也合乎情理。湖南胜利公司股东会关于批准《公司章程修正案(第四次修改)》的决议不存在多数股东滥用"资本多数决"原则及违反诚实信用原则的情形,应予以保护。

四、律师后语

资本多数决,是公司股东会决策的基本规则,是"少数服从多数"的民主原则的体现,符合《公司法》的效率原则,股东会决议依资本多数决作出是惯常、合法的做法。章程修改对股东管理权的变更或取消并不构成对该股东利益的损害,股东担任公司管理人的权利既可以由章程赋予,当然也可以通过章程的修改进行变更或取消,否则,公司章程对公司董事会或监事会以及总经理的任何改变都可能被相关股东主张为损害其股东利益,如此,公司的组织机构就会成为一经确定就不能改变的永久性机构。这显然背离了公司治理和组织机构制度的基本原理。湖南省三级人民法院在本案审理过程中错误理解资本多数决的含义,错误适用法律。如果错误裁判不及时纠正,将对湖南省乃至全国范围内的类似案件形成不良的参考效应,从而对企业的公司治理产生严重的不良后果,不利于促进社会主义市场经济的发展。

股东会会议的通知方式
——兼评《公司法解释(四)》的公司决议效力之诉

吴洪钢*

[摘要] 股东会(大会)是公司的权力机构,其决议事项与公司的经营息息相关。为保护股东利益,《公司法》规定了股东会(大会)会议召开的通知程序,并赋予股东针对股东会(大会)决议提起无效之诉和撤销之诉的权利。然而,为解决实践中股东下落不明、股东人数众多等情形下公司通知的难题,有必要在相关司法解释中对公司会议的通知方式作出具体统一的规定。同时,《公司法解释(四)》明确了公司决议效力之诉的原告范围,该范围排除了公司以外的债权人、第三人的原告资格,过于狭窄,可以结合实践适当扩大原告范围,将会更有利于兼顾公司、股东和第三人的利益。

[关键词] 股东会 通知 决议效力之诉的原告

一、一则案例引发的对股东会会议通知的思考

甲公司为一家于1998年注册设立的有限责任公司,注册资本为330万元,其中自然人股东尹某出资260万元,自然人股东燕某出资37万元,法人股东乙公司出资33万元。

1996年,丙公司向丁银行申请贷款250万元,燕某为丙公司提供了担保,后丙公司未能如期偿还贷款本息。2000年,经法院审理判决,燕某为该笔债务承担连带清偿责任,同时将燕某投资在甲公司的37万元的股权进行查封扣押。

2003年,燕某因多项投资失败,为逃避债务,举家迁往外地,并逐渐与甲公司失去联系。

因丙公司欠款本息高达200万元,丁银行在法院查封扣押上述股权后,出于期待该部分股权投资增值的心理,一直未申请法院强制执行该股权,仅对该股权作查封处理。

2012年,甲公司因经营需要,需要变更公司的法定代表人,根据甲公司的章程规定,变更法定代表人需要召开股东会并经2/3以上的股东表决同意,同时,召开股东会应在会议召开前15日通知全体股东。甲公司在多方联系燕某未果后,主动

---
* 江苏众勋律师事务所律师。

与丁银行联系,并提出由公司其他股东购买该部分股权的建议,丁银行因该部分股权的价值过低,不满足其预期,拒绝了甲公司的处理意见。甲公司欲参照法院公告的方式进行公告通知,然而,因法律和章程均未对通知方式进行规定,因此,甲公司面临:公告通知的方式是否有效、需要在何种等级的报纸上进行公告、公告的期限为多久、什么样的情形视为已送达等一系列问题。甲公司转而咨询了相关政府部门,但是,因法律未作规定,相关部门也无法给出确定的答复。

至此,甲公司变更法定代表人的计划进入僵局:多方联系燕某未果,股权由丁银行取得并查封,丁银行拒绝处理该部分股权。此时,若召开股东会议,对燕某的通知如何履行?可否采取公告通知的方式?

根据法律规定,未履行通知程序的股东会决议为依法可撤销的决议,结合最高人民法院《关于适用〈中华人民共和国公司法〉若干问题的规定(四)》[以下简称《公司法解释(四)》]对公司会议决议效力之诉的原告范围的规定,若甲公司不履行通知燕某的义务而直接作出决议,丁银行无权对该决议提起撤销之诉。但是如果该决议将损害丁银行的利益,此时不赋予丁银行提起撤销之诉的诉权,是否有失偏颇?

二、我国股东会会议通知方式的分析与完善

我国现行立法和规范性法律文件并未对股东会会议的通知和送达方式作出明确且统一的规定,《中华人民共和国公司法》(以下简称《公司法》)中,除在第102条特别规定"发行无记名股票的,应当于会议召开三十日前公告会议召开的时间、地点和审议事项"之外,对于其他股东的通知方式未明确规定。

在无明确立法指引的基础上,实践中,从方便管理和利于举证的角度出发,大多数公司通常采用以书面形式进行邮寄送达的方式。从《公司法》设立股东会会议通知制度的立法目的来看,邮寄送达的方式固然最大限度地保障了股东的权益,但在股东人数众多或者股东下落不明的情形下,对于公司来说,邮寄送达不仅仅增加了公司的负担和成本,还会出现如案例所述的甲公司不知如何通知的情形。

对于甲公司来说,确实已经无法联系到股东燕某,而燕某所投资的股权也并未处理。在实践中,甲公司只有先进行"债转股"才能进行正常的股东会会议通知程序和召开,然而债权人丁银行却拖延不肯处理该部分股权。若坚持"以书面形式邮寄送达"这一做法,诚然最大限度地保护了股东的权益,然而这11%的股权却极大地阻碍了甲公司正常的生产经营活动,严重损害了甲公司的合法权益。

参考各国对股东会会议通知方式的立法例,无论是采取强制主义立法例(以强行法明确规定股东会会议的通知方式)还是采取任意主义立法例(未以强行法明确规定股东会会议通知的具体方式,而是将其交由公司章程自治),各国实际采取的通知方式主要有:口头、当面、专人、邮寄和公告。根据我国《公司法》第41条的规定,我国对股东会会议通知的立法采取的是"多元主义",即公司章程和全体股

东可对股东会会议的通知进行约定,在没有约定的情形下,参照《公司法》的规定。这一立法主义是值得肯定的,然而《公司法》未明确通知的方式,却为实践中如何适用法律留下了难题。

因此,笔者建议,在维持我国《公司法》所确定的"多元主义"的前提下,应在相关司法解释中对"通知"一词予以细化,并针对不同的情形适用不同的通知方式。在公司股东人数较少且股东联系方式确切的情况下,可以采用以书面形式当面或邮寄的方式通知;在股东人数众多的情形下,可以采用电子邮件、传真等方式通知;在确实无法确定股东联系方式的情形下,可以进行公告送达,同时可以对公告的报纸、公告的期限提出要求。这样的通知方式的设立,更能兼顾股东与公司的合法权益。

三、公司决议效力之诉的原告身份

如上文案例所述,在现有法律规定下,若甲公司未履行通知燕某的程序而径直召开股东会会议,并通过变更法定代表人的会议决议,根据《公司法》第22条第2款的规定,该决议是可撤销的决议。那么,在上述案例中,丁银行是否有权向法院申请撤销该决议呢?这就涉及股东会决议效力之诉的原告资格问题。

根据《公司法解释(四)》第1条的规定,请求确认股东会或者股东大会、董事会决议无效或者不成立的原告为"公司股东、董事、监事等"。第2条则明确,依据《公司法》第22条第2款请求撤销公司决议的原告,应当在起诉时具有公司股东资格。而对于决议涉及的其他利害关系人,《公司法解释(四)》仅在第3条规定"可以依法列为第三人"。可见,《公司法解释(四)》缩小了股东会决议纠纷的原告范围。按照《公司法解释(四)》的规定,本案中的丁银行无权对该决议提起撤销之诉。

关于公司决议效力之诉的原告资格,主要存在三种观点:

第一种观点认为,公司决议效力之诉的原告应限制在公司内部,因为公司内部人员与会议决议纠纷之诉具有最直接、最紧密的利害关系;第二种观点认为,公司决议效力之诉的原告应当仅限制为公司股东,甚至连公司的董事、监事或高级管理人员也不得提起公司决议效力之诉,因为董事、监事、高级管理人员等与公司只具有聘用关系,不应对公司决议提起效力之诉;第三种观点认为,公司决议效力之诉的原告应包括公司以外的人,只要与会议决议具有利害关系的主体,即可以针对该决议的效力提起诉讼。

反观上文案例,对于债权人丁银行来说,也许甲公司变更法定代表人并不会对丁银行的债权产生实质性的不利影响,但是,若甲公司作出增资或减资甚至合并、分立、解散、清算或者变更公司形式的决议,该决议在一定程度上必将影响丁银行所查封扣押的股权的价值,也即影响丁银行的利益。此时,若不赋予丁银行相关的诉权,丁银行也许只能眼睁睁看着自己的债权"缩水"。

所以，笔者认同第三种观点，即笔者认为，《公司法解释（四）》缩小公司决议效力之诉的原告范围，存在一定的不合理之处。虽然公司会议机关作出的会议决议，针对的是公司自身的经营管理活动。但是，某些会议决议将会直接影响到公司以外的主体的合法权益，比如，股东会决议分配利润方案违反法律规定，侵占债权人利益；股东会决议进行减资，损害第三人利益。此时债权人和第三人并非公司内部人员，但公司决议却可能对他们的权益产生不利影响，因此，他们对于该决议具有诉的利益，法律应当赋予其诉权。

但是，笔者并不赞同无限制地赋予公司以外的第三人提起公司决议效力之诉的诉权，否则，公司的治理将面临外部的干扰。因此，只在第三人与公司决议具有利害关系等特定情形下才赋予第三人该权利，并且，第三人须有初步的证据证明该利害关系的存在，否则，法院有权不予立案或不予受理。

四、结语

会议通知方式看似是公司法中微不足道的一方面，但其却直接影响到股东是否能充分行使其表决权，也影响到公司的合法权益。不完备的通知制度，不仅会损害股东的合法权益，也将大大阻碍公司正常的经营活动。为了避免更多的公司陷入像甲公司一样的两难处境，在相关的司法解释中明确细化通知的方式确有必要。

同时，相比较于将公司决议效力之诉的诉权限制在公司内部，赋予第三人在特定情形下有权针对公司决议机关作出的决议提起诉讼，也许更能兼顾公司、公司内部人员和公司以外的第三人的利益。

参考文献

[1] 蒋大兴：《股东会会议通知制度分析与缺陷检讨——以〈公司法〉的修改为中心》，载《南京大学学报》（哲学、人文科学、社会科学版）2001年第4期。

[2] 理喻：《涉公司股东权益司法实务问题答疑——专访最高人民法院民二庭负责人》，载《法律适用》2013年第7期。

[3] 龙燕：《关于股东大会会议通知制度若干问题研究》，载《法制与社会》2009年第20期。

公司决议撤销纠纷的司法审查

——以李建军诉上海佳动力环保科技有限公司公司决议撤销纠纷案为例

崔修滨*

[摘要] 李建军诉上海佳动力环保科技有限公司公司决议撤销纠纷案（以下简称"李建军案"）①是最高人民法院发布的第10号指导案例。指导性案例的设计作用已经在最高人民法院《关于案例指导工作的规定》中予以明确，即"应当参照"②的作用。李建军案被选作指导性案例，是因其涉及了在公司决议撤销纠纷案件中的诸多关键要素，包括决议内容是否符合公司章程的规定，决议的召集程序、表决方式是否符合法律、行政法规、公司章程的规定以及上述要素的审查方式。

《公司法解释（四）》对早前发布的《公司法解释（四）（征求意见稿）》在公司决议的司法审查上进行了改动，依据《公司法》的立法精神对实际审判工作中的需要作出了解答。

本文通过对李建军案司法裁判的分析，以当事人的主张和法院查明的事实为路径，梳理李建军案中体现的法律适用的一般规则，包括对于"召集人""召集方式""决议形成方式""表决方式""决议内容"的司法审查的尺度和界限。

进一步分析这些一般规则有哪些经过指导性案例编纂中的阐述和筛选，被确定为《公司法解释（四）》中的法律依据，通过这一对法律适用一般规则的提炼、阐述、总结的过程，得出对于公司决议撤销纠纷案件的司法审查的一些法律适用的理解：针对公司决议撤销纠纷的司法审查应是总体以有限性审查为原则，对会议程序进行非全面性审查，对会议内容进行形式审查。

[关键词] 公司决议撤销　有限性审查原则　非全面性审查　形式审查

---

* 辽宁百联律师事务所主任。
① 参见上海市第二中级人民法院(2010)沪二中民四(商)终字第436号民事判决书。
② 参见最高人民法院《关于案例指导工作的规定》(法发〔2010〕51号)第7条规定："最高人民法院发布的指导性案例，各级人民法院审判类似案例时应当参照。"

一、李建军案问题的切入

(一) 案件事实

案件的事实是分析案件的着手点,从案件事实入手,提炼主要事实、过程,主要依据是法院判决书的经审理查明部分。

1. 案件经过

2001年3月18日,投资人葛永乐、李建军、南金镕、中国船舶重工集团公司第七研究院第七一一研究所(以下简称"七一一所")共同投资设立上海佳动力环保科技有限公司(以下简称"佳动力公司")并制定公司章程。章程载明:公司法定代表人葛永乐,注册资本人民币100万元(以下币种均为人民币),股东葛永乐、李建军、南金镕、七一一所分别出资7万元(占7%)、5万元(占5%)、44万元(占44%)、44万元(占44%);公司设立董事会,设董事5名,董事长由葛永乐担任。董事会行使包括聘任或者解聘公司经理等职权,对涉及公司增、减资方案,决议公司合并、分立、变更公司形式,解散方案的,须经代表2/3以上表决权的股东通过才能实施,董事会行使职权时,不得违反法律、法规和公司章程的规定。章程分别由各投资人签名、盖章。同年4月17日,由前述投资人设立的佳动力公司经上海市工商行政管理局黄浦分局核准登记成立。2006年11月18日,佳动力公司根据已召开股东会形成的决议,制定公司章程修正案,除增加公司经营范围外修改原章程对应内容,公司股东变更为葛永乐(出资额40万元,占注册资本40%)、李建军(出资额46万元,占注册资本46%)、王泰胜(出资额14万元,占注册资本14%)。

2009年7月18日,佳动力公司召开董事会并形成决议,李建军在会议签到单上签名。董事会决议载明:根据《中华人民共和国公司法》(以下简称《公司法》)及公司章程的规定,佳动力公司董事会于当日,由董事长葛永乐电话通知、召集并主持在公司浦三路4399号会议室召开。出席董事会董事成员应到3人,实到3人。列席董事会监事应到3人,实到3人,作出决议如下:第一,鉴于总经理李建军不经董事会同意私自动用公司资金在二级市场炒股,造成巨大损失,现免去李建军总经理职务,即日生效。第二,现聘任总工程师王泰胜为佳动力公司代总经理,行使总经理职权。第三,从即日起5日内,原总经理李建军应交还公司章程、印鉴章、法定代表人私章、公司账簿(包括所有的原始记录凭证)给董事长葛永乐。如不交还,属于严重损害股东利益,股东有权向法院起诉。决议由董事葛永乐、王泰胜及监事签名。李建军未在决议上签名。同月27日,李建军向上海市黄浦区人民法院起诉,以佳动力公司董事会决议依据的事实错误,在召集程序、表决方式及决议内容等方面均违反了《公司法》的规定,依法应予撤销为由,请求判令依法撤销佳动力公司于2009年7月18日形成的"上海佳动力环保科技有限公司董事会决议"。

2. 主要事实提要

经过梳理案件经过,得出主要的案件事实是:

(1) 李建军、葛永乐、王泰胜为佳动力公司股东,持股比例分别为 46%、40%、14%。

(2) 章程规定:公司设立董事会,设董事 3 名,董事长由葛永乐担任。董事会行使包括聘任或者解聘公司经理等职权。

(3) 2009 年 7 月 18 日,佳动力公司召开董事会并形成决议,李建军在会议签到单上签名。佳动力公司董事会于当日,由董事长葛永乐电话通知、召集并主持在公司浦三路 4399 号会议室召开。

(4) 出席董事会董事成员应到 3 人,实到 3 人。列席董事会监事应到 3 人,实到 3 人,作出决议,李建军未在决议上签名。

(5) 2009 年 7 月 27 日,李建军请求撤销上述董事会决议,上海市黄浦区人民法院以董事会决议存在重大偏差为由判决撤销了诉争的董事会决议。

(6) 佳动力公司不服一审判决向上海市第二中级人民法院提起上诉,上海市第二中级人民法院作出判决:撤销原判;对被上诉人李建军要求撤销上诉人佳动力公司于 2008 年 7 月 18 日形成的"上海佳动力环保科技有限公司董事会决议"的诉讼请求不予支持。

(二) 问题提炼

根据案情事实,梳理原、被告的主要争议焦点,以提出问题。

1. 原被告的主要争议焦点

(1) 未经议事程序即形成决议是否违反法定程序。

(2) 董事会决议的表决方式是否符合公司章程的规定。

(3) 董事会决议所依据的事实是否存在:首先,佳动力公司炒股投资方案是否通过董事会决议。其次,佳动力公司在国信证券公司进行股票买卖行为的事实确定。

2. 问题的提出

(1) 董事会决议的内容是否违反公司章程的规定。

(2) 董事会决议的召集程序和表决方式是否违反法律、行政法规、公司章程。

(3) 董事会决议依据的事实是否属于司法审查的范围。

二、李建军案的分析路径

依据现有的法律规范对李建军案的事实进行分析,梳理分析司法审查的逻辑进路,也是笔者研究李建军案的分析路径。

（一）适用法律的选择

对于董事会决议的法律规定，主要见于《公司法》。《公司法》第47条[①]规定了有限责任公司董事会的召集程序，《公司法》第46条[②]规定了董事会的职权。

本案涉及的主要是《公司法》第22条对于公司决议撤销之诉的规定，以及第48条对于董事会议事方式和表决程序的规定。

《公司法》第22条第2款规定："股东会或者股东大会、董事会的会议召集程序、表决方式违反法律、行政法规或者公司章程，或者决议内容违反公司章程的，股东可以自决议作出之日起六十日内，请求人民法院撤销。"

《公司法》第48条规定："董事会的议事方式和表决程序，除本法有规定的外，由公司章程规定。董事会应当对所议事项的决定作成会议记录，出席会议的董事应当在会议记录上签名。董事会决议的表决，实行一人一票。"

（二）董事会的召集程序

1. 董事会的召集人、召集方式

本案诉争董事会决议载明：由董事长葛永乐电话通知、召集并主持在公司浦三路4399号会议室召开。所以诉争董事会的召集人为董事长葛永乐，符合《公司法》第47条的规定。召集的方式为电话通知，《公司法》没有对董事会召集方式作出限定，从裁判文书分析当事人的举证情况来看，公司章程也没有对召集方式作出限定。

2. 董事会的召集时间

根据诉争的董事会决议内容，董事通知的时间为当日。

如果是股东会会议的召集时间，《公司法》规定为应于会议召开前15日通知全体股东[③]，但是对于董事会，《公司法》并未作出限制性规定。

[①] 《公司法》第47条规定："董事会会议由董事长召集和主持；董事长不能履行职务或者不履行职务的，由副董事长召集和主持；副董事长不能履行职务或者不履行职务的，由半数以上董事共同推举一名董事召集和主持。"

[②] 《公司法》第46条规定："董事会对股东会负责，行使下列职权：（一）召集股东会会议，并向股东会报告工作；（二）执行股东会的决议；（三）决定公司的经营计划和投资方案；（四）制订公司的年度财务预算方案、决算方案；（五）制订公司的利润分配方案和弥补亏损方案；（六）制订公司增加或者减少注册资本以及发行公司债券的方案；（七）制订公司合并、分立、解散或者变更公司形式的方案；（八）决定公司内部管理机构的设置；（九）决定聘任或者解聘公司经理及其报酬事项，并根据经理的提名决定聘任或者解聘公司副经理、财务负责人及其报酬事项；（十）制定公司的基本管理制度；（十一）公司章程规定的其他职权。"

[③] 《公司法》第41条规定："召开股东会会议，应当于会议召开十五日前通知全体股东；但是，公司章程另有规定或者全体股东另有约定的除外。股东会应当对所议事项的决定作成会议记录，出席会议的股东应当在会议记录上签名。"

（三）董事会的表决方式

1. 董事会的会议记录

本案中，李建军称其到会后即有其他董事宣读已拟好的决议，而该决议并未经过会议进行讨论。佳动力公司对此予以否认，但未出具会议讨论的记录，称相关记录被李建军当场撕毁。李建军对撕毁会议记录予以否认。

《公司法》第 48 条规定所指的应当形成会议记录，是应当对所议事项的决定形成记录，这里指的会议记录是记载所议事项决定的载体而不是记载议事程序的载体。

在本案中，虽然没有以会议记录形式记载议事过程，但是已经以董事会决议的形式记载了对所议事项的决议。

2. 董事会会议议题的通知

根据法院的裁判文书，从李建军举证的临时董事会决议可以看出，该会议议题与之前李建军知悉的公司临时董事会的内容相同，并且在召集董事会时告知会议议题并不是召集董事会的实质要件。

3. 董事会的表决方式

（1）现行有效的公司章程的确定

佳动力公司 2001 年 3 月 18 日设立制定公司章程，至 2006 年 11 月因公司股东变更形成了章程修正案，佳动力公司未再对原章程进行过修正。

工商机关处备案的公司章程记载，经理解聘并无表决限制。

（2）公司章程规定表决方式的司法审查

该公司章程对董事会表决事项载明为，董事会必须由 2/3 以上的董事出席方为有效，对所议事项作出决定应由占全体股东 2/3 以上的董事表决通过方为有效。

该公司章程并无董事会表决须经占公司股权比例 2/3 的股东一致同意才能生效的记载。根据《公司法》第 48 条第 3 款的规定，公司董事会决议的表决，实行一人一票。

故本案系争董事会决议符合《公司法》与公司章程规定的多数决。

（四）决议内容的司法审查

1. 法律法规的限制

在董事会决议撤销之诉中，对决议内容审查的依据主要是《公司法》第 22 条第 2 款，即对决议内容是否违反公司章程的审查。这是对法院司法审查的限定，即只能依据公司章程的规定审查决议内容。而在本案中，佳动力公司的公司章程规定董事会有权解聘经理。

2. 司法审查的范围界定

一审法院在本案中的司法审查实际上突破了法律的这一限制。一审法院对董事会决议免去李建军总经理职务的理由进行了超越公司章程的审查，即"总经理李建军不经董事会同意私自动用公司资金在二级市场炒股,造成巨大损失"是否属实,如该事实不成立,是否足以导致董事会决议被撤销。一审法院最终认定董事会决议存在重大偏差,是在该失实基础上形成的。从维护董事会决议形成的公正性、合法性角度出发判决撤销了诉争的董事会决议。

一审法院对于董事会决议罢免权的审查实际是增设了"经理如在履职中出现重大过错,在其行为足以造成公司经营遭受重大损失的情况下"这一不属于公司章程的条件。

这一裁判观点在二审中被修正。二审法院认为,法院不应对李建军被免职所依据的理由进行实体审查。理由是:佳动力公司的公司章程规定了董事会有权解聘公司经理,但对董事会行使这一权力未作任何限制性规定。因此,佳动力公司董事会行使公司章程赋予其的解聘权,在召集程序、表决方式符合《公司法》规定和决议内容不违反公司章程的前提下"无因"作出的聘任或解聘总经理的决议,均应认定为有效。

三、《公司法解释(四)》的适用理解

2016年4月12日最高人民法院发布了《关于适用〈中华人民共和国公司法〉若干问题的规定(四)(征求意见稿)》[以下简称《公司法解释(四)(征求意见稿)》],2017年8月25日最高人民法院正式发布了《关于适用〈中华人民共和国公司法〉若干问题的规定(四)》[以下简称《公司法解释(四)》]。对于公司决议撤销之诉从《公司法解释(四)(征求意见稿)》到《公司法解释(四)》主要经历了如下改动:《公司法解释(四)(征求意见稿)》第7条规定了《公司法》第22条第2款所称的"召集程序"和"表决方式",包括股东会或者股东大会、董事会会议的通知、股权登记、提案和议程的确定、主持、投票、计票、表决结果的宣布、决议的形成、会议记录及签署等事项。《公司法解释(四)》删除了《公司法解释(四)(征求意见稿)》第7条,增加第4条"股东请求撤销股东会或者股东大会、董事会决议,符合公司法第二十二条第二款规定的,人民法院应当予以支持,但会议召集程序或者表决方式仅有轻微瑕疵,且对决议未产生实质影响的,人民法院不予支持"的规定

(一) 公司决议司法审查的有限性

法律规范对于公司决议撤销纠纷的规定经历了一个从无到有的历程,撤销的理由也从最初的并无明确规定而后逐渐明确。

根据《公司法》及相关司法解释的规定,司法审查的标准从"违反法律、法规,侵害股东合法权益的"到"会议召集程序、表决方式违反法律、行政法规或者公司章程,或者决议内容违反公司章程"再到"会议召集程序或者表决方式仅有轻微瑕疵,且对决议未产生实质影响的,人民法院不予支持"。可见司法审查的标准从模糊变为具体,从宽泛变为限缩,体现了现代公司法强调公司自治,对公司决议原则

上不进行司法干预的思想。

从《公司法解释（四）》对于撤销公司决议的审查标准也可以看出其继承了这种思想，因此，笔者认为，在审理公司决议撤销之诉时，整体尺度应以有限性为原则。

（二）对《公司法解释（四）》适用的理解

1. 有限性审查为原则

对公司决议撤销纠纷的司法审查应是有限性的，对"召集程序"和"表决方式"的包含范围应严格依照《公司法》第 22 条第 2 款的规定进行理解。以李建军案为例，只有"董事会由董事长葛永乐当日电话通知召集""由董事长葛永乐主持""出席董事会董事成员应到 3 人，实到 3 人。列席董事会监事应到 3 人，实到 3 人"等事实才应该纳入司法审查的范围，其他事实因违背有限性审查原则，法院不应审查。

2. 决议程序的非全面性审查

关于公司决议撤销之诉，从《公司法解释（四）》对《公司法解释（四）（征求意见稿）》的改动可以看出，《公司法解释（四）（征求意见稿）》第 7 条对于公司决议的程序规定过于具体，容易造成法院在审查时依据其进行全面审查，从而以公司决议程序缺失为由判决撤销决议，这种审查尺度可能侵害公司的自主经营权，变相增加公司经营的成本。而基于有限性审查原则，对公司决议撤销纠纷程序的司法审查不应要求过于具体的条件，这是因为撤销公司决议的理由应是程序上某事项存在并且违反法律、行政法规或公司章程，而不是程序上某一事项的不完备。

3. 决议内容的形式审查

公司自治是现代公司法的灵魂，司法裁判应尊重公司的商业判断，对公司决议的内容的司法审查应是形式审查，对案件事实与公司章程仅进行"有"或"无"的审查。法院必须严格依据公司章程的规定，只要公司章程的规定不违反法律、法规的强制性规定，就应该认定规定有效，而不对该规定本身作出合理性或正当性审查，仅对案件事实是否符合该规定进行比对即可。

在李建军案中，对决议内容的审查应该是决议的内容是否符合公司章程的规定，因公司章程并未规定解聘经理必须有某种理由，所以法院不应该对公司解聘经理的理由的真实性进行审查。

四、结论

为了维护公司的自主经营权，保障市场交易的安定性，根据《公司法解释（四）》第 4 条的规定，在满足"会议召集程序或者表决方式仅有轻微瑕疵""且对决议未产生实质影响的"时，人民法院对申请撤销公司决议的诉请应不予支持。同时根据该解释第 6 条的规定，公司决议被撤销，公司依据该决议与善意相对人形成的民事法律关系不受影响。

本文提出的以有限性审查为原则的对程序非全面性审查和对内容形式审查,正是基于实务中对于公司决议撤销之诉审判的理解:兼顾对小股东利益的保护和对公司自主经营权的保护,同时这两者利益的平衡又应服从于商事审判的一般原则——保障市场交易的安定性。

参考文献

[1] 顾继红:《罢免公司高管的董事会决议效力之司法审查》,载《人民司法》2010年第22期。

[2] 何欣:《公司决议纠纷诉讼实证研究》,中国政法大学2011年硕士学位论文。

[3] 杜晓强:《论公司自治的司法介入》,武汉大学2012年博士学位论文。

公司决议瑕疵制度兼论《公司法解释(四)》之不足
——以决议可撤销为中心

张秀华*

[摘要] 公司决议瑕疵制度是大陆法系国家或地区公司治理的一项重要制度。随着国家对公司行为监督力度的减弱,立法者通过公司决议瑕疵制度赋予股东监督公司的权利。厘清公司决议瑕疵的类型,有利于分析其效力及救济方式,维护股东利益。本文参考境外相关立法、结合实务案例,分析我国《公司法》及《公司法解释(四)》关于公司决议纠纷的相关规定。

[关键词] 公司决议瑕疵制度 公司决议效力 公司决议可撤销

一、公司决议瑕疵的类型

公司决议的效力源于形式和实质的完备,只有形式和实质均符合法律规定的公司决议才是有效的,如果这两方面有欠缺就会导致效力瑕疵。该瑕疵因程序或内容违反法律、公司章程而产生,在性质上可以分为程序上的瑕疵和内容上的瑕疵。公司决议在内容上存在违反法律规定的情形则不能生效,其在程序上不符合法律、章程规定的,该瑕疵也会影响其效力。

公司决议瑕疵分类存在"二分法"和"三分法"之分。"二分法"的立法逻辑是根据决议瑕疵的性质或者决议违反法律、章程的严重程度,将瑕疵严重的归为无效,其余的归于可撤销,例如德国、瑞士;或者根据决议违法的对象划分,决议内容违反法律或章程的,属于无效,而程序违法法律或章程的,属于可撤销,例如我国台湾地区。《中华人民共和国公司法》(以下简称《公司法》)第22条也采用了"二分法",虽然简单明了,但存在缺陷,因为决议的无效和撤销都是在决议成立的基础上进行的判断,而公司大股东伪造股东会决议等情形,根本不存在决议,也就无从判断其是否存在瑕疵,实践中,法院一般判决此类"决议"无效。"三分法"认为"二分法"的立法范式具有形式主义,缺乏法理基础。决议内容违法固然无效,但其程序违法不可一概而论:应根据程序瑕疵的严重程度将公司决议分为不成立和可撤销,当决议程序的瑕疵程度严重到足以使决议被视为不成立的,应归于决议不成立,而一般的瑕疵应归于可撤销。例如《日本商法典》规定决议不成立是股东大会决议

---

* 北京市京师律师事务所合伙人,北京市律师协会公司法专业委员会副主任。

瑕疵的类型。

总之，公司决议瑕疵的事由和程度不同导致不同的法律效果，决议无效的事由主要是内容瑕疵，决议不成立和决议可撤销的事由多属于程序瑕疵，但决议不成立是因为程序有严重瑕疵，无法承认决议在法律上存在，而可撤销决议的瑕疵可在事后得到补正。

在最高人民法院《关于适用〈中华人民共和国公司法〉若干问题的规定（四）（征求意见稿）》[以下简称《公司法解释（四）（征求意见稿）》]中，根据程序上的瑕疵将公司决议分为"决议不存在"和"未形成有效决议"两种情形。笔者认为，没有必要创立这两个新概念。首先，从法律效果来看，决议不存在和未形成有效决议的法律效果是一样的。其次，我国民事立法将民事行为根据效力状态区分为民事法律行为、未生效的民事行为、效力待定的民事行为、无效的民事行为、可变更可撤销的民事行为等，并没有"不存在""未形成"之表达，司法解释没有必要将生活事实上观察到的差别——投射到法律条文中，在现有的法学理论中已有对此两种情形的效力瑕疵的概括归纳。最后，从逻辑上说，"不存在"和"未形成"的决议自然是不成立的。综上，笔者认为，应将《公司法解释（四）（征求意见稿）》第4条、第5条整合为"决议不成立"，决议不成立，自然不具有法律效力，避免实务中判决程序违法的公司决议为无效决议，虽然可以实现实质公平，但是这样却与法律规定相背离。

最高人民法院《关于适用〈中华人民共和国公司法〉若干问题的规定（四）》[以下简称《公司法解释（四）》]删去了关于"决议不存在"和"未形成有效决议"的分别讨论，而是在第5条规定了人民法院认定决议不成立的情形。可以看出，《公司法解释（四）》的最终定稿与笔者的上述观点一致。

二、公司决议可撤销制度的完善

（一）公司决议的撤销事由

各国或地区的公司法对公司决议撤销事由的规定虽然各不相同，但公认会议召集程序或决议方法违反法令系决议撤销的事由。区分可撤销决议和决议无效并规定不同的法律效果是因为可撤销决议行为"瑕不掩瑜"，其瑕疵可以补正，维持其效力有利于团体决策的安定性，同时也体现了公司法侧重效率的价值理念。我国《公司法》第22条第2款规定："股东会或者股东大会、董事会的会议召集程序、表决方式违反法律、行政法规或者公司章程，或者决议内容违反公司章程的，股东可以自决议作出之日起六十日内，请求人民法院撤销。"

公司决议撤销的另一个事由是内容违反公司章程。日本、韩国、瑞士等国规定了决议内容违反公司章程构成决议撤销的事由。我国台湾地区则更为严格，规定内容违反公司章程的决议无效。

公司章程作为公司内部的宪法,规范公司、股东和管理层的行为,决议的内容应遵守公司章程的规定。但因公司章程属于公司内部的自治性规则,不产生对外的效力,故程序违反公司章程的不应均作无效处理。

(二) 程序瑕疵的标准与法院的裁量驳回权

是否决议过程中任何程序瑕疵都导致公司决议可撤销？从《公司法》第22条的文义来看,并未对决议瑕疵的严重程度进行区分,这可能是为了保障股东充分行使表决权。但是,恪守严格的程序主义不利于维持公司决议的相对安全稳定,易于滋生股东滥用诉权的可能性。

笔者试以境外立法例探讨是否应区分程序瑕疵的严重程度。《日本公司法典》第831条规定了四种可提起撤销之诉的情形:召集程序违法或违反公司章程、决议方法违法或违反公司章程、决议内容违反公司章程、对决议有特别利害关系者行使表决权并作出明显不当决议。以上若法院认为事实不重大,且没有对决议带来影响时可驳回起诉。韩国和日本的规定类似,规定程序瑕疵只有在不很重大、不成立辨认不出股东大会决议的存在与否的严重瑕疵时才构成决议撤销的事由。

笔者建议对程序瑕疵的程度作目的性限缩解释。在民法理论中,法律行为的可撤销是指依照法律规定,由于行为的意思与表示不一致或意思表示不自由,导致非真实的意思表示,行为人可行使撤销权,使其自始不发生法律效力。也即,可撤销事由是因意思表示过程出现偏差导致行为人发出的意思表示的后果与其内心原意不符。公司决议是团体法律行为,在决议过程中,程序违法的程度如果不足以导致决议与团体的共同意志相违背时,是否应维持公司决议的效力。例如,北京市高级人民法院《关于审理公司纠纷案件若干问题的指导意见》第9条规定:"公司召开股东会会议未依法定或章程规定的通知期限通知股东,但全体股东均出席了会议并参加了表决,则相应的股东会视为依法召开。股东以会议通知程序违法或违反章程规定为由请求撤销决议的,人民法院不予支持。"而且,程序瑕疵不一定伤害实体正义,决议程序瑕疵也不一定损害公司、股东利益。表决权因程序瑕疵而受到侵害的股东如果接受公司决议,应尊重当事人意思自治,《公司法》规定股东行使撤销权须在60日除斥期间内,也体现了认同程序瑕疵可经过时间补正的观点。此外,笔者认为,召集程序存在瑕疵但股东并未表示异议的,也应限制股东的撤销权。

综上所述,《公司法》第22条对公司决议可撤销规定的标准非常严格,而《公司法解释(四)(征求意见稿)》中并未豁免程序瑕疵程度轻微的公司决议。笔者认为,应参考日本的法律规定,根据《日本公司法典》第831条的规定,股东大会的召集程序或决议方法违反法令或章程,法院如认为"该违反事实不重大而且没有对决议造成影响时,可以驳回撤销决议的请求"。这样规定的原因是,如果决议仅在程序上存在瑕疵,那么即使重新召开会议也会得到同样的决议,所以没有必要撤销决议。

我国《公司法》没有规定裁量驳回制度,但不区分决议程序的瑕疵程度一律撤销显然过于僵化,中国证券监督管理委员会的相关规定就豁免了显著轻微的一种情形:《上市公司章程指引》及《到境外上市公司章程必备条款》均规定,因意外遗漏未向某有权得到通知的人送出会议通知或者该等人没有收到会议通知,会议及会议作出的决议并不因此无效。司法实践中,也有法院认为程序瑕疵不当然导致决议撤销。在陈某某诉上海国电实业有限公司一案中,上海市第二中级人民法院认为,股东陈某某接到会议通知时距离股东会会议召开不足 15 日,但《公司法》规定通知时限是为了保障股东有足够的时间对需要审议的事项进行准备,通知时限少 1 日不足以影响其股东权的行使,故股东陈某某请求撤销股东会决议的诉求缺乏依据,不予支持。

实践中,有些公司决议的程序瑕疵显著轻微。例如,通知方式不符合公司章程规定,或会议提前通知时间少于法律规定但影响显著轻微,或无表决权者参与表决,但去掉该表决权数后通过比例仍然符合法律或章程规定等。程序正义是为了实现实体正义,程序瑕疵程度不会损害公司、股东利益的,没有必要规定如此严重的法律后果。法律规范应当赋予法院裁量驳回权,当公司决议程序瑕疵显著轻微时,授权法院驳回起诉。司法解释可尽量列举"显著轻微"的程序瑕疵,便于法官在实务中进行认定。

对此,《公司法解释(四)》第 4 条修正了《公司法解释(四)(征求意见稿)》中"未豁免程序瑕疵程度轻微之公司决议"的缺陷,对于会议召集程序和表决方式仅有轻微的瑕疵,且对决议未产生实质影响的,不支持当事人撤销决议的请求。这在一定程度上避免了笔者上述的"通知方式不符合公司章程规定""会议提前通知时间少于法律规定但影响显著轻微"等轻微程序瑕疵,但不对决议造成实质影响的情形,一定程度上也保障了实体正义,维护了公司决议的稳定性。

然而,《公司法解释(四)》并未如笔者所建议的以列举方式尽量穷尽"显著轻微"的程序瑕疵,这就产生了一个很严重的问题,笼统地缩限也会带来法律适用的不统一,究竟什么样的情形算做"显著轻微",并没有给我们答案,法官在适用该解释时由于没有明确的标准,会产生两种不利影响。其一,法官的自由裁量权增大,公司决议是否撤销的判决结果其影响非同小可,一旦权力无所限制,将对实体公正造成更大损害。其二,标准的模糊可能使本条形同虚设,甚至废置,没有明确的标准,那么就可能一律被认为不属于"显著轻微",《公司法解释(四)》第 4 条也就此失去了存在的意义。所以,这也是《公司法解释(四)》的缺憾之处。

(三)公司决议撤销之诉的除斥期间

因为公司基于公司决议往往对外发生法律关系,为了避免撤销公司决议影响公司法律关系,各国和地区的公司法都规定了撤销决议的除斥期间,例如德国和我国台湾地区规定为 1 个月,韩国规定为 2 个月,日本规定为 3 个月。《公司法》规定股东可以自决议作出之日起 60 日内,请求人民法院撤销决议。

实务中,对于 60 日除斥期间的理解有不同的观点。一种观点认为,除斥期间不会发生中止、中断和延长,如果公司在未通知股东的情况下作出决议,股东不知情,很容易丧失撤销权,这对股东很不公平,所以,应将除斥期间的起算点定为股东知道或应当知道决议形成之日。例如,山东省烟台市中级人民法院在兰廷芹与烟台陆合物业管理有限公司公司决议撤销纠纷一案[(2015)烟商二终字第194号]中认为:"2012年2月22日股东会决议作出后,并未立即送达给兰廷芹,故除斥期间应从2013年9月29日兰廷芹知悉该决议开始计算。"江苏省徐州市鼓楼区人民法院在尹丽苹与徐州建筑工程机械有限公司股东会决议撤销纠纷一案[(2014)鼓商初字第0152号]中也认为,除斥期间应从原告知悉股东会决议之日起算。另一种观点认为,从《公司法》文义来看,除斥期间起算点就是决议作出之日,将股东知道或应当知道之日作为起算点有悖于法律规定。其实,正是因为我国公司决议瑕疵制度中缺失决议不成立的情形,才产生被侵害股东权的股东丧失救济途径这一问题。引入决议不成立后,当程序瑕疵已经严重到足以使决议被视为不成立的,决议不成立,决议不成立不适用除斥期间,就可以解决这一问题。

(四)诉讼担保

根据《公司法》第22条的规定,股东提起诉讼,人民法院可以应公司的请求要求股东提供相应担保。日本和韩国的公司法规定,股东提起决议无效、可撤销或不存在之诉,法院可根据公司的请求要求股东提供相应担保,但被告必须证明原告出于恶意。1937年《德国股份法》规定,如果公司能够使法院确信其享有或会产生对原告股东的赔偿请求权,那么诉讼法院可以依公司申请要求原告股东向公司提供担保。我国《公司法》没有类似的规定,司法实践中往往也不审查股东是否出于恶意。例如,在高玉柱与河北金丰诺辉锅炉制造有限公司公司决议撤销纠纷一案[(2015)石民立终字第00145号]中,被告要求原告提供财产担保,原告在规定时间内未提交担保金,法院裁定驳回原告起诉。笔者认为,规定股东提供担保的原因是防止股东提起恶意诉讼,滥用诉讼权利影响公司的正常经营,公司请求股东提供担保应以证明股东有恶意为前提,恶意是指不是以维护自身正当利益为目的,而是出于不当损害公司利益的意图。

《公司法解释(四)(征求意见稿)》第10条增加了行为保全的规定:"股东会或者股东大会、董事会决议存在实施后不能恢复原状或者使当事人、利害关系人的合法权益受到难以弥补的损害等情形的,可以依据原告的申请禁止实施有关决议。人民法院采取前款规定的行为保全措施,可以根据公司的申请或者依职权责令原告提供相应担保。原告提供相应担保的,应当禁止实施有关决议。"规定行为保全的意义在于,公司往往依决议对外发生法律关系,例如签订合同、股权转让等,如果待判决后溯及无效,可能为时已晚。有观点认为,根据该条规定,人民法院可依职权责令原告提供相应担保。但需要注意的是,此处的担保针对的是对原告申请禁止实施有关决议的行为保全,而非股东提起诉讼的情况。

《公司法解释(四)》的定稿最终还是删去了《公司法解释(四)(征求意见稿)》

第 10 条关于行为保全的规定，无论是出于何种考量，最终《公司法解释（四）》还是没有对《公司法》第 22 条第 3 款进行进一步的解释，不得不说，这也是本次解释的遗憾。

三、结语

总之，公司决议瑕疵制度的主要目的是指导公司决议符合程序正义和实体正义，既要使公司团体决策体现公司意志，又要体现程序价值。我国《公司法》对于公司决议瑕疵的分类较为粗糙，导致实务中部分情形难以判断其类型。

公司决议可撤销作为公司决议瑕疵制度的重要部分，事由包括程序违法、程序或内容违反公司章程，存在的疑问在于是否应区分其程序瑕疵的程度。对于显著轻微的程序瑕疵，笔者认为，可引入裁量驳回制度，尽量避免公司内部资源的浪费。而公司对提起诉讼的股东要求提供担保，应以股东存有恶意为限，避免公司限制股东行使诉权。

参考文献

［1］孙旭东：《新旧公司法比较分析》，人民法院出版社 2005 年版，第 196 页。
［2］李建伟：《公司决议效力瑕疵类型及其救济体系再构建——以股东大会决议可撤销为中心》，载《商事法论集》2008 年第 2 期。
［3］柯芳枝：《公司法论》（上），台北三民书局 2002 年版，第 272 页。
［4］王雷：《公司决议行为瑕疵制度的解释与完善》，载《清华法学》2016 年第 5 期。

股东会(大会)决议"程序瑕疵"与可撤销的边界

——兼评《公司法解释(四)》第 4 条

祝传颂* 洪雅娴**

[摘要] 《公司法》规定股东会(大会)决议召集程序、表决方式不符合法律或公司章程规定(本文统称为程序瑕疵),股东可申请撤销股东决议。对于"程序瑕疵"的界定需区分何为"决议程序"及"瑕疵"。但《公司法》对于"程序"的范围并未明确,法律、行政法规也缺乏对决议程序的履行方式的明确规定。因此,在《公司法解释(四)》出台前,司法审判对于会议瑕疵程序的理解不一致,股东会(大会)决议程序瑕疵,并不必然导致决议可撤销。《公司法解释(四)》引入了"裁量驳回"①制度,这与司法审判趋势相吻合,同时也适合我国公司治理现状,但是裁量的标准尚需具体化,予以实践指引。

[关键词] 决议撤销 程序瑕疵 裁量驳回 股东滥诉

一、股东会(大会)决议程序的范围

(一)股东会(大会)决议瑕疵可撤销的法律依据

《中华人民共和国公司法》(以下简称《公司法》)第 22 条第 2 款规定:"股东会或者股东大会、董事会的会议召集程序、表决方式违反法律、行政法规或者公司章程,或者决议内容违反公司章程的,股东可以自决议作出之日起六十日内,请求人民法院撤销。"

2017 年 3 月 15 日颁布的《中华人民共和国民法总则》(以下简称《民法总则》)第 85 条规定:"营利法人的权力机构、执行机构作出决议的会议召集程序、表决方式违反法律、行政法规、法人章程,或者决议内容违反法人章程的,营利法人的出资人可以请求人民法院撤销该决议,但是营利法人依据该决议与善意相对人形成的民事法律关系不受影响。"

最高人民法院《关于适用〈中华人民共和国公司法〉若干问题的规定(四)》[以

---

* 安徽天禾律师事务所合伙人律师。
** 安徽天禾律师事务所律师。
① 裁量驳回,是指即便股东会(大会)存在程序瑕疵,当事人向法院提起撤销之诉时,审判机关平衡程序瑕疵对决议的影响后,作出驳回撤销决议的请求。

下简称《公司法解释(四)》]第 4 条规定:"股东请求撤销股东会或者股东大会、董事会决议,符合公司法第二十二条第二款规定的,人民法院应当予以支持,但会议召集程序或者表决方式仅有轻微瑕疵,且对决议未产生实质影响的,人民法院不予支持。"

因此,股东会(大会)决议可撤销的事由可分为两种情况:一是程序瑕疵,包括会议召集程序及表决方式违反法律、行政法规或者公司章程;二是决议内容违反公司章程。

(二)"决议程序"的具体范围

《公司法》并没有对决议的程序范围进行明确界定,而是散见在《公司法》的各条文中。

1. 《公司法》规定的决议程序范围

(1) 会议召集主体

《公司法》第 40 条、第 101 条规定了有限责任公司和股份有限公司股东(大)会召集主体的顺序依次是董事会(执行董事)、监事会(监事)、公司股东。

(2) 会议通知及会议记录

《公司法》第 41 条规定了有限责任公司召开股东会会议,应于会议召开 15 日前通知全体股东。股东会应当对所议事项的决定作成会议记录,出席会议的股东应当在会议记录上签名。《公司法》第 102 条规定了股份有限公司召开股东大会会议,应当将会议召开的时间、地点和审议的事项于会议召开 20 日前通知各股东。

(3) 表决方式

《公司法》第 16 条规定了公司对外提供担保,依照公司章程的规定,由董事会或者股东会、股东大会决议。《公司法》第 42 条、第 43 条规定了股东会会议由股东按照出资比例行使表决权,但是公司章程另有规定的除外。特殊事项需绝大多数表决通过。《公司法》第 103 条规定了股东出席股东大会会议,所持每一股份有一表决权,普通事项为简单多数决,特殊事项需绝大多数决。

可见,目前《公司法》仅是明确规定了部分会议召开对股东权益保障起到主要作用的环节,对于完整的会议程序应涵盖的程序及具体的履行方式、履行步骤等细节并未具体化。同时,与股份有限公司相比,在公司决议程序上,有限责任公司拥有更大的自主约定空间。因此,完整的会议程序应当履行多少程序在法律、行政法规中并未有确定的标准。

2. 司法裁判的审查范围

根据最高人民法院公布的指导案例 10 号"李建军诉上海佳动力环保科技有限公司决议撤销纠纷案"可知,法院在公司决议撤销纠纷案件中的司法审查范围原则上限于以下三个可撤销原因的审查:① 召集程序方面的瑕疵。常见的召集程序瑕疵包括召集人不适格、未按照规定期限发送召集通知、未采用规定的方式发送召集通知等。② 表决方式的瑕疵。常见的表决方式瑕疵包括未达到法定的表决比例、参与表决的主体不具备表决资格、表决权行使受到不当干扰等。③ 决议内容是否符合公司章程。对决议内容的审查是看决议的内容是否符合公司章程的规定，而不是审查其内容是否合法。

综上，不论立法或者司法实践，对于"决议程序"的范围并未有明确具体的界定，但二者均认为"决议程序"主要包括召集、召开程序及表决程序。

二、股东会（大会）决议程序"瑕疵"的判断

何为"程序瑕疵"？《公司法》第 22 条第 2 款仅规定股东会（大会）决议程序违反法律、行政法规或者公司章程的，股东可以请求撤销。通过前述对《公司法》关于股东会（大会）决议"程序"相关规定的整理，发现法律、行政法规对于"程序"的范围及程序的具体履行方式并未作出详细规定。在实践中，公司章程对会议决议程序作出具体约定的又是少数。因而，判断"程序瑕疵"的依据存在不足。

（一）司法裁判案例引入

笔者通过在中国裁判文书网检索案由为"公司决议撤销纠纷"的案件，筛选出 4 个代表性的程序瑕疵案例，整理如表 1：

表 1：股东会（大会）决议程序瑕疵案例

案件	违规情形	法院裁决
广西 A 股份有限公司与卢某、杨某公司决议撤销纠纷	股东大会休会后，复会时未事先通知各股东	A 公司超过原定的休会时间之后再次召开股东大会，违反了公司法及公司章程关于 A 公司召开股东大会应提前告知各股东开会的时间、地点的规定。
	股东大会审议表决了会议通知未列明的事项	A 公司召开 2011 年度股东大会的通知中未列明选举"第四届监事会监事"的事项，但却在会议期间审议、表决该事项并形成决议，违反了《公司法》第 102 条的规定。
	监票人员违反公司章程	虽然 A 公司 2011 年度股东大会表决结果报告单上监票员栏签名的不是 A 公司的监事，违反了公司章程关于表决结果报告单应由监事签名的规定，但 A 公司章程对投票清点的规定并非公司法的要求。
蔡某与南通 B 公司决议撤销纠纷	在监事召集股东会的情况下，执行董事收到通知未参加会议、股东会会议记录系事后补写	股东会会议记录是否为会后补写不是公司法规定的可以请求撤销该股东会决议的事由。公司执行董事没有认真履行职责，监事按程序通知蔡某召开股东会并形成决议，程序并未违反公司法或者公司章程的规定。股东会决议是否应被撤销应当考量该股东会决议的召集程序、表决方式、决议内容，至于案涉股东会决议、股东会会议记录是否是同一时间形成，与蔡某申请撤销该股东会决议是否符合公司法规定的条件没有必然联系。

(续表)

案件	违规情形	法院裁决
戴某与苏州C制造有限公司决议撤销纠纷	股东会决议的提案未在召开股东会之前告知各股东	执行董事、股东戴某召集和主持股东会,另一股东周某在会上临时提出议案。虽然戴某对周某的提议事先并不知情,但另两名股东都表示了同意的意见。根据股东的股权比例,无论戴某同意与否,此提议仍能通过。故本案中不存在因提议未提前通知股东而损害股东利益的情形。
赵某与厦门D影视传媒股份有限公司公司决议撤销纠纷	股东大会通知时间及通知方式不符合公司章程约定	D公司无论是邮件送达还是邮寄送达,其通知赵某的时间均不符合D公司章程的规定,故D公司召开临时股东大会的程序存在瑕疵。但是会议决议的内容是股东向股东以外的人转让股权的问题,因赵某在仅持有1.12%股权的情况下,参加与否都不会影响股东大会通过决议,且本次决议内容并非股东大会的法定职权范围,决议实质是D公司除赵某外持有98.88%股权的股东对股权转让的书面确认,并非侵害赵某的股东权益。故股东大会程序的瑕疵显著轻微,对决议不产生影响。

(二) 司法实践关于"瑕疵"的界定

由表1中4个代表性案例可见,对于会议"程序瑕疵"的理解,不同法官的裁判标准不完全一致。如在"广西A股份有限公司与卢某、杨某公司决议撤销纠纷"案件中,法官认为股东大会表决通知未列明的事项违反了公司法规定;而在"戴某与苏州C制造有限公司决议撤销纠纷"案件中,法官认为"无论戴某同意与否,此提议仍能通过。故本案中不存在因提议未提前通知股东而损害了股东利益的情形"。通过查阅股东会(大会)决议撤销案例,笔者对法官的裁判思路总结如下:

1. 决议程序的范围仍是以法定为主

法官对于决议程序的范围仍是以《公司法》明确规定的为主,主要包括会议召集主体、会议通知、会议记录、表决方式、表决权行使等。

对于《公司法》未明确规定的程序,一般不予以采纳。如在"广西A股份有限公司与卢某、杨某公司决议撤销纠纷"案件中,法官认为"A公司章程对投票清点的规定并非公司法的要求"。

2. 在实践中已经出现"裁量驳回"的适用

撤销权属于形成权,因此,严格来说,当股东提起撤销之诉时,法官应当审查股东的诉请是否属于可撤销事由,而不是对适用法律本身进行价值选择。故而,鉴于"裁量驳回"并未有明文规定,实践中并非所有法官对程序瑕疵程度进行裁量,这也是造成同一问题不同判决结果的主要原因。但总体上,司法机关对因股东会(大会)决议程序瑕疵的请求秉持的是慎重对待的态度。实践中已经出现"裁量驳回"的适用,如"戴某与苏州C制造有限公司决议撤销纠纷"一案。

三、《公司法解释(四)》第4条的评析

决议瑕疵的效力问题主要涉及商事效率及小股东权益保护两种利益的冲突与平衡。《公司法》将程序瑕疵的决议作为可撤销而非无效事由,正是体现了平衡这两种利益的立法精神。

在《公司法》对于程序的范围及程序的具体履行方式并未进行详细规定,且实践中公司章程缺少对股东会(大会)决议程序作出具体约定的情况下,《公司法解释(四)》引入"裁量驳回"制度(即"会议召集程序或者表决方式仅有轻微瑕疵,且对决议未产生实质影响的,人民法院不予支持")是制度设置上的进步,但也存在一些遗憾。

(一)《公司法解释(四)》引入"裁量驳回"制度的合理性

1. 引入"裁量驳回"制度适合目前我国公司治理现状

立法者假设"使法律行为发生可撤销效力的状态并不必然使法律行为损害可主张撤销一方的利益",所以由法律赋予利益可能受损一方撤销权,由其自己决定是否要撤销决议。但若机械地维护程序的完整性,也会给一些试图以法院判决的方式来干涉公司意思自治的股东更多阻碍股东会(大会)决议执行的机会,影响商事效率。

实践中,笔者在对有意向参与资本市场的公司进行尽职调查时,发现即使此类公司通常比一般的有限责任公司规模更大,治理更规范,但是在有限责任公司阶段,股东会决议的程序仍存在许多瑕疵。这种现象的出现在很大程度上是多数公司还是偏重于人合性,且股东人数较少,因而忽略了会议的规范程序。因此,在许多公司日常议事规则尚未健全、规范的现实情况中,给予法官衡量决议程序瑕疵与会议撤销之利弊,可以避免个别股东利用决议程序瑕疵肆意干扰决议的执行,从而减少滥诉空间。

2. 引入"裁量驳回"制度体现了实质重于形式的原则

最高人民法院《关于适用〈中华人民共和国公司法〉若干问题的规定(四)(征求意见稿)》[以下简称《公司法解释(四)(征求意见稿)》]曾具体规定了公司决议"召集程序"及"表决方式"范围,但是正式颁布的《公司法解释(四)》删除了该规定,改为"裁量驳回"。笔者认为,这是一种淡化"决议程序"法定化,实质重于形式的观念的体现。

《公司法》对于程序瑕疵表述为"召集程序、表决方式违反法律、行政法规或者公司章程",而实际上《公司法》及公司章程对于会议程序的范围及方式的规定并未明确,通过赋予审判机关对决议瑕疵的显著性及影响的后果进行判断的权力,为

"程序瑕疵"的判断提供了标准,同时也统一了司法裁判思路,减少"同案不同结果"的现象。

(二)"轻微瑕疵""实质影响"的标准不明确

《公司法解释(四)》规定"裁量驳回"的标准是"轻微瑕疵"且"对决议未产生实质影响"。此规定核心在于界定"轻微瑕疵"及"实质影响"的标准,否则在司法实践中关于裁量撤销的裁判仍会存在不统一的问题。笔者愚见,可综合以下因素衡量:

1. 表决比例合规是瑕疵轻微的前提

笔者通过对决议撤销之诉案例的整理,发现在认定为瑕疵显著轻微的案件中,法官会采取"假设模式"的判断标准。即,假设主张会议可撤销的股东不参与表决时,决议也符合表决比例,则认为瑕疵轻微。瑕疵轻微的前提是表决符合条件,但"假设模式"思路也易出现控股股东利用控股地位侵害中小股东权益的情况。

笔者认为,"假设模式"是瑕疵轻微的前提条件,但若影响到股东的重要权利,即使重新召开结果仍然一致,也需撤销。正如上海市第一中级人民法院所认为的:"这使得小股东的股东权益得到充分保障和行使,充分体现公司运作的人合性需要,同时公司能够形成合法有效的新的股东会决议,以利于公司今后的稳定运营和管理。"

2. 瑕疵事实不实质阻碍表决权行使是瑕疵轻微的客观因素

行使表决权是公司股东的重要权利。尽管《公司法解释(四)》明确将"未召开会议"或者虽然召开了会议,但是"未进行表决"的会议决议作为不成立事由,假如公司召开了会议且对相关事项也进行了表决,但是少数股东因程序瑕疵而未能参与会议行使表决权,这种情况下按照"假设模式"的标准,则少数股东无从救济。

笔者认为,程序瑕疵是否"显著轻微",更主要的是事实的判断,而非价值判断。判断"瑕疵显著"与否的考量因素应参考程序瑕疵的事实对于表决权的行使是否构成实质障碍。比如虽然通知时间较短或者通知形式未按约定的途径发出,但是通知的时间能够保证股东参与会议的时间,或者在有证据证明股东知晓通知的情况下可视为上述瑕疵并未实质阻碍股东权利的行使,属于轻微的程序瑕疵。

3. 侵犯股东参与股东会(大会)职权的表决是实质影响的具体表现

若仅以"假设模式"判断程序瑕疵是否对决议带来实质影响,则在资本多数决规则下,程序瑕疵的决议均不可撤销,程序瑕疵决议撤销制度也将失去设立的意义。因此,"实质影响"的界定实际上是法官对于程序瑕疵对各种法律关系带来结果的价值衡量与取舍。

笔者认为可参考"赵某与厦门D影视传媒股份有限公司公司决议撤销纠纷"案件中法官的裁判思路,将瑕疵决议中所表决的事项是否属于股东会(大会)职权范围作为衡量标准。理由如下:

(1)《公司法》第37条、第99条规定的股东会(大会)的职权范围主要是对公司经营有重大影响的事项,与股东的利益也有着重大关联。因此,对股东会(大会)职权范围的事项进行表决不仅是股东的法定权利,同时也是维护与自己利益息息相关的权益。

(2)《公司法》第37条、第99条赋予了股东在公司章程中对股东会(大会)其他职权进行约定的权利。将瑕疵决议中所表决的事项是否属于股东会(大会)职权范围作为衡量标准可督促股东,尤其是小股东在公司设立之时,通过公司章程约定的形式,加强对自身利益的保护。

(3)将股东会(大会)职权范围作为股东会(大会)决议可撤销边界之一,可将"实质影响"标准具体化,避免因标准过于原则性而导致实践中裁判不统一的现象。同时,公司章程可对股东会(大会)职权范围予以约定,达到司法干预与公司自治的平衡。

综上,《公司法解释(四)》引入"裁量驳回"制度有利于解决司法审判中关于决议"程序瑕疵"与决议撤销边界标准不统一的情形,也抑制了股东利用程序瑕疵干扰决议执行、浪费司法资源的空间,有利于维护股东会(大会)决议法律关系的稳定。同时,"轻微瑕疵""实质影响"的界定标准在"假设模式"下,尚需综合是否对股东的表决权行使构成实质障碍,是否侵犯了股东对股东会(大会)职权事项的表决等因素予以考量。

关于确认公司决议效力的实务探讨

吴 威[*]

[摘要] 公司决议瑕疵包括程序上的瑕疵和内容上的瑕疵。《公司法解释（四）》将公司决议存在的严重程序瑕疵在效力层面进行了进一步规定，即公司决议不成立。在司法实践中，对如何认定公司决议不成立，有可供进一步探讨的空间。

[关键词] 公司决议效力 有效公司决议

《中华人民共和国公司法》（以下简称《公司法》）规定了确认公司决议无效之诉、公司决议撤销之诉。2016年12月5日，最高人民法院审判委员会全体会议审议并原则通过最高人民法院《关于适用〈中华人民共和国公司法〉若干问题的规定（四）》[以下简称《公司法解释（四）》]，结合司法实践中出现的新问题、新情况，又规定了确认决议不存在之诉、确认未形成有效公司决议之诉。

本文仅就笔者代理的一起确认公司董事会决议无效案件，就《公司法解释（四）》涉及的公司决议不成立之诉这一类型案件进行简要论述。

一、基本案情及审理情况

（一）基本案情

A公司是2003年成立的中外合资经营企业，公司设立时的中方股东为B公司，外方股东为美国JADE公司。根据A公司章程规定，A公司设董事会，董事会由5名董事组成，其中，中方股东B公司委派四名董事即盖某、赵某、吴某及刘某，外方股东美国JADE公司委派一名董事即高某。盖某任董事长，高某任副董事长。A公司章程规定："本章程的修改，必须经董事会会议一致通过决议。"

2011年，A公司陆续召开三次董事会并通过决议，对公司的经营范围、公司名称等进行变更，并据此修改公司章程。上述章程修改均已经商务局审批并办理了工商变更登记。

2017年，董事刘某向法院起诉，认为外方股东美国JADE公司已于2008年在美国解散注销，其民事行为能力自公司解散之日即归于消灭，因此，美国JADE公司及其委派的董事高某于公司解散后隐瞒事实，签署A公司章程修正案、董事会决

---

[*] 山东鑫士铭律师事务所合伙人。

议的民事行为无效,请求法院确认上述董事会决议无效,并要求 A 公司对依据上述董事会决议进行的工商变更登记办理撤销。

(二) 法院查明的事实

外方股东 JADE 公司于 1993 年在美国加利福尼亚州注册成立,1997 年盖某从 JADE 公司原股东处以 MIT Group 的名义受让了该公司全部股权,成为 JADE 公司的实际股东。盖某即为 A 公司董事长。

2008 年,由于美国会计师未能准确理解盖某要求,将盖某要求办理的歇业(temporarily dissolve)手续办理为解散(dissolved)手续,JADE 公司于 2008 年 12 月 18 日在加利福尼亚州被注销。

2011 年 4 月 11 日,JADE 公司股东盖某发现公司被错误注销,为不影响 A 公司的经营,并继续持有原 JADE 公司持有的 A 公司股权,重新申请设立了美国 JADE 公司(公司注册号为 C3368331,以下简称"新 JADE"),唯一股东为盖某。原 JADE 与新 JADE 的公司名称、股东、管理人员、派往 A 公司的董事均相同。

A 公司未就外方股东由原 JADE 变为新 JADE 事项进行工商变更登记。

(三) A 公司的答辩意见

(1) 涉案的董事会决议真实存在,内容均为变更经营范围、变更公司名称、变更股东名称,并就上述变更修改公司章程,不存在违反法律、行政法规规定的情形,未损害 A 公司及原告所代表的大股东的实体利益,也未损害原告作为董事所享有的程序权利和实体权利,因此上述董事会决议依法有效。

(2) 外方股东美国 JADE 公司(以下简称"原 JADE")虽因失误而被解散注销,因其持有的 A 公司股权没有被处置,故而该股权并不会因原 JADE 被注销而消亡,而应由其股东盖某承继,由其之前委派的董事来行使权利。原 JADE 股东有权决定设立新 JADE,并将其持有的 A 公司股权由新设立的新 JADE 承继,并继续委派董事行使其作为 A 公司股东的股东权利。因此,高某有权作为持有 A 公司股权的新 JADE 委派的董事来行使股东权利,其签署的董事会决议、章程修正案均应有效。

(3) 原告主张高某无权签署董事会决议及章程修正案,对高某的董事身份提出异议,属于董事会决议的程序瑕疵,是公司法规定的可以申请撤销的情形。现涉案的董事会决议作出时间至今已超过 5 年,原告未在法定时间内申请撤销,上述董事会决议已发生法律效力。

(4) A 公司虽未能及时办理外方股东变更登记,但外方股东的实际股东从未发生变化,其委派的董事也未发生变化,因此,其瑕疵程度不足以影响董事会决议的效力。并且,上述程序瑕疵完全可以由 A 公司通过办理外方股东变更登记来进行内部救济,而不应采取否定董事会决议效力的方式来弥补。

（四）审理情况

本案开庭前，原告刘某申请撤诉。

二、本案的特殊情形及焦点问题

（1）A 公司为中外合资经营企业，根据《中华人民共和国中外合资经营企业法》的相关规定，中外合资经营企业不设股东会，其最高权力机构是由中外合营者委派组成的董事会，企业实行董事会领导下的总经理运营管理体制。因此，本案中争议的是董事会决议的效力，而刘某是作为中方股东委派的董事身份对董事会决议的效力提出异议。

（2）根据《中华人民共和国中外合资经营企业法》和 A 公司章程的规定，合营企业公司章程的修改，须经董事会一致通过方可作出决议。

（3）我国《公司法》规定，公司解散必须依法进行清算。因此，作为股东的公司被依法解散注销后，其持有的其他公司股权未处置的情况基本不可能发生。但本案中，外方股东 JADE 公司在美国被注销时，其持有的 A 公司的股权未被处置。

（4）涉案的董事会决议真实存在且内容不存在违反法律、法规的情形，但由于 A 公司的外方股东由原 JADE 变更为新 JADE 后未进行工商变更登记，因此，形成涉案的董事会决议的董事会会议存在一定的程序瑕疵，即高某是否有权作为外方股东委派的董事出席董事会行使股东权利，董事会会议的程序瑕疵是否对董事的表决权产生实质性的侵害，是否构成对公司利益的侵害，是否对董事正确、忠实地履行其对公司的义务产生实质性的不良影响，是否影响董事会决议的效力。由此引出本案的焦点问题，即根据《公司法解释（四）》的规定，涉案的董事会决议是否因高某的董事身份存在争议而导致其签署的董事会决议无效，涉案董事会决议是否因通过比例不符合公司法或者公司章程的规定，而未形成有效决议。

三、案件焦点问题评析

（一）公司决议诉讼类型

《公司法》第 22 条采取"二分法"，即根据公司决议瑕疵的情况将公司决议诉讼分为两种类型——"决议无效之诉"和"决议可撤销之诉"。一般而言，如果决议内容违法，属于决议无效；如果决议程序违法，则属于决议可撤销。自 2005 年我国公司法规定董事会决议瑕疵制度至今已过十余年，司法实践中各级人民法院产生的大量判决对决议无效的情形进行了梳理，已突破了《公司法》第 22 条规定的情形，除内容违法外，未召开会议、未达到法定多数决等决议严重程序瑕疵也被判决为决议无效。

《公司法解释（四）》在"二分法"的基础上，采用了"三分法"，即将决议瑕疵情况分为决议不成立、决议无效、决议可撤销三种情况,上述三种情况已体现在人民法院的生效判决中。

(二)公司决议不成立的诉讼

根据《公司法解释(四)》第5条的规定,以下五种法定情形将被确认公司决议不成立。

(1)公司未召开会议的,但依据《公司法》第37条第2款或者公司章程规定可以不召开股东会或者股东大会而直接作出决定,并由全体股东在决定文件上签名、盖章的除外;

(2)会议未对决议事项进行表决的;

(3)出席会议的人数或者股东所持表决权不符合《公司法》或者公司章程的规定;

(4)会议的表决结果未达到《公司法》或者公司章程规定的通过比例的;

(5)导致决议不成立的其他情形。

上述情形(1)(2)为根本未开会、未表决,理论上称为决议不存在的情形;情形(3)(4)涉及决议的程序瑕疵,理论上称为未形成有效决议而导致决议不成立。在判断股东会或股东大会、董事会会议程序存在瑕疵对公司决议效力的影响时,应遵循的标准为该程序瑕疵是否对董事的表决权产生实质性的侵害,是否构成对公司利益的侵害,是否对董事正确、忠实地履行其对公司的义务产生实质性的不良影响。

泰安市中级人民法院在万世酒造株式会社诉宁阳县鑫安酒业有限公司请求变更公司登记纠纷案[(2012)泰民四初字第4号]中认为:"董事会决议存在程序瑕疵,但对沈凤君参加本次董事会会议并充分表达意见、行使表决权等未造成实质影响。因此,应当认定本次董事会会议召开程序及决议内容合法有效。"

(三)涉案董事会决议是否未形成有效公司决议而导致决议不成立

涉案董事会决议是真实存在的,并且其内容不违反法律、行政法规。因此,原告主张高某无权签署董事会决议,涉及的是在外方股东变更后未及时进行变更登记的情况下,高某出席董事会存在的程序瑕疵是否影响A公司一致通过董事会决议,并因"出席会议的人数或者股东所持表决权不符合公司法或者公司章程的规定"或"会议的表决结果未达到公司法或者公司章程规定的通过比例的"而导致未形成有效公司决议。因此,高某是否具有适格的外方董事身份是确定涉案董事会决议是否成立的前提。

在《公司法解释(四)》公布之前已有相关案例:福建省高级人民法院在熊克力、范悦玲与福州飞越集团有限公司公司决议效力确认纠纷案[(2014)闽民终字第708]中认为:"熊克力、范悦玲等当选为上海博联公司的董事因股东会决议无效而应被认定为不合法,其作出的2011年11月9日董事会决议因违法而无效。"

石家庄市中级人民法院在于洪港与河北航空集团天鹅国际旅行社有限公司公司决议撤销纠纷案[（2016）冀01民终字3776号]中认为："根据《中华人民共和国公司登记管理条例》第三十七条的规定，公司董事、监事、经理发生变动的应当向原公司登记机关备案。河北航空集团天鹅国际旅行社有限公司的工商登记董事备案信息中并未显示有田建华董事。因此，田建华董事的身份不确定，本次董事会决议的通过人数未过半数。"据此，法院撤销了案涉的董事会决议。

本案中，虽然存在因外方股东变更后未及时进行变更登记的程序瑕疵，但高某仍可以代表外方股东，受其委派行使股东权利。外方股东美国原JADE公司被注销后，因其持有的A公司股权未处置，该股权应归属于其唯一股东盖某。盖某设立新JADE公司后，有权决定由该公司持有A公司股权并有权委派高某为董事。

如果仅因程序上存在瑕疵而认定因高某无权签署董事会决议，进而认定修改公司章程的董事会决议未经董事会全体一致通过，从而认定未形成有效公司决议，在公司已根据董事会决议办理了审批手续、工商变更登记的情况下，将对公司造成金钱和时间上的大量浪费；而认可高某的董事表决权，并不损害A公司和中方股东的利益。

四、本案引发的思考

（一）董事会决议效力的原则

1. 利益平衡原则

《公司法》规定了公司决议效力瑕疵制度，允许股东、董事通过诉讼撤销或确认瑕疵决议无效，来实现董事之间权力的相互制约。为防止股东滥用诉权任意干涉董事会行使权利，《公司法》又在瑕疵诉讼中设立了诉讼担保制度，以实现董事与股东之间的相互制约和利益平衡。

2. 维护交易秩序原则

对于存在瑕疵的决议，首先要通过公司决议效力的自我补正来消除；对于轻微瑕疵，法院可以通过裁量驳回制度来驳回当事人的诉讼请求。轻易否定董事会决议的效力，将使公司决策效率低下，增加公司决议的时间和经济成本。

（二）决议瑕疵的救济

（1）法律规定决议效力瑕疵制度是为了防止多数董事利用"多数决原则"损害少数董事的权利和公司利益。但对于有些决议的程序瑕疵而言，其并不一定会损害公司的利益。此种情况下，即使决议因瑕疵而被撤销或被确认为未成立，董事会仍会作出内容相同的新决议。因此，建议允许董事会主动补正程序瑕疵，从而提高公司的经营和社会经济利益。

（2）《公司法》对董事会决议无效没有限制诉讼时效，此规定使公司决议效力长期处于不稳定状态进而可能会损害公司及各方当事人的利益。笔者建议，对提起确认未形成有效公司决议而导致决议不成立之诉亦应规定一个较长的诉讼期间。在存在程序瑕疵的情形下，该决议不一定损害公司及相关利害关系人的利益，一概否定会造成公司资源的浪费和成本的增加。

（三）司法介入决议瑕疵的界限

司法介入作为公司决议纠纷的最后救济手段，应具有一定的宽容性，即不应对所有瑕疵决议都否定其效力。应首先穷尽公司内部的救济渠道；诉诸司法后，对瑕疵显著轻微且不损害公司及各方当事人权益或损害微小的情况，在综合考虑各方面因素后仍可确认公司决议的效力不受瑕疵影响。

（四）本案的教训

本案产生诉讼的根本原因在于，A公司发现外方股东被注销且其股东又设立新公司持有A公司股权后，未及时修改章程、办理工商变更登记，导致新外方股东委派的董事签署的董事会决议存在程序瑕疵，进而形成诉讼风险。

笔者建议公司应当注意，公司股东变更后必须修订公司章程，并尽快完成工商变更登记，以避免不必要的诉讼和争议。

上市公司股东提案权限制探讨

熊 杰[*]

[摘要] 提案权是持股达一定比例的上市公司股东一项重要的权利,包括向董事会提出提案和股东大会临时议案。我国现行公司法对提案权的行使主体、程序、内容予以了一般性限制规定。对具有一定违法情形的股东的包括提案权在内的股东权利的特殊限制则没有作出规定。中国证券监督管理委员会发布的《上市公司收购管理办法》对具有特定违法情形的上市公司股东及其一致行动人的提案权予以了特殊限制,一定程度弥补了我国现行公司法和证券法的不足,具有十分重要的理论意义和现实意义。

[关键词] 上市公司 股东提案权 限制 特殊限制

一、案件及审理情况

(一) 案件情况

A 公司是一家上市公司,其公开发行的股票在上海证券交易所上市交易。B 公司是 A 公司的原第一大股东,B 公司及其一致行动人合计持有 A 公司股本总额 30% 的股票。C 公司及其一致行动人从 2013 年开始在二级市场持续买入 A 公司股票,截至 2015 年 5 月,C 公司及其一致行动人合计持有 A 公司 30% 的股票。C 公司及其一致行动人 D 公司在收购 A 公司股票过程中,存在未按法律规定进行信息披露、借用他人账户买卖 A 公司股票、短线交易等行为。2015 年 5 月中国证券监督管理委员会上海证监局对 C 公司、C 公司实际控制人 H 及其一致行动人 D 公司进行了行政处罚,处以没收违法所得、罚款数十万元至数百万元不等的处罚。

2015 年 8 月,A 公司董事会按照法律和公司章程等规定发出召开 A 公司 2015 年第二次临时股东大会进行董事会换届选举的通知,并按照相关规定进行了公告。C 公司获悉通知后在法定期限内提出临时议案,自己另行提出了全部董事候选人。A 公司董事会认为,C 公司及其一致行动人 D 公司、实际控制人 H 在收购 A 公司股票过程中存在重大违法行为,具有《上市公司收购管理办法》第 6 条第 2 款规定的不得收购上市公司的情形,依据《上市公司收购管理办法》第 60 条的规定,董事会有权且应当拒绝 C 公司或其一致行动人提出的临时议案,并以前述理由拒绝了 C

---

[*] 北京市中伦律师事务所律师。

公司提出的临时议案。C公司及其一致行动人认为,A公司董事会拒绝C公司临时提案,违反了《中华人民共和国公司法》(以下简称《公司法》)第102条第2款的规定,A公司2015年第二次临时股东大会召集程序违反法律规定,决定予以抵制,没有参加该临时股东大会,使A公司该次临时股东大会的所有议案获得出席会议股东接近100%赞成票数通过。在A公司2015年第二次临时股东大会决议公告后,C公司旋即以A公司2015年第二次临时股东大会会议召集程序违反法律规定为由,向某区人民法院提起诉讼,请求撤销A公司2015年第二次临时股东大会决议。

(二)一审答辩情况

A公司诉讼代理人从两个方面抗辩原告C公司提出的诉讼主张:第一,C公司在案争临时股东大会不享有提案权,其作为A公司持股3%以上股东享有的提案权应受到限制,因其违法行为应阶段性予以剥夺。A公司董事会拒绝C公司临时提案是履行《上市公司收购管理办法》第60条规定的义务,无违法性。第二,A公司董事会严格按照《公司法》、A公司章程规定的程序形成A公司2015年第二次临时股东大会的议案,在法定期限内、以法定方式发出了召开该次股东大会的通知,召集人资格、召集程序完全符合法律、法规和规范性文件的规定,合法有效。A公司董事会拒绝C公司提出的临时提案,不影响已经发布的议案的表决方式和表决结果。A公司是否将C公司提出的临时提案提交股东大会表决,对股东大会审议的其他议案的表决效力没有影响。只要以上两个抗辩理由之一成立,原告C公司的诉讼请求就应当被驳回。

(三)一审裁判情况

一审法院经审理认为,原告C公司在收购A公司股票过程中,存在重大违法行为,受到中国证券监督管理委员会上海证监局行政处罚。根据《上市公司收购管理办法》第6条、第60条之规定,A公司董事会应当拒绝C公司的提案。A公司董事会拒绝C公司提出的临时议案,并无不当。A公司2015年第二次临时股东大会召集程序、表决方式不违反法律、行政法规和章程的规定,原告请求撤销A公司2015年第二次临时股东大会决议的理由不能成立,判决驳回诉讼请求。

(四)二审情况

C公司收到一审判决后,在上诉期限内向某市中级人民法院提起上诉。二审法院开庭进行了审理。庭审后不久,在征得A公司同意后,C公司撤回了起诉。

二、关于上市公司股东提案权的一般限制

上市公司股东提案权是一项重要的股东权利。《公司法》对上市公司股东提案权的行使主体、程序、内容方面作出了一般限制性规定。

《公司法》第 102 条第 2 款规定:"单独或者合计持有公司百分之三以上股份的股东,可以在股东大会召开十日前提出临时提案并书面提交董事会;董事会应当在收到提案后二日内通知其他股东,并将该临时提案提交股东大会审议。临时提案的内容应当属于股东大会职权范围,并有明确议题和具体决议事项。"从前述规定可以看出,股东提案权是股东向股东大会提出临时议案供股东大会审议、表决的权利。股东提案权的行使受到程序和实体两方面的限制:从程序上,股东提案权受到主体、期限和途径的限制,只有单独或者合计持有公司 3% 以上股份的股东才享有提案权,股东提案权须在股东大会召开 10 日前行使,股东提出临时议案应当以书面形式向董事会提交。从内容上,股东提出临时议案的内容应当属于股东大会的职权范围,并有明确议题和具体决议事项。

三、对具有一定违法情形的上市公司股东及其一致行动人提案权的特殊限制

《上市公司收购管理办法》对具有一定违法情形的上市公司股东提案权作出了特殊限制性规定。该办法第 60 条规定:"上市公司实际控制人及受其支配的股东未履行报告、公告义务,拒不履行第五十八条规定的配合义务,或者实际控制人存在不得收购上市公司情形的,上市公司董事会应当拒绝接受受实际控制人支配的股东向董事会提交的提案或者临时议案,并向中国证监会、派出机构和证券交易所报告。中国证监会责令实际控制人改正,可以认定实际控制人通过受其支配的股东所提名的董事为不适当人选;改正前,受实际控制人支配的股东不得行使其持有股份的表决权。上市公司董事会未拒绝接受受实际控制人及受其支配的股东所提出的提案的,中国证监会可以认定负有责任的董事为不适当人选。"

(一) 应予以特殊限制的情形

依据《上市公司收购管理办法》第 60 条的规定,具有下述情形之一的,上市公司董事会应当拒绝接受受实际控制人支配的股东向董事会提交的提案或临时议案:

1. 上市公司实际控制人及受其支配的股东未履行报告、公告义务,拒不履行第 58 条规定的配合义务。

上市公司实际控制人及受其支配的股东应履行的报告、公告义务应当依据《中华人民共和国证券法》《上市公司收购管理办法》等法律、法规和规范性文件的规定进行界定。如《中华人民共和国证券法》(以下简称《证券法》)第 86 条就规定:"通过证券交易所的证券交易,投资者持有或者通过协议、其他安排与他人共同持有一个上市公司已发行的股份达到百分之五时,应当在该事实发生之日起三日内,向国务院证券监督管理机构、证券交易所作出书面报告,通知该上市公司,并予公告;在上述期限内,不得再行买卖该上市公司的股票。投资者持有或者通过协议、

其他安排与他人共同持有一个上市公司已发行的股份达到百分之五后,其所持该上市公司已发行的股份比例每增加或者减少百分之五,应当依照前款规定进行报告和公告。在报告期限内和作出报告、公告后二日内,不得再行买卖该上市公司的股票。"《上市公司收购管理办法》第13条规定:"通过证券交易所的证券交易,投资者及其一致行动人拥有权益的股份达到一个上市公司已发行股份的5%时,应当在该事实发生之日起3日内编制权益变动报告书,向中国证监会、证券交易所提交书面报告,通知该上市公司,并予公告;在上述期限内,不得再行买卖该上市公司的股票。前述投资者及其一致行动人拥有权益的股份达到一个上市公司已发行股份的5%后,通过证券交易所的证券交易,其拥有权益的股份占该上市公司已发行股份的比例每增加或者减少5%,应当依照前款规定进行报告和公告。在报告期限内和作出报告、公告后2日内,不得再行买卖该上市公司的股票。"

2. 实际控制人存在不得收购上市公司的情形。

《上市公司收购管理办法》第6条第2款规定:"有下列情形之一的,不得收购上市公司:(一)收购人负有数额较大债务,到期未清偿,且处于持续状态;(二)收购人最近3年有重大违法行为或者涉嫌有重大违法行为;(三)收购人最近3年有严重的证券市场失信行为;(四)收购人为自然人的,存在《公司法》第一百四十六条规定情形;(五)法律、行政法规规定以及中国证监会认定的不得收购上市公司的其他情形。"

(二)特殊限制的方法——规定上市公司董事拒绝提案或临时议案的职责

《上市公司收购管理办法》没有直接规定具有法定情形下的上市公司股东及其一致行动人不得行使提案权,而是规定上市公司董事会应当拒绝该等股东的提案或临时议案,以阻断该等股东行使提案权的路径的方式实现特殊限制的目的。在法定情形下,上市公司董事会拒绝接受受实际控制人支配的股东向董事会提交的提案或临时议案,使实际控制人支配的股东的提案或临时议案无法到达股东大会,实际上限制了该等股东提案权的行使。

四、对具有一定违法情形的上市公司股东及其一致行动人的提案权予以特殊限制具有正当性与必要性

在我国资本市场,收购人事先安排关联方悄悄买入特定上市公司股票,或者借用他人账户买入特定上市公司股票,在应该进行信息披露时点不进行披露,在吸够筹码后再进行高调举牌,操纵股价,谋取非法利益,并不鲜见。主要原因在于违法所得远高于违法成本。对存在一定违法情形的股东及其一致动行人的包括提案权在内的股东权利予以一定的特殊限制,可以减少其违法所得,加大其违法成本,净化资本市场秩序,保护中小投资者的利益。

《公司法》《证券法》等法律在限制违法股东权利的规定方面存在不足。《证券

法》第86条对投资者收购上市公司过程中的信息披露义务进行了规定。《证券法》第193条对违反信息披露义务的法律责任进行了规定,但仅有行政责任的规定。该条规定:"发行人、上市公司或者其他信息披露义务人未按照规定披露信息,或者所披露的信息有虚假记载、误导性陈述或者重大遗漏的,责令改正,给予警告,并处以三十万元以上六十万元以下的罚款。对直接负责的主管人员和其他直接责任人员给予警告,并处以三万元以上三十万元以下的罚款。发行人、上市公司或者其他信息披露义务人未按照规定报送有关报告,或者报送的报告有虚假记载、误导性陈述或者重大遗漏的,责令改正,给予警告,并处以三十万元以上六十万元以下的罚款。对直接负责的主管人员和其他直接责任人员给予警告,并处以三万元以上三十万元以下的罚款。发行人、上市公司或者其他信息披露义务人的控股股东、实际控制人指使从事前两款违法行为的,依照前两款的规定处罚。"对收购人在收购过程中违反信息披露等义务,是否会导致其收购获得的股权受到权利限制,《证券法》和《公司法》均未作出相应规定。《上市公司收购管理办法》规定上市公司董事会对一定情形下的收购人及其一致行动人向董事会提交的提案或临时议案有权且应当予以拒绝,从而对具有一定违法情形的股东的权利行使予以了一定限制,弥补了《证券法》和《公司法》的不足。

五、结语

对具有一定违法情形的上市公司股东及其一致行动人的提案权予以一定的限制,具有必要性和正当性。《上市公司收购管理办法》迈出了重要的一步,前述案例也肯定了《上市公司收购管理办法》对上市公司股东提案权限制的合法性。但从法律效力层次看,《上市公司收购管理办法》属于部门规章,效力层次较低。因此,我国关于资本市场的立法,应当吸收监管部门的经验,在证券立法或公司立法的层面,规定或授权证券监管部门规定对具备一定违法情形的股东的提案权等股东权利予以适当的限制,抑制证券市场违法行为的冲动。

以案看公司决议效力纠纷中司法审查的谦抑性原则

张保生[*]　朱进妹[**]　刘　坤[***]

[摘要]　公司具有社团法人的特性,在法律给予私法自治的空间范围内,法院应当充分尊重股东的真实意思表示,充分尊重股东处理内部事务时作出的相关决议,充分尊重"法无禁止即自由"的私法自治精神。在审理公司决议纠纷时,法院应当恪守谦抑性原则,不轻易干预公司内部事务,只要公司相关会议的召集程序和表决方式符合公司法和公司章程的规定,决议内容没有违反法律、行政法规的强制性规定,其效力就应当得到确认,不轻易通过行使自由裁量权否定公司决议的效力。

[关键词]　公司决议　司法审查　私法自治　谦抑性原则

一、案情简介

A 公司系由 B 公司与邓某共同设立,其中 B 公司持股 75%,邓某持股 25%。邓某任 A 公司执行董事、法定代表人,孙某任 A 公司监事。

由于 A 公司经营陷入僵局,2015 年 9 月 1 日,A 公司监事孙某、大股东 B 公司向邓某寄送《关于提请召开临时股东会会议的申请书》(以下简称《申请书》),要求邓某于收到申请书之日起 5 日内召集并书面通知召开临时股东会会议,并于 22 日内召开临时股东会会议,否则将视为《公司章程》第 12 条规定的"执行董事不能履行或不履行召集股东会会议职责"。

邓某接到《申请书》后,未如期召集股东会。监事孙某遂于 2015 年 9 月 8 日发出召集通知,于 2015 年 9 月 25 日召开临时股东会(以下简称"25 日股东会"),会议通过决议免去邓某执行董事、法定代表人职务。

2015 年 9 月 14 日,邓某发出召集临时股东会的通知,并于 2015 年 9 月 30 日召开临时股东会(以下简称"30 日股东会"),会议通过决议免去邓某执行董事、法定代表人职务。该次股东会还审议了邓某提议的其他事项。

---

[*]　金杜律师事务所合伙人。
[**]　金杜律师事务所律师。
[***]　金杜律师事务所律师。

邓某向法院提起诉讼，请求撤销9月25日和9月30日的股东会决议。一审法院以25日股东会召集程序违反章程、30日股东会决议内容超越股东会职权为由，判决撤销9月25日和9月30日的股东会决议。B公司不服一审判决，提起上诉。二审判决以邓某起诉已过60日撤销期限、30日股东会决议内容并未超越股东会职权为由撤销一审判决，驳回邓某全部诉讼请求。

本案系公司决议撤销纠纷，主要争议焦点为股东会召集程序和决议内容是否违反公司章程的规定。具体而言，包括：① 执行董事未在监事、股东要求的期限内召集、召开股东会，是否属于"执行董事不履行召集职责"而可以由监事自行召集会议的情形；②《公司章程》未规定股东会有权更换执行董事、法定代表人，股东会作出相关决议免去执行董事、法定代表人职务是否超越职权并违反章程规定。争议问题的实质在于，在公司决议效力纠纷中，在公司章程未对相关事项作出明确约定的情况下，法院应如何把握司法审查和司法干预的尺度。

二、执行董事未在公司监事、股东要求的期限内召集股东会，是否属于"执行董事不履行召集职责"的情形？监事自行召集股东会是否违反公司法和公司章程的规定？

执行董事未在公司监事、股东要求的期限内召集股东会，是否属于"执行董事不履行召集职责"，对此，公司法和公司章程均未作出具体规定。就此争议问题，一审判决认为，2015年9月14日邓某已向B公司发出召集股东会的通知并于9月30日召开了股东会，邓某并不存在公司法以及公司章程规定的不履行召集股东会会议职责的行为，此种情况下，监事孙某无权召集和主持股东会会议，9月25日召开的临时股东会会议违反了公司法规定的召集程序。

二审判决虽然以邓某起诉超过60日撤销期限为由，驳回了邓某要求撤销9月25日股东会决议的诉讼请求，但二审判决也认为，邓某虽未在《申请书》限定的时间内召集主持会议，但其主持召集会议的时间与孙某提请召开会议之时相隔不久，在合理的限度内，不能视为邓某不能履行或不履行股东会会议职责，遂认定孙某自行召集股东会违反了公司章程的规定。

笔者认为，一、二审判决的裁判观点或可商榷。

（一）本案邓某怠于履行执行董事召集股东会的职责，应当认定为"不履行股东会召集职责"，在此情况下监事自行召集股东会，不违反公司法和公司章程的规定

根据《中华人民共和国公司法》（以下简称《公司法》）第40条的规定，有限责任公司股东会会议由董事会或执行董事召集和主持，董事会或者执行董事不能履行或者不履行召集股东会会议职责的，由监事会或者不设监事会的公司的监事召集和主持。A公司《公司章程》的规定与此基本相同。

对于"执行董事不能履行或者不履行召集职责"应当如何理解的问题,虽然《公司法》以及 A 公司的《公司章程》均未明确,但在法理解释上一般认为,"不能履行召集职责",多指因某些原因导致召集者客观上欠缺召集能力而无法履行召集职责之情形,例如,召集者因病成为植物人、因遭遇突发事故而下落不明等;而"不履行召集职责",多指召集者有召集能力但因某种原因不履行召集职责之情形。① 在本案中,执行董事在收到提议召集通知后,有召集能力,却未按照召集请求载明的时间发出召集股东会的通知,应解释为其不愿召集临时股东会。

需特别指出的是,临时股东会的提议召集请求一般包括两项内容:第一,拟提议召集会议讨论的议案;第二,拟提议召集会议的时间。如果提议者认为股东会会议的召集时间不重要,其在提议请求中可以不涉及召集时间;相反,如果提议者认为召集时间重要,则会在提议请求中明确规定召集时间,此种情形,被提议召集会议者,对上述两项内容中的任何一项或者全部予以拒绝,均应视为不同意召集会议,由此,可以启动提议者自行召集会议的程序。公司法及公司章程并未强制规定被提议者应在多长时间内召集股东会,因此,该等期限安排纯属当事人私法自治的范畴,如果提议召集者在召集请求中明确规定了召集期限,只要该期限约定合理,给了被提议者合理的判断及准备时间,法院即不能轻易否定该请求行为的合法性。

本案中,监事孙某和 B 公司在《申请书》中列明了拟提议召集会议的时间期限,并给予执行董事合理的准备时间,邓某在收到《申请书》后,既未在合理期限内召集股东会,又未在该期限内给予包括异议在内的任何回复,而是迟延到 9 月 14 日才召集临时股东会,且该次召集不仅改变了《申请书》中确定的请求召集的时间,也改变了请求召集股东会讨论事项的内容,应视为执行董事不履行召集职责之情形。在此情况下,监事孙某于 9 月 8 日召集并于 25 日主持召开股东会,其召集程序应属合规。

(二) 邓某于 2015 年 9 月 14 日召集,并于 2015 年 9 月 30 日召开的股东会系新股东会,并不能视为对监事、股东召集请求的回应,更不能以此否定监事召集的股东会召集程序的合法性

本案中,邓某在收到《申请书》后,既未在合理期限内召集股东会,又未在该期限内给予包括异议在内的任何回复,属于"执行董事不履行股东会召集职责",监事孙某依据《公司法》第 40 条第 3 款之规定取得股东会的召集权。在监事孙某合法行使召集股东会的权利后,邓某于 2015 年 9 月 14 日发出召集通知,并于 9 月 30 日召开股东会,在召集时间和会议内容上均对《申请书》所列事项进行了变更,应当视为邓某自行召集的一次新的股东会,而非对监事孙某、股东 B 公司召集请求的回应。尤其是,30 日股东会的召开,并不能否定监事召集股东会的合法权利,更不

---

① 参见张海棠主编:《公司法适用与审判实务》(第 2 版),中国法制出版社 2012 年版,第 121 页。

能否定 25 日股东会召集程序的合法性。

(三) 在《公司法》和公司章程未对"执行董事不履行召集职责"的情形作出具体规定的情况下,法院对相关决议效力案件的审理,应以谦抑性为原则,不轻易否定公司决议的效力

人民法院在审理公司决议效力案件时应当遵循司法不轻易干预公司内部事务的基本原则,充分尊重股东的真实意思表示,充分尊重公司进行内部治理的相关决定,尊重私法领域"法无禁止即自由"的自治精神,审慎认定公司决议的效力。

本案中,《公司法》和 A 公司《公司章程》均未明确规定"董事会或者执行董事不能履行或者不履行召集股东会会议职责"的具体情形,既然如此,在执行董事邓某未在监事孙某要求召集股东会的合理期限内召集股东会,又未在该期限内予以回复任何意见的情况下,监事孙某召集 A 公司股东会,并不违反法律规定和《公司章程》规定。此时,人民法院应以谦抑性为原则,应当对公司决议效力予以维持。

三、在公司章程未明确规定股东会有权更换执行董事、法定代表人的情况下,股东会作出决议更换执行董事和法定代表人,是否违反公司章程的规定?

在公司章程未明确约定股东会有权更换执行董事、法定代表人的情况下,股东会可否决议更换执行董事和法定代表人?对该争议问题,一审判决认为,A 公司章程约定的股东会职权中,并未规定股东会有权更换执行董事、解除法定代表人职务,邓某也不存在《公司章程》第 20 条应当免除其法定代表人职务的情形,A 公司 30 日股东会决议关于免去邓某法定代表人、执行董事职务的内容,违反了《公司章程》的规定,应予撤销。

二审判决认为,《公司章程》第 20 条关于应当解除法定代表人职务情形的规定,属于对公司赋予义务的规范条款,指公司"应当"解除法定代表人职务的情况,但未明确公司股东会"可以"依法解除法定代表人职务的情形。A 公司章程关于公司治理事项未作规定的,应适用公司法的相关规定,即股东会可以依法更换执行董事和法定代表人。据此,二审判决撤销一审判决,驳回原告请求撤销 30 日股东会决议的诉讼请求。

对于二审裁判的观点,笔者表示赞同,一审判决对 A 公司《公司章程》的理解是片面和不准确的。

(一) 从章程的文义解释和体系解释而言,30 日股东会免除邓某执行董事、法定代表人职务的决议并未超越股东会职权,也不违反《公司章程》的规定

《公司章程》第 20 条规定:"公司法定代表人出现下列情形的,公司应当解除其职务,重新产生符合任职资格的法定代表人:(一) 法定代表人有法律、行政法规或者国务院决定规定不得担任法定代表人的情形的;(二) 法定代表人丧失执行董事

或经理资格的;(三)因被羁押等原因丧失人身自由,无法履行法定代表人职责的;(四)其他导致法定代表人无法履行职责的情形。"

从文义解释角度而言,《公司章程》第20条虽然规定在四种情形下,"公司应当解除"法定代表人职务,但这并不意味着出现其他情形时公司不能解除法定代表人职务。在文义上,上述规定是指在四种情形下公司"应当解除"法定代表人职务,该条规定只是建立了公司解除法定代表人职务的"最低标准"——即,在该章程约定的情形下,解除法定代表人职务是公司的义务。上述章程规定并未形成解除法定代表人职务的"全部标准"——即,未排除在该四种情形以外公司仍可解除法定代表人的权利,只是在该四种情形之外,解除法定代表人职务并非公司的义务,而是公司的权利。

从体系解释角度而言,《公司章程》并未排除股东会解除执行董事的权利。虽然,《公司章程》中有关股东会职权部分并未明确规定股东会解除执行董事的权利,但《公司章程》第14条明确规定了股东会对于执行董事、法定代表人享有选举权。依体系解释原则,按照"谁选举谁罢免"的原则,有选举权的机构当然也有罢免被选人员的权利。

因此,在本案中,《公司章程》有关股东会职权部分虽然未明确规定股东会有解除执行董事、法定代表人的权利,但其作为规范公司治理的总纲,具有整体性和统一性。通过运用上述文义解释和体系解释的方法对相关规范进行审慎研究,可以认为,A公司股东会有权依法更换执行董事、罢免法定代表人职务。

(二)从《公司法》立法修改的历史解释角度而言,30日股东会免除邓某执行董事、法定代表人职务的决议并未超越股东会职权,也不违反《公司章程》的规定

从历史解释角度而言,我国《公司法》关于股东会解任董事的规定经历了从"有因解任"到"无因解任"的变迁过程。具体而言,1993年《公司法》第47条规定:"董事任期由公司章程规定,但每届任期不得超过三年。董事任期届满,连选可以连任。董事在任期届满前,股东会不得无故解除其职务。" 1999年修正的《公司法》[①]维持了上述规定;但2005年《公司法》第46条[②]删除了关于"股东会不得无故解除董事职务"的规定,这就意味着股东会罢免董事职务,无需特别说明理由;其后的《公司法》延续了这一规定。[③] 因此,从公司法的历史变迁而言,股东会罢免董事

---

① 《公司法》(1999修正)第47条规定:"董事任期由公司章程规定,但每届任期不得超过三年。董事任期届满,连选可以连任。董事在任期届满前,股东会不得无故解除其职务。"
② 《公司法》(2005修订)第46条规定:"董事任期由公司章程规定,但每届任期不得超过三年。董事任期届满,连选可以连任。董事任期届满未及时改选,或者董事在任期内辞职导致董事会成员低于法定人数的,在改选出的董事就任前,原董事仍应当按照法律、行政法规和公司章程的规定,履行董事职务。"
③ 《公司法》(2013修正)第45条规定:"董事任期由公司章程规定,但每届任期不得超过三年。董事任期届满,连选可以连任。董事任期届满未及时改选,或者董事在任期内辞职导致董事会成员低于法定人数的,在改选出的董事就任前,原董事仍应当依照法律、行政法规和公司章程的规定,履行董事职务。"

经历了从"严格控制"(要求解任有故)到"宽松控制"(不要求解任有故)的过程。①这也印证了在 A 公司《公司章程》规定的最低解除董事职务的原因外,其股东会仍可按照法律规定对执行董事进行"无因解任"。

(三) 在公司章程未对"股东会更换执行董事、法定代表人"的职权作出具体规定的情况下,应当认为,公司股东会依据《公司法》赋予股东会的一般职权,有权更换执行董事和法定代表人,人民法院应以谦抑性为原则,不轻易否定公司决议的效力

本案中,虽然 A 公司章程未明确规定股东会享有更换执行董事、罢免法定代表人职务的权利,但未作规定并不等同于禁止,况且,《公司法》已经明确赋予了股东会更换、罢免公司相关高级管理人员的权利。因此,人民法院在审理此类案件时,应当通过多种解释方法审慎探寻规范真意,不轻易否定公司决议的效力。事实上,正是基于司法谦抑性原则的要求,经过审慎分析,二审法院廓清了 A 公司《公司章程》第 20 条规定的规范属性,充分尊重了股东的真实意思表示,有效维护了公司及公司股东的合法权益。

四、结论

公司具有社团法人的特性,在股东对公司内部事务进行治理时,法院应当充分尊重股东的真实意思表示,充分尊重股东处理内部事务时作出的相关决议,充分尊重"法无禁止即自由"的私法自治精神。在审理公司决议纠纷时,只要公司相关决议符合公司法及公司章程规定的法定程序,没有违反法律、行政法规的强制性规定,其效力就应当得到确认,司法应当予以维持。

本案中,一审判决僵化理解公司法以及 A 公司章程中关于"执行董事不能履行或不履行召集股东会会议职责时,由监事召集和主持"的规定,同时还错误理解 A 公司章程关于股东会职权范围的规定,径行撤销公司决议,有悖于公司法以及商事审判实践所倡导的私法自治和司法谦抑原则,与司法不轻易干预公司内部事务的要求不符。就法律效果而言,如果一审判决生效,将导致持股 75% 的大股东不能依法通过多数决原则更换执行董事、法定代表人,保护自己的合法权益,这同样有违公平原则。

---

① 全国人大常委会法工委组织编写的《中华人民共和国公司法释义》也表达了这个观点。该书认为,"原公司法规定,公司股东会不能无故解除董事职务,以维护公司董事会的稳定。但由于股东与董事之间是委托关系,股东会应有权随时解除董事的职务,且这一规定并不能阻止股东会借'正当理由'解除董事职务。因此,这次公司法修改删去了这一规定"。参见安建主编:《中华人民共和国公司法释义》(最新修正版),法律出版社 2013 年版,第 81 页。

参考文献

[1] 许可:《股东会与董事会分权制度研究》,载《中国法学》2017年第2期。
[2] 安建主编:《中华人民共和国公司法释义》(最新修正版),法律出版社2013年版。
[3] 邓峰:《代议制的公司:中国公司治理中的权力和责任》,北京大学出版社2015年版。
[4] 刘俊海:《现代公司法》(第3版),法律出版社2015年版。
[5] 施天涛:《公司法论》(第3版),法律出版社2014年版。
[6] 赵旭东主编:《公司法学》(第4版),高等教育出版社2015年版。
[7] 张海棠主编:《公司法适用与审判实务》(第2版),中国法制出版社2012年版。

未履行通知义务的公司决议的法律后果

张 铁[*]

[摘要] 公司召开股东会或者股东大会并作出决议,如果未履行通知义务,该决议应当属于可撤销,并不是当然无效。

[关键词] 公司 决议 通知义务 无效 不成立 可撤销

一、概述

根据《中华人民共和国公司法》(以下简称《公司法》)第41条第1款的规定,有限责任公司召开股东会会议,应当于会议召开15日前通知全体股东。但是,公司章程另有规定或者全体股东另有约定的除外。

最高人民法院《关于适用〈中华人民共和国公司法〉若干问题的规定(四)(征求意见稿)》[以下简称《公司法解释(四)(征求意见稿)》]第5条第2款中规定:公司未履行通知义务召集的股东会、股东大会形成的决议,人民法院应认定无效。

《公司法》及《公司法解释(四)(征求意见稿)》关于会议通知义务的规定,是为了规范公司股东会、股东大会的运行,也是为了保护中小股东的利益。但在司法实践中,却出现了理解和应用的问题。

二、案例

原告:北京某投资公司(以下简称"投资公司")。

被告:三亚某房地产公司(以下简称"地产公司")、海南某置业公司(以下简称"置业公司")。

2012年6月,置业公司与投资公司共同出资成立地产公司,注册资本为人民币2000万元,置业公司出资1800万元,占90%股份,投资公司出资200万元,占10%股份。2014年1月4日及2014年3月,地产公司先后以邮寄函件及在《西藏日报》《北京青年报》刊登通知的方式向投资公司发出召开股东会的通知。会议事项包括项目分割方案、增资方案等。2014年3月28日,地产公司召开了临时股东会,在投资公司未参会的情况下,通过了上述方案,由此引发争议。2015年4月,投资公司以地产公司未履行通知义务为由诉至三亚市中级人民法院,要求撤销股东会决议。

---

[*] 黑龙江龙信达律师事务所律师。

法院经审理认为,地产公司召开股东会议存在两方面瑕疵:一是会议通知邮寄单记载内容不能反映邮寄内容亦不能反映投递情况;二是《西藏日报》的刊登日期距开会不足15天,故股东会召集程序不合法。另外,地产公司只有置业公司和投资公司两名股东,在一名股东未到场的情况下,股东会不能召开,故会议召开形式不合法。法院还认为,虽然原告在股东会决议之后60日起诉,但因其主张撤销的决议均非现实存在,不具有法律效力,判决该股东会决议不成立。

海南省高级人民法院在认定事实上与一审法院基本一致,只是认为一审法院适用法律不当,改判撤销股东会决议。

三、分析

该案反映出公司未履行通知义务的法律后果问题。笔者认为,该案件的一审、二审判决均存在问题。一审法院在未释明的情况下,违反不告不理原则,作出与原告诉请不符的判决,显然不当。而二审法院对超过60日除斥时效期间提出的诉讼,本应判决驳回诉讼请求,却作出撤销股东会决议的判决,亦属错判。

对于公司未履行通知义务的法律后果,《公司法》第22条与《公司法解释(四)(征求意见稿)》的规定是有冲突的。《公司法》第22条第1款规定:"公司股东会或者股东大会、董事会的决议内容违反法律、行政法规的无效。"第2款规定:"股东会或者股东大会、董事会的会议召集程序、表决方式违反法律、行政法规或者公司章程,或者决议内容违反公司章程的,股东可以自决议作出之日起六十日内,请求人民法院撤销。"

《公司法》规定公司未履行通知义务作出决议的法律后果为撤销,只有在决议内容违反法律、行政法规的情况下才无效。而《公司法解释(四)(征求意见稿)》第5条第2款则认为未履行通知义务的法律后果即为无效。孰对孰错?笔者认为,对此问题不能一概而论,应针对不同情况作出相应规定。

(一) 公司未履行通知义务召集股东会(大会)作出的决议不属于当然无效

1. 只有该决议的内容违反法律或行政法规的效力性强制规定时为无效

公司在召开股东会、股东大会时,没有通知部分股东参加会议而作出了决议(如前述案例所述),这些未被通知的股东往往为小股东(案例中的投资公司即为占10%股份的小股东)。这样的决议的法律效力如何呢?

此种公司决议,不应被当然认定无效,而应当对决议的内容进行审查。

《中华人民共和国民法总则》规定了民事法律行为五种无效的情形,即无民事行为能力人实施的,限制民事行为能力人依法不能实施的,恶意串通损害他人合法权益的,违反公序良俗的,违反法律、行政法规的强制性规定的(但是该强制性规定不导致该民事法律行为无效的除外)。第五种无效情形的规定与《公司法》第22条的规定是一脉相承的,其但书条款是对公司法类似规定内容的进一步细化。

根据最高人民法院《关于当前形势下审理民商事合同纠纷案件若干问题的指导意见》的规定精神，决议的内容即使违反了法律或行政法规的规定，也要分析此种规定是属于管理性还是效力性的强制规定，如果属于管理性的强制规定，比如房地产预售应当取得预售许可，在未取得预售许可的情况下，公司股东会（大会）作出的预售决议是否无效呢？当然不是，应属于效力待定。而决议的内容如果违反了效力性的强制性规定，例如《中华人民共和国商业银行法》第39条第1款关于资本充足率不得低于8%的规定，则决议必然无效。

2. 公司未履行通知义务召集股东会（大会）作出的决议也可以被确认为不成立

案例中，一审法院未支持撤销决议的诉请而判决决议未成立，是有最高人民法院指导判例背景的。尽管《公司法》并未规定公司决议不成立之诉，而仅规定了公司决议的无效和可撤销之诉，但请求确认公司决议成立、不成立或决议的有效、无效的确认之诉也时有出现。在《最高人民法院公报》2007年第9期中，法院认为：未经依法召开股东会议并作出会议决议，而是由实际控制公司的股东虚构公司股东会及其会议决议的，即使该股东实际享有公司绝大多数的股份及相应的表决权，其个人决策亦不能代替股东会决议的效力。因此，当事人起诉要求确认股东会决议无效时，法院却判决股东会决议不成立。

此判决与前述案例一审判决的结论是一致的。依据民法理论，民事法律行为的成立要具备适格主体、意思表示真实及设权性。而在前述案例中，法院认为股东意思表示不真实，该股东会并未真实存在，故判决决议不成立。尽管此分析有一定的道理，但依据不告不理原则，法院在未行使释明权的情况下，作出与原告诉请不符的判决仍然是错误的。在法院释明的前提下，如果原告变更了诉讼请求，并且股东会确实有控股股东未履行通知义务且虚构其他股东签名等情节的，可以依法判决股东会决议不成立。

（二）公司未履行通知义务召集股东会（大会）作出的决议应属可撤销，并且该撤销权的行使要正确适用除斥期间

赋予对此种决议的撤销权而不是确认无效，一是公司法的规定使然；二是撤销权实质是赋予中小股东的权利，他们有权决定是否行使此种权利，而不应通过法律或司法解释去强制干预公司的决策，防止法律规定层面的过多干预而影响公司的正常经营，干扰社会经济秩序。

除斥期间，是法律规定某种民事实体权利存在的期间，又称预定期间。它是不变期间，不因任何事由而中止、中断或者延长。根据《公司法》的规定，这一期间为60日。案例中，在地产公司两个多月前先后多次邮寄召开股东会的通知，并且在两家报纸刊登召开股东会公告的情况下，投资公司提出撤销权诉讼显然超过了60天的除斥期间。法院以投资公司未接到通知、股东会未实际召开为由，认为不应受除斥期间的限制，显然属认定事实错误。

如何计算60天的除斥期间？是以作出决议的时间开始计算，还是以股东收到

决议的时间开始计算？笔者认为，以股东知道或应当知道决议作出的时间作为起点更为合理。如果以《公司法》规定的决议作出的时间开始计算的话，未参加会议的中小股东可能根本不知道何时作出的决议及决议内容，如何行使撤销权利？而以股东收到决议的时间开始计算又存在不好确定的情况（如股东收到决议而故意不签收）。只有第三种方式更为合理，并且便于与其他法律有关时效期间的规定原理相一致。

四、结论

《公司法解释（四）（征求意见稿）》第5条第2款关于公司未履行通知义务召集的股东会、股东大会形成的决议应认定无效的观点，违反了《公司法》的规定，因而是错误的。笔者认为，应修改为：公司未履行通知义务召集的股东会、股东大会形成的决议，是可以撤销的。撤销权的行使期间为60日，以股东知道或应当知道决议作出的时间开始计算。该决议在违反法律、行政法规的效力性的强制性规定时无效。

公司决议瑕疵诉讼探析

杨 帆[*]

[摘要] 公司决议一般包括股东(大)会决议、董事会决议、监事会决议,是公司内部机构对于公司日常决策经营与管理事务所形成的决议,对于公司内部运营以及外部经营活动具有重要意义。《中华人民共和国公司法》(以下简称《公司法》)第 22 条对此作出了一系列规定,但由于其在立法上规定的相对简单和粗糙,在很多细节上没有明确规定,这样就造成了司法实践环节中存在许多问题和障碍。为了进一步完善该项制度,最高人民法院发布的《关于适用〈中华人民共和国公司法〉若干问题的规定(四)》[以下简称《公司法解释(四)》]进一步细化了公司决议瑕疵诉讼在司法实践中的相关程序,同时也对一些在司法实践中有争议的问题给出了意见。本文从案例入手,对《公司法解释(四)》关于公司决议瑕疵诉讼进行简要分析。

[关键词] 公司决议 瑕疵 决议不成立 《公司法解释(四)》

一、案例引入

原告谷某为被告北京某某娱乐有限责任公司(以下简称"娱乐公司")股东之一。2009 年 8 月 20 日,娱乐公司形成第三届第一次股东会决议并将该决议提交工商登记机关备案。2011 年 12 月,谷某起诉至人民法院称:娱乐公司是一家由国企改制的有限责任公司,改制后由杨某等 22 名自然人股东出资设立,谷某是股东之一。2003 年 7 月 20 日,娱乐公司召开第二届第二次股东会,决定将公司名称由"北京某某挚业贸易发展有限公司"变更为"北京某某娱乐有限责任公司",同时变更了章程。该章程规定,"召开股东会应对所议事项形成书面材料并作出会议记录,出席会议的股东应当在会议记录上签名"。根据工商查询档案记载,娱乐公司在 2009 年 8 月 20 日"北京某某娱乐有限责任公司第三届第一次股东会决议"决定:

(1)全体股东一致同意将公司注册资本变更为 320 万元,其中增加部分由杨某投入 133.78 万元。

(2)全体股东一致同意将股东杨某峰的姓名改为杨某丰。

(3)全体股东一致同意杨某接受王某转让的本公司股份 1.429 万元等项

[*] 四川君合律师事务所律师。

决议。

实际上,该次股东会只是商谈对宾馆使用房屋继续装修问题,没有谈到增加公司注册资本及其他问题,会议后要求股东在空白纸上签字。娱乐公司利用股东在空白纸上的签字伪造股东会决议,此次会议记录上的签字经鉴定非本人所签,系娱乐公司伪造,娱乐公司恶意侵犯谷某及其他小股东的合法权益,故谷某起诉至法院,请求确认娱乐公司第三届第一次股东会决议无效并要求娱乐公司负担诉讼费。

经鉴定机构鉴定,该股东会会议记录上股东签名处的签名并非谷某本人所签。法院审理认为,因娱乐公司无证据证明谷某同意该会议记录所记载事项或授权他人代为签字,故该股东会决议实为冒用谷某名义所形成的,据此判决确认娱乐公司第三届第一次股东会决议无效。

判决后,娱乐公司认为一审法院认定事实错误、认定诉讼时效问题错误。法律规定,请求保护民事权利的诉讼时效是2年,请求撤销股东会决议的诉讼时效是60日,因而提起上诉。

二审法院按照《公司法》第22条的规定,认为虽在该次股东会会议记录上谷某签名非其本人所签,但经法院审查,该股东会决议内容并未违反法律、行政法规的规定,只是存在程序上的瑕疵,且已经过了法定的诉讼时效,判决撤销一审法院判决,改判驳回谷某的诉讼请求。

2005年修订的《公司法》首次在立法上确立了我国的公司决议瑕疵救济制度,在我国公司决议瑕疵救济问题上迈出了一大步。此次修订后,第一,根据瑕疵性质和程度的不同,设立了决议无效和决议撤销两种公司决议瑕疵诉讼类型,赋予股东以司法途径获得救济的诉权;第二,明确了股东大会决议内容违反章程的,股东也可以提出决议撤销之诉,将违反章程纳入决议瑕疵诉讼的范围非常符合公司法的立法趋势;第三,明确限定了决议瑕疵之诉的提诉期间,即股东可以在决议作出之日起60日内向法院诉请撤销股东大会决议;第四,为防止中小股东滥用诉权,影响公司正常运转和经营。此外,还规定了股东提起决议瑕疵之诉时的担保义务,以平衡各方利益,避免矫枉过正。

虽然这种将决议效力瑕疵按照"两分法"分为"内容瑕疵"和"程序瑕疵"的做法有一定的进步,但是假设上述案例如谷某所述,所谓的股东会决议完全是虚构的和伪造的,根本不具备作为公司股东集体意志体现的公司决议的基本条件,将如何对其效力作出评价?笔者认为,这样的公司决议不是我国《公司法》中所规定的公司决议,是不成立的公司决议,对于一个还未成立的公司决议是不可能对其作出效力评价的。

二、公司决议行为瑕疵的三分法

我国《公司法》第22条只区分了公司决议无效和可撤销,这种简单二分法的做法缺乏深刻的法理基础和对现实生活回应的有效性,无论如何,人们无法撤销一没有成立的公司决议。借鉴合同不成立和合同效力瑕疵制度，公司法理论和实务上须区分公司决议的不成立和可撤销等瑕疵状态。应该将公司决议瑕疵作为上位概念，具体包括公司决议不成立、公司决议可撤销和公司决议无效三种情形。

最高人民法院《关于适用〈中华人民共和国公司法〉若干问题的规定（四）（征求意见稿）》[以下简称《公司法解释（四）（征求意见稿）》]意识到公司决议行为除了无效和可撤销还存在其他的形式，在第4条和第5条中区分决议行为瑕疵的不同情形总结为"决议不存在"和"未形成有效决议"两种类型。但是，两者并无太大的差异，结合《公司法解释（四）（征求意见稿）》第9—12条对法律后果的规定也并无不同，直接将第4条和第5条合并规定为"决议不成立"更为妥当。在最终颁布的《公司法解释（四）》中也体现出这样的考虑，将《公司法解释（四）（征求意见稿）》中第4条和第5条进行归纳合并，总结为第5条"决议不成立"，更加简单明确，可以完成我国对于公司决议无效"两分法"向"三分法"的过渡。

三、公司决议不成立

（一）公司决议不成立之诉的性质

从诉的性质来看，决议不成立之诉与决议无效确认之诉一样，是确认之诉。我国现行《公司法》并没有规定公司决议不成立之诉，仅规定了决议无效确认之诉和决议瑕疵撤销之诉。而公司决议究其本质是一种法律行为，而法律行为的成立与生效是两个不同的概念。对公司决议形成过程中的严重瑕疵而导致公司决议根本不存在的情况，无论是提起瑕疵之诉还是无效之诉都无法解决这一问题，因为公司的决议根本没有成立，而上述的两种诉讼都是以公司决议成立为前提的。

（二）伪造、虚构的公司决议不成立

一般来说，决议不成立存在以下几种情形：未设立董事会或者未召开董事会，伪造董事会决议；未召开股东（大）会，伪造股东（大）会决议；股东（大）会由没有召集权的股东召集，以致形成的股东（大）会决议不成立。

如果公司决议完全没有经过召集、表决程序，而是由大股东私自伪造签名、虚构公司决议，公司决议的程序正义荡然无存，则该公司决议不成立而非无效或者可撤销，《公司法》第22条未将决议不成立从无效或者可撤销中区分出来，存在法律漏洞。

以有限责任公司的股东会决议为例，其应当由符合法律规定的召集人依照法律或公司章程规定的程序，召集全体股东出席，并由符合法律规定的主持人主持会议。股东会需要对相关事项作出决议时，应由股东依照法律、公司章程规定的议事方式、表决程序进行议决，达到法律、公司章程规定的表决权比例时方可形成股东会决议。对于虚构的股东会议及其决议，只要其他股东在知道或者应当知道自己的股东权利被侵犯后，在法律规定的诉讼时效内提起诉讼，人民法院即应依法受

理,不受《公司法》第 22 条关于股东申请撤销股东会决议 60 日期限的规定限制。《公司法》第 37 条第 2 款规定:"对前款所列事项股东以书面形式一致表示同意的,可以不召开股东会会议,直接作出决定,并由全体股东在决定文件上签名、盖章。"据此可知,有限责任公司可以不召开股东会会议而直接作出决定的前提是:对于一致同意的事项,要求由全体股东在决定文件上签字、盖章,即具有与召开股东会的决议相同的法律效力。但如果没能形成统一的意见,还是要采取召开股东会会议的方式来解决。未实际召开股东会或者虽然召开股东会但未形成决议时,虚构、伪造的股东会决议不成立,其自始不存在,不存在是否无效或可撤销的问题。公司决议无效或者可撤销也要以决议的成立为前提,表决权人请求确认公司决议不成立之诉权不受期间限制。

四、结语

公司决议瑕疵诉讼是一个极具实践性的问题,由于立法的滞后,现实裁判中的结果往往不尽如人意,由于我国独有的"司法解释"制度,可以有效地弥补立法的滞后,及时衔接理论与实践。《公司法解释(四)》中规定了公司决议瑕疵诉讼问题,这对相关司法实务有着重大的意义。

股东诉请确认股东会决议无效问题分析

——兼论《公司法解释(四)》相关规定

郭 靖*

[摘要] 股东会作为公司的权力机构,由股东通过召开股东会的形式,以"资本多数决"或"人数多数决"的形式形成股东会决议。股东会作出的决议对股东具有约束力。一项合法有效的股东会决定,不仅要内容合法,还要求决议的进行程序合法。不论是内容还是程序出了问题,都会导致股东会决议瑕疵。《中华人民共和国公司法》(以下简称《公司法》)第22条针对股东会决议瑕疵将分之为无效和可撤销情形。确认股东会决议无效之诉即是在股东会决议存在无效情形时,股东通过诉讼保护其权利,以免无效的股东会决议损害公司和股东的权益。2016年12月5日,最高人民法院审判委员会审议并原则通过《关于适用〈中华人民共和国公司法〉若干问题的规定(四)》[以下简称《公司法解释(四)》],该司法解释对确认股东会决议无效之诉有了更为明确的规定。本文从股东会决议、股东会决议无效情形、《公司法解释(四)》几个方面,从立法精神、比较法和司法实务角度展开解读和分析,旨在抛砖引玉,以期在实务中更好地发挥这一法律制度的功能。

[关键词] 股东会决议 股东会决议无效情形 《公司法解释(四)》

XD公司是改制企业,成立于2004年6月23日,注册资本为273.98万元,现共有25名自然人股东,法定代表人为鲍某。谢某、刘某系该公司股东,分别持有XD公司14.54%和13.38%的股权。谢某、刘某认为公司法定代表人及其他一些管理人员侵害公司及其他股东的利益,双方发生纠纷及诉讼。在此前的诉讼过程中,谢某、刘某提出了由XD公司给谢某、刘某各发放40万元赔偿或补偿款的调解方案。XD公司决定为此召开股东会,于2012年10月10日由XD公司办公室短信通知谢某、刘某,XD公司定于2012年10月12日下午5点召开股东会。谢某、刘某接到通知后,以程序违法为由,反对召开股东会。

2012年10月12日,股东会如期召开,包括谢某、刘某在内的XD公司的全体股东均到会。股东会以占股权67.92%的表决权通过股东会决议,决议内容为XD公司给每位股东发放补偿款40万元。谢某、刘某及另一位股东邢某在上述股东会

---

* 四川君合律师事务所律师。

决议上签字表示不同意,后 XD 公司通过转账方式向每位股东支付 40 万元。谢某、刘某诉至法院,请求确认上述股东会决议无效。

诉讼中,谢某、刘某认为 XD 公司发放的 40 万元是分红款。XD 公司认为这 40 万元不是分红款,是一种福利。XD 公司现任法定代表人鲍某任职期间,公司股东会召开,一般均以短信或电话等方式进行通知。公司每年均按出资比例进行分红。

该案经过一审法院驳回谢某、刘某诉讼请求后,二审法院经审理,认定事实与一审认定一致。二审法院认为:XD 公司于 2012 年 10 月 12 日作出同意给予每位股东发放补偿款 40 万元整的股东会决议,谢某、刘某系 XD 公司的股东,与案涉股东会决议内容有直接利害关系,有权提起股东会决议效力确认之诉,请求法院确认该决议无效。案涉股东会决议分配的款项系 XD 公司在未按照《公司法》规定进行补亏以及留存相应比例公积金的情况下作出的分配,亦未按照出资比例分配,而是对每位股东平均分配,也与 XD 公司所称的福利不符。XD 公司的该行为贬损了公司的资产,使得公司资产不正当流失,损害了部分股东的利益,亦有可能影响债权人的利益。案涉股东会决议是公司股东滥用股东权利形成的,违反了《公司法》的强制性规定,应为无效。

一、股东会决议的成立

我国《公司法》虽规定了股东会决议无效、撤销的情形,但对股东会决议成立的要件、不成立的情节却并未作出相应规定。而在具体适用《公司法》第 22 条时,应该首先确认股东会决议是否成立,然后才能对其效力、撤销问题进行分析。

鉴于股东会决议的目的是将股东的意思合意转化为公司的意思,股东会决议成立一般应具备以下条件:召集程序符合法律、行政法规、章程的规定,即股东会具备决议能力或资格;召开股东会并形成决议(股东以书面形式一致表示同意的除外);表决程序符合法律、行政法规、章程规定的资本多数决或者人数多数决。

二、股东会决议无效的情形

根据现行《公司法》的规定,股东会决议只能由于实体因素而无效,综合来看可以归纳为两种情形:一是《公司法》第 22 条明确的违反法律、行政法规的强制性规定而无效;二是决议内容侵犯股东实体性权利而无效。从最高人民法院公报案例及各地方人民法院的部分判决来看,目前法院判决股东会决议无效主要有以下两种情形。

(一)违反法律、行政法规的强制性规定而无效

1. 越权作出的股东会决议无效

某公司的公司章程规定:公司解散时,按所持股份比例参加公司剩余财产的分配。后公司决定对外转让,于是召开股东会就公司净资产转让及其他事项进行表

决。股东会通过决议:拍卖公司净资产所得除支付处理资产期间费用和退还股本金外,全体股东均额作为安置费处理。

法院判决认为:《公司法》第37条第1款明确规定了股东会的职权,同时该款第(十一)项肯定了公司股东会可以行使公司章程规定的其他职权,但公司章程规定的股东会其他职权不得违反法律的强制性规定。尽管《公司法》对超越职权的法律后果未作明确规定,但越权的股东会决议违反的是《公司法》的强制性规定。因此,股东会超越上述《公司法》规定的法定职权和公司章程规定的职权所作出的决议应认定为无效。

2. 剥夺股东获取红利权利的股东会决议无效

某公司股东会决议的单项奖励制度内容为:将提取某公司的部分净利润作为激励基金分配给在某公司工作的在职干部(股东中仅涉案股东因已离职而非在职干部),部分在职干部并不是公司股东。涉案股东因不同意该股东会决议而未在股东会决议上签字。

法院判决认为:股东会决议的激励制度将属于股东可分配利润的一部分,未经涉案股东同意分配给公司其他股东和非股东的"在职干部",该股东会决议的内容侵犯了非在职股东按《公司法》第34条规定享有的按实缴的出资比例分取红利的权利,应认定为无效。

3. 伪造签名形成的股东会决议无效

某公司股东伪造其他两名股东的签字,形成了修改公司章程、变更公司法定代表人的股东会决议,并据此进行了工商登记变更。

法院判决认为:《公司法》规定,有限责任公司修改公司章程必须由公司股东会形成决议,且该决议须经代表2/3以上表决权的股东通过。股东在其他两位股东不知情的情况下,通过伪造签名的方式形成股东会决议,该股东会决议因违反《公司法》强制性规定,应确认为无效。

(二)决议内容侵犯股东实体性权利而无效

1. 停发单个股东分红款的股东会决议无效

涉案股东陈某为某公司的总经理,因经公司审计其任职期间财产账目存在问题,某公司召开股东会并作出决议:对涉案股东陈某停发当年的分红,陈某因不同意该决议而未在股东会决议上签字。

法院判决认为:陈某作为公司股东,依法享有按其出资比例分红的权利,除股东本人主张或同意放弃外,股东会决议不得剥夺或限制其分红权。股东会决议关于停发陈某红利的内容因侵害了其分红权而应被认定为无效。

2. 扣减股东股份的股东会决议无效

某公司股东任某因与公司存在承包经营关系,并由此产生经济纠纷。某公司召开股东会并作出股东会决议如下:因任某在承包经营期间侵占公司货款,按其占用货款的2倍从其股东权益中扣除,将其持股比例相应降低。

法院判决认为：公司的股份是股东的合法财产，未经股东同意任何人不得将其股份划转或降低其持股比例。公司与股东之间因承包经营产生的债权债务纠纷，应另行处理。股东会作出直接扣减股东出资的决议因违法而应被认定为无效。

三、《公司法解释（四）》的相关内容

《公司法》第 22 条规定："公司股东会或者股东大会、董事会的决议内容违反法律、行政法规的无效。股东会或者股东大会、董事会的会议召集程序、表决方式违反法律、行政法规或者公司章程，或者决议内容违反公司章程的，股东可以自决议作出之日起六十日内，请求人民法院撤销。股东依照前款规定提起诉讼的，人民法院可以应公司的请求，要求股东提供相应担保。公司根据股东会或者股东大会、董事会决议已办理变更登记的，人民法院宣告该决议无效或者撤销该决议后，公司应当向公司登记机关申请撤销变更登记。"《公司法》对于确认股东会决议无效的被告主体资格并未明确规定，且针对确认无效之诉及确认撤销之诉均较为模糊不够明确。《公司法解释（四）》对关于公司机关会议决议无效和撤销纠纷明确了被告主体资格并且明确了原告范围即"股东、董事、监事等请求确认股东会或者股东大会、董事会决议无效或者不成立的，人民法院应当依法予以受理"，同时对哪些情形下股东会决议属于无效或是可撤销都进行了较为明确的规定，并针对诉讼中的担保等均予以明确规定，为司法实践中如何进行具体操作提供了法律依据。

四、结语

确认股东会决议无效之诉在我国公司法领域是一项全新的制度，具有重大意义。如笔者开篇所述谢某、刘某诉 XD 公司确认股东会决议无效之诉即是我国司法实践中较为明显的股东会决议违反法律、行政法规导致决议无效的情形，在我国司法实践中由于《公司法》第 22 条的规定较为宽泛导致各地在审判中标准不一，同时混淆使用无效之诉及撤销之诉导致案件审理困难。在《公司法解释（四）》对该部分进行规定后，希望能为公司健康发展提供有效保障。

第二部分

《公司法解释(四)》与股东知情权纠纷

股东知情权纠纷的产生与司法救济

莫　雷*　张艳杰**

[摘要]　《中华人民共和国公司法》（以下简称《公司法》）虽然明确了股东知情权纠纷的司法救济渠道，加大了股东知情权保障力度，但实际运行中仍存在不足。要处理好股东知情权纠纷引发诉讼的相关实务问题，就必须解决好相应知情权内容的认定等问题，以促进公司法股东知情权内容的完善。

[关键词]　股东知情权　公司法　股东知情权纠纷　司法救济

股东知情权，是指股东有权知道与其切身利益密切相关的公司信息的权利。[①] 它是保障股东对公司业务监督纠正权得以有效行使的必要前提和手段，是全面保护股东权利的重要一环。笔者现就股东知情权纠纷在司法救济中的若干实务问题结合最高人民法院《关于适用〈中华人民共和国公司法〉若干问题的规定（四）（征求意见稿）》[以下简称《公司法解释（四）（征求意见稿）》]进行论述，供各位同仁、专家参考。

一、股东知情权纠纷案件的特点

（一）股东知情权纠纷的成因

股东知情权纠纷产生的根源是现代公司所有权与经营权的分离，由于大多数的股东，特别是中小股东，并不直接参与公司的经营管理，使得中小股东在获得期待利益的过程中处于信息不对称的弱势地位，从而与经营公司的实际控制者产生了不信任，并最终导致摩擦和纠纷。同时，股东知情权纠纷的日渐增多也与我国有限责任公司的发展进程有关，我国目前的有限责任公司绝大部分是从国有企业改制或家族企业转换而来，在设立之初相对缺乏自由选择、充分协商和相互妥协的过程，股东之间的信任度先天不足，而这些公司的控制权又往往掌握在有限的几个大股东手中，因此，这一先天不足为股东知情权纠纷的产生埋下了极大隐患，公司稍有风吹草动或风言风语，就会引发股东之间的纠纷。还有一个极为关键的原因就

---

*　黑龙江金海律师事务所主任。
**　黑龙江金海律师事务所律师。
①　参见王燕莉：《论公司股东知情权的法律保护——兼议我国公司法的修改》，载《四川教育学院学报》2003 年第 1 期。

是诚信价值观的缺乏。我国现正处于社会转型时期,整个社会信用体系面临着道德危机,"诚实""信用""公平""正义"等价值观念是目前我国最需要又最稀缺的,而见利忘义的消极思想观念和急功近利的浮躁心态大有市场,反映在经济生活和公司治理中也是如此,公司控制者弄虚作假欺骗股东成为其惯用招数。

(二) 股东知情权需要得到法律的保护

我国1993年《公司法》虽然规定了股东享有知情权,但其范围十分有限,而且对侵害股东知情权的法律责任未作出明确规定,实践中出现股东知情权遭受侵害却无有效的保障途径。2005年修订的《公司法》扩大了股东知情权的范围和行使方式,并且明确了司法救济渠道,使股东知情权保障力度得到大大提高,解决了司法实践中处理股东知情权纠纷缺乏法律依据的问题。但在知情权保护手段方面仍存在不足,没有对股东知情权行使的方式、程序和障碍排除等实务问题作出具体规定,更没有对股东知情权受到侵害时如何进行救济作出实际安排。

(三) 股东的知情权也要防止被滥用

从目前司法实践来看,股东知情权纠纷案往往存在这样的特点:股东提起知情权之诉往往不是为了单纯地了解公司财务经营状况,主张知情权仅是其投石问路之举,其背后往往掺杂着其他目的,这些目的有时与知情权在起诉时一并作为诉请提出,有时则是通过知情权之诉确认某些事实,从而为以后行使其他权利做好铺垫。如,甲有限公司诉乙有限公司股东知情权、公司盈余分配请求权纠纷一案中,甲有限公司同时提出了解乙有限公司的财务经营和公司盈余分配两项诉请,其实在该案中,原告起诉的目的除了这两项诉请,还有一个重要目的就是确认其是被告公司股东的身份,因为原告的股东身份并未在工商有过登记。又如,在李某诉张某知情权纠纷一案中,李某和张某出资设立电子公司,因双方经营理念不同经常发生分歧,导致李某对张某不服,李某起诉至法院,希望通过知情权之诉来了解公司的财务状况,进而为公司的清算做准备。而《公司法解释(四)(征求意见稿)》第11条"公司不能提供证据证明股东查阅目的不正当的,人民法院应裁定由公司提供给股东查阅"的规定对于公司设定的义务过大,相当于扩大了股东的知情权,有可能造成股东知情权的滥用。

二、股东知情权纠纷的原告范围界定

根据《公司法》第33条及第97条的规定,股东知情权纠纷诉讼的原告应当而且只能是公司股东,包括经过工商备案登记而具有公示效力的股东和未经工商备案但在公司股东名册中明确记载的股东。[①] 但在实践中常有些特殊股东提出知情权诉讼,引出理论与实务之争议,为此笔者特对此逐一进行分析。

---

① 参见杨路:《股东知情权案件若干问题研究》,载《法律适用》2007年第4期。

(一) 隐名股东的原告资格问题

当前,隐名股东在有限责任公司的设立和运转中大量存在,其表现形式为:一是其通过名义出资人即显名股东行使权利,承担股东义务;二是直接以股东身份行使股东权利和承担股东义务。公司法对此类形式的出资人并未予以否定,但对其权利义务也未作相应的规定。笔者认为,隐名股东在投资时隐藏自己真实的名字或名称而以他人名义进行注册登记的行为,本身是一种规避法律的违法行为,其由此导致的后果不应当予以保护,故对隐名股东不应赋予其知情权。隐名股东如欲行使股东知情权,必须以自己的股东身份显名化为前提,在其未成为显名股东之前,无权提出股东知情权诉讼。笔者认为,要根据隐名股东是否全体股东知道与认可两种情况区别对待。

首先,若隐名股东的股东身份是所有股东知道和认可的,则应认可其股东身份,从而认可其股东知情权诉讼的原告资格。

其次,若隐名股东的股东身份并非所有股东知道和认可的,则该隐名股东不具有股东知情权之诉的原告资格。因为,其股东身份不能得到有效确认。理由为,有限责任公司股东对其他股东的股权转让有优先受让权,若在隐名股东的身份并非所有股东知道和认可的情况下即认定其股东资格,则会导致该优先受让权被有意规避,因为某股东若想对外转让股权,只需与受让人签订一份虚假的股权确认书,并将签署日期弄虚作假为公司成立之日或其股东身份被认可之日即可。因此,从有效保护股东优先受让权的角度来看,未经所有股东知道和认可的隐名股东不具有股东资格,更不能提起股东知情权之诉。

(二) 出资不到位股东身份问题

有人认为,出资不到位的股东不享有知情权,故不能作为原告起诉。笔者认为,就程序而言,出资不到位的股东可以作为原告起诉,但就实体而言,其诉讼请求不能得到支持。认定其具有原告资格的理由为股东虽然出资不到位,但股东名册或工商登记已将其确立为股东,此时,其出资不到位,只是承担违约责任,并不影响其股东身份取得,既是股东,从程序而言,其当然有权提起知情权之诉。至于其实体请求不能支持的理由为,股东对公司之出资义务,其实也是契约义务,而《中华人民共和国合同法》明确规定,先履行义务一方的债务人未履行义务的,后履行一方有权履行相应的义务。因此,股东既未履行足额出资之义务,后履行义务一方的公司自然有权拒绝告知其公司相关信息,故其诉请在实体上应被依法驳回。

(三) 股权转让后的股东身份问题

股东转让股权后,是否仍有权提起股东知情权之诉,对此,目前学界和司法界分歧比较大。有观点认为,股东在转让股权后,仍有知情权,既包括股权转让前的公司信息,也包括股权转让后的信息;也有观点认为,股东知情权是股东作为公司成员基于股东地位而对公司所主张的权利,如果原告不具有股东身份,就无权再了解公司信息,即使对其曾作为股东期间的财务信息也无权再查阅和复印。《公司法解释(四)(征求意见稿)》第 10 条第 2 款规定:"原告起诉时应当依照本规定第二条提供证据证明其股东身份,公司有证据证明原告起诉时或者在诉讼中已经不具有公司股东身份的,人民法院应驳回起诉。"笔者认为,对于股权转让后,股东是否仍享有知情权的问题不能一概而论,具体情况要具体处理:股东转让股权后,对其股权转让完成前的公司信息享有知情权,可以原告身份提起诉讼,但对股权转让后的公司信息不享有股东知情权,不能再作为原告起诉。理由为,虽然股东转让了股权,但其在股东身份存续期间与公司的权利义务关系并未终止,故此期间公司的真实信息与其利益切身相关,其当然仍有知情权可以作为原告起诉,但其知情权的保护范围仅限于股权转让完成前,因为股权转让后公司发生的一切事务已与其无关,其无须再承担权利义务关系,因此,对转让后的公司信息其再无了解之必要,也就无权再以原告资格起诉。

三、股东知情权纠纷的请求范围

现行《公司法》与之前相比对股东知情权的范围作了扩展,其中第 33 条规定,股东有权查阅、复制公司章程、股东会会议记录、董事会会议决议、监事会会议决议和财务会计报告,以及有条件地查阅公司会计账簿。股东在知情权纠纷中可以提出的请求范围主要有:

(1) 有限责任公司股东可以要求公司履行《公司法》第 165 条第 1 款规定的"依照公司章程规定的期限将财务会计报告送交各股东"的法定义务,而股份有限公司股东则可以要求公司履行置备财务会计报告或公告报告之法定义务。

(2) 有限责任公司股东可以依据《公司法》第 33 条之规定,请求法院判令公司给予股东查阅、复制公司章程、股东会会议记录、董事会会议决议、监事会会议决议和财务会计报告。股份有限公司股东可以依据《公司法》条 97 条之规定,请求法院判令公司给予股东查阅公司章程、股东名册、公司债券存根、股东大会会议记录、董事会会议决议、监事会会议决议、财务会计报告,并可请求法院判令公司对股东提出的建议或者质询予以答复。

(3) 有限责任公司股东可以依据《公司法》第 33 条第 2 款之规定,请求法院判令公司给予查阅会计账簿。股份有限公司股东却不能提出上述查阅会计账簿的请求。

(4) 股东可以依据《公司法》第 152 条"董事、高级管理人员违反法律、行政法规或者公司章程的规定,损害股东利益的,股东可以向人民法院提起诉讼"之规定,请求法院判令公司董事、高级管理人员承担侵犯股东知情权的赔偿责任。

除了上述四项诉讼请求外,股东知情权诉讼的保护范围应扩充到以下几个方面,从而使股东知情权得到真正全面的保障和实现。

首先,赋予股份有限公司股东同样享有复制资料权。虽然我国证券法规定股份有限公司中的上市公司必须按规定在全国性报纸或网络上公布财务会计报告及重大事项,股东自可进行复制。但对非上市股份有限公司仅是由公司法规定将有关资料置备于本公司供股东查阅。面对数量众多的资料,仅允许股东查阅相关文件所带来的不便是明显的,它无法使股东全面、准确地了解、掌握公司经营及财务状况。因此资料复制权对于公司股东显得十分必要,它可以借助专业人员的帮助及业余更多时间的研究,全面洞悉公司的经营情况,从而为股东行使知情权提供更充分的法律保障。当然公司可以向股东收取用于复制的费用,以弥补劳动和材料费用上的开支。

其次,赋予有限责任公司股东享有经营建议权、质询权。由于公司的经营状况直接关系到股东的利益,规定股东有权就公司经营提出建议或质询,这有利于股东了解公司情况,监督公司行为,并且也有利于公司管理机关集思广益、改善经营。因此,有限责任公司股东没有任何理由被剥夺建议权、质询权。

最后,赋予公司股东可以查阅会计凭证及其他与经营有关的资料。一方面,根据《中华人民共和国会计法》第9条第1款"各单位必须根据实际发生的经济业务事项进行会计核算,填制会计凭证,登记会计账簿,编制财务会计报告"及第15条第1款"会计账簿登记,必须以经过审核的会计凭证为依据"的规定,会计凭证、会计账簿、财务会计报告是三个完全不同的概念。在当前环境下,如果不让股东查阅原始会计凭证,股东的查阅账簿权依然是没能发挥出应有的效果。要鉴别会计账簿的真假,就必须查阅会计账簿背后的原始凭证。因此,股东查阅账簿权应具体包括所有能够反映公司财务与经营管理情况的会计账簿以及制作会计账簿所依据的各种会计文书(含会计原始凭证、发票、纳税申报表、出口凭证等)。另一方面,由于有限责任公司具有人合性的特征,股东之间的相互了解是他们合作的前提,因此,股东名册及股东个人资料也应列入股东知情权的范围;而股东要正确行使人事表决权、监督权,当然要建立在董事、监事、经理、财务主管等的个人资料、年度述职报告等都知情的基础上;此外,重要合同如借贷、委托经营、赠与、承包、租赁等合同的订立、变更和终止等情况,重大行政处罚、诉讼、仲裁案件情况,对公司的经营都会产生重大影响,股东也应有知情权。

综上所述,股东的知情权具有两面性:一方面,尤其是股东中的中小股东,与企业相比,掌握的信息具有不对称性,中小股东处于弱势地位,为维护其合法的权利,应该加强对其权利的保护。另一方面,从保护企业的利益出发,股东的知情权也要防止被滥用,股东的知情权应限定在一个合理的幅度之内。以上观点如有不当之处,请各位同仁指正。

《公司法解释(四)》对股东知情权的影响

李琦文*

[摘要] 2009年最高人民法院民二庭就《关于适用〈中华人民共和国公司法〉若干问题的规定(四)》[以下简称《公司法解释(四)》]召开征求专家意见座谈会,初步拟定了最高人民法院《关于适用〈中华人民共和国公司法〉若干问题的规定(四)(征求意见稿)》[以下简称《公司法解释(四)(征求意见稿)》],期间由于《中华人民共和国公司法》(以下简称《公司法》)和《公司法解释(四)(征求意见稿)》的修改,未能正式发布。历时7年后,最高人民法院审判委员会全体会议于2016年12月5日审议并原则性通过了《公司法解释(四)》,于2017年8月25日公布。在此背景下,本文将通过与以往法律、法规中有关股东知情权条款的对比,探讨和解读《公司法解释(四)》第13条至第18条关于股东知情权案件条文的创新突破之处,以及尚需讨论和解决的问题。

[关键词] 《公司法解释(四)》 股东知情权 股东保护

一、股东知情权的历史沿革

有关股东的知情权,在2005年《公司法》修订前,仅规定有限责任公司股东有权查阅股东会会议记录和公司财务会计报告,股份有限公司的股东有权查阅公司章程、股东大会会议记录和财务会计报告。

2013年修订的《公司法》拓展了股东知情权的内容。其中,第33条规定有限责任公司的股东"有权查阅、复制公司章程、股东会会议记录、董事会会议决议、监事会会议决议和财务会计报告",符合特定要求的也可以查阅公司会计账簿;第97条规定股份有限公司的股东"有权查阅公司章程、股东名册、公司债券存根、股东大会会议记录、董事会会议决议、监事会会议决议、财务会计报告,对公司的经营提出建议或者质询"。

此次修订后,三部司法解释均未再对股东知情权进行新的规定,导致各地人民法院在司法实践中对股东知情权的保护范围和力度尺度不一,小股东的权利常被忽视。因此,《公司法解释(四)》在此方面的规定被寄予厚望。

---

* 北京公元博景泓律师事务所律师。

二、股东知情权的司法实践

司法实践中,各地人民法院对股东知情权纠纷的处理方式和保护力度存在一定差异。这主要体现在诉讼主体、前置程序、知情权范围和目的正当性审查等方面。

(一) 诉讼主体

提起股东知情权纠纷诉讼的适格原告必须能够证明自己是被告公司的股东。司法实践中,法院普遍认为即使存在瑕疵出资也不应影响股东行使知情权。

上海市第二中级人民法院曾在判决中指出:股东知情权是我国《公司法》赋予股东通过查阅公司会计账簿以及查阅、复制公司财务会计报告等与公司经营管理相关的资料,以了解、掌握公司经营状况的权利。……×公司提出钱某某出资不实一节,因目前尚无证据足以否定钱某某的公司股东身份,故不影响其行使股东的权利。①

无独有偶,浙江省绍兴市中级人民法院也提出:本院认为,双方争议的主要焦点是被上诉人有无实际出资,是否具有上诉人公司的股东资格,是否有权查阅、复制公司的财务会计报告和查阅会计账簿……因最终验资和工商登记均确认了被上诉人马某某的股东身份,故即使其出资款项来源于陶某某或陶某,也不影响其股东身份……上诉人提供的证据尚不足以否定马某某的股东身份,其作为股东有权查阅、复制公司的财务会计报告和查阅会计账簿。上诉人的上诉理由不能成立。②

(二) 前置程序

在提起诉讼前,原告应当向公司提出书面请求,并要穷尽一切方法履行送达通知的义务。法院通常会驳回未经此前置程序的起诉。

天津市第一中级人民法院曾指出:对于傅某某要求行使股东知情权是否履行了《公司法》规定的前置程序的问题,虽傅某某向××公司邮寄送达了申请书,但在邮件被退回的情况下,傅某某并未举证证明已穷尽一切方法向公司提出申请,××公司未收到傅某某提交的书面申请,对其申请的事宜并未知晓,因此,傅某某没有履行《公司法》规定的前置程序,违反了法律的强制性规定……因此,傅某某要求查阅公司会计账簿,必须首先向公司提出书面请求,说明目的。在公司拒绝提供查阅的情况下,方可请求法院要求公司提供查阅。③

(三) 知情权的范围

在股东知情权纠纷诉讼中,股东查阅公司会计账簿的范围是否包括记账凭证

---

① 参见上海市第二中级人民法院(2014)沪二中民四商终字第1054号民事判决书。
② 参见浙江省绍兴市中级人民法院(2013)浙绍商终字第1170号民事判决书。
③ 参见天津市第一中级人民法院(2013)一中民二终字第0434号民事判决书。

和原始凭证始终是一个重要争点。根据《公司法》中股东可以要求查阅公司会计账簿的规定,以及《中华人民共和国会计法》中"会计账簿登记,必须以经过审核的会计凭证为依据""会计凭证包括原始凭证和记账凭证"等规定,可以推知会计账簿不包含会计凭证。

但是,公司的具体经营活动常常只有通过查阅原始凭证才能知晓。不查阅原始凭证,股东可能无法准确了解公司真实的经营状况、财务状况。仅仅查阅会计账簿的规定并不利于股东知情权的实现。对此问题,地方高级人民法院进行了相关尝试。例如北京市高级人民法院《关于审理公司纠纷案件若干问题的指导意见》第19条规定:"有限责任公司股东有权查阅的公司会计账簿包括记账凭证和原始凭证。"江苏省高级人民法院《关于审理适用公司法案件若干问题的意见(试行)》第66条第2款也规定有限责任公司股东可以查阅"公司账簿及相关原始凭证"。

浙江省高级人民法院曾在判决书中认定:关于会计账簿是否包括原始会计凭证的问题,虽然《公司法》对此并未作出明确规定,但查阅原始会计凭证是股东行使知情权的主要途径,在符合我国《公司法》(2005)第34条规定的其他条件的情况下,应当允许股东在查阅会计账簿的同时查阅制作会计账簿所依据的记账凭证和原始凭证……根据《公司法》(2005)第34条的规定,杨某某作为××公司的股东,其依法可以行使股东知情权的范围应当包括:查阅、复制公司章程、股东会会议记录、董事会会议决议、监事会会议决议和财务会计报告;查阅公司会计账簿。①

(四)股东查阅账簿的目的正当性

依据《公司法》的规定,股东行使知情权应当对查阅账簿的目的作出说明,如公司拒绝查阅账簿,应当举证证明原告有不正当目的。实践中,以下情况可以构成不正当目的。

1. 原告与公司之间存在同业竞争

虽然以同业竞争为由推定股东有不正当目的的将会过分限制股东的知情权,且《公司法》并未规定股东的竞业禁止义务;但在个案中,法院仍然会针对具体事实进行判断。当股东的多重身份以及同业竞争关系确实可能导致其将查阅到的信息用于其他经营活动时,法院将认定其存在不正当目的。

上海市第一中级人民法院曾在判决书中认定:××公司的会计账簿包括有关会计凭证,反映了××公司在生产经营活动中资金、财产使用情况及公司收支状况,王某某作为股东本应有权查阅。但鉴于××公司作为有限责任公司所具有的封闭性及相关会计账簿及原始记账凭证会涉及××公司的公司采购销售信息、价格构成及销售对象信息等重要公司信息及商业秘密,所以××公司有合理依据以王某某查阅存在不正当目的为由拒绝提供前述材料供其查阅。本案中,王某某虽然在本案中系××公司股东,但考虑到前述王某某的双重身份均系两公司股东和

---

① 参见浙江省高级人民法院(2012)浙商外终字第49号民事判决书。

在两公司均担任过法定代表人,其与××公司其他股东长期存在纠纷等现状,D公司与××公司之间存在利害冲突关系和同业竞争事实,本院认定××公司具有合理根据认为王某某查阅××公司的会计账簿具有不正当目的,并可能会损害公司及大部分股东的合法利益,××公司有权拒绝提供会计账簿,显然亦有权拒绝提供原始会计凭证供王某某查阅。①

2. 侵犯商业秘密

在此方面,法院通常认为,原告查阅账簿可能侵公司的商业秘密的,被告公司可以提出抗辩,但被告必须证明账簿中包括或隐含商业秘密,否则该抗辩不成立。

(五) 查阅时间与地点的安排

在股东查阅公司账簿的时间、地点及查阅形式等方面,法院的观点并不统一。通常法院会判决被告公司在判决生效之日起一定时间内在其公司内置备需查阅、复制的文件供查阅、复制。

最高人民法院公报案例中的判决即对此作出了可资借鉴的安排:被上诉人××公司于本判决生效之日起10日内提供自公司成立以来的公司会计账簿(含总账、明细账、日记账、其他辅助性账簿)和会计凭证(含记账凭证、相关原始凭证及作为原始凭证附件入账备查的有关资料)供上诉人李某某、吴某、孙某、王某某查阅。上述材料由四上诉人在××公司正常营业时间内查阅,查阅时间不得超过10个工作日。②

三、《公司法解释(四)》关于股东知情权方面的相关规定

在《公司法》相关规定的基础上,《公司法解释(四)》对股东知情权进行了更为详细的规定。

(一) 失去股东身份后也可以行使知情权

《公司法解释(四)》第7条规定:"股东依据公司法第三十三条、第九十七条或者公司章程的规定,起诉请求查阅或者复制公司特定文件材料的,人民法院应当依法受理。公司有证据证明前款规定的原告在起诉时不具有公司股东资格的,人民法院应当驳回起诉,但原告有初步证据证明在持股期间其合法权益受到损害,请求依法查阅或者复制其持股期间的公司特定文件材料的除外。"

股东知情权是股东权之一。根据股东权专属性理论,股东权必须基于股东资格才能享有。因此,股东身份是股东权存在的基础,也是行使知情权的必要前提。此前,各地人民法院就原告在诉讼前或诉讼中丧失股东资格的情况并无统一的处理办法。《公司法解释(四)》第2条将对此予以明确规定,如公司证明原告起诉时

---

① 参见上海市第一中级人民法院(2014)沪一中民四(商)终字第1633号民事判决书。
② 参见《最高人民法院公报》2011年第8期(总第178期)。

不具有股东身份,则法院应当驳回起诉,并增加了股东在失去股东身份后仍可查阅公司特定文件的权利,虽更好地保证了股东的知情权,但在实践中"特定文件"范围因法官自由裁量极易出现同案不同判的情况,亦可能发生侵害公司利益的情形。

(二) 明确股东知情权的固有权属性

股东知情权是股东权利中极其重要的一项,股东只有通过行使知情权,了解公司运营情况,才能对公司情况作出全面而正确的判断,从而行使其他各项股东权利,因此股东知情权的性质应属于股东固有权利。

司法实践中,已有公司依据最高人民法院《关于适用〈中华人民共和国公司法〉若干问题的规定(三)》第17条第1款"有限责任公司的股东未履行出资义务或者抽逃全部出资,经公司催告缴纳或者返还,其在合理期间内仍未缴纳或者返还出资,公司以股东会决议解除该股东的股东资格"之规定提出,针对未出资或抽逃全部出资的股东,其股东资格存在瑕疵,故其知情权也应受到限制。

《公司法解释(四)》第9条规定:"公司章程、股东之间的协议等实质性剥夺股东依据公司法第三十三条、第九十七条规定查阅或者复制公司文件材料的权利,公司以此为由拒绝股东查阅或者复制的,人民法院不予支持。"

可见,股东知情权作为股东固有权利,既不能由股东自由处分,也不能通过公司章程与股东协议进行限制。

(三) 知情权的代理行使

《公司法解释(四)》第10条规定:"人民法院审理股东请求查阅或者复制公司特定文件材料的案件,对原告诉讼请求予以支持的,应当在判决中明确查阅或者复制公司特定文件材料的时间、地点和特定文件材料的名录。股东依据人民法院生效判决查阅公司文件材料的,在该股东在场的情况下,可以由会计师、律师等依法或者依据执业行为规范负有保密义务的中介机构执业人员辅助进行。"

本条规定将基本民事关系中的委托代理制度适用于股东知情权领域。此前,法院对于股东能否委托代理人查阅、复制公司资料并无统一标准,很多法院不支持股东委托代理人行使查阅、复制权。实践中,允许股东委托代理人行使查阅、复制公司资料,可以解决股东行使知情权过程中遇到的实际问题。会计信息具有专业性和技术性,股东往往不具有专门财务知识,亲自查阅难以实现查阅目的,无法切实保护投资者利益。会计师、审计师、律师等掌握财务知识、法律知识的专业人员,通常能够更为深入地查阅资料,快速发现会计资料中存在的问题。允许股东委托专业人员行使知情权,更有利于提升股东知情权的制度实效。

(四) 明确"不正当目的"的具体情形

《公司法解释(四)》第4条规定:"有限责任公司有证据证明股东存在下列情形之一的,人民法院应当认定股东有公司法第三十三条第二款规定的'不正当目的':(一)股东自营或者为他人经营与公司主营业务有实质性竞争关系业务的,但公司章程另有规定或者全体股东另有约定的除外;(二)股东为了向他人通报有关信息查阅公司会计账簿,可能损害公司合法利益的;(三)股东在向公司提出查阅请求之日前的三年内,曾通过查阅公司会计账簿,向他人通报有关信息损害公司合法利益的;(四)股东有不正当目的的其他情形。"此规定解决了各地人民法院在司法实践中对"不正当目的"理解不一的问题,有利于增强各地各级人民法院判决的统一性。

但就本条第(一)项情形而言,仅凭"股东自营或者为他人经营与公司主营业务有实质性竞争关系的业务"即认定股东查阅会计账簿是有"不正当目的",仍不免有牵强之嫌。实践中,因行业局限性等原因,股东同时投资几家同类型企业的情形并不罕见,如按照本条规定则很可能为公司滥用抗辩权打开方便之门,导致股东知情权无法实现。

四、结语

总之,《公司法解释(四)》对股东知情权的内容作出了相对较为全面的详细规定,在股东知情权诉讼的主体资格、股东知情权的固有权属性等多个方面均予以涉及。可以想见,这些规定对指导司法实践将会起到重要的作用。但是,其中某些条款仍有进一步探讨和完善的空间,这也有待最高人民法院的进一步完善。

《公司法解释(四)》之股东知情权实务探析

李天霖*　胡　乐**

[摘要]　《公司法解释(四)》用六个条文对股东知情权作了规定,主要涉及股东知情权行使主体资格、固有权、股东知情权纠纷判决主文和知情权的代理行使、股东或代理人泄露商业秘密的赔偿责任、不正当目的、无法查询的赔偿责任等内容,对指导司法实务和统一裁判尺度起到积极作用,但其中仍有值得讨论和澄清的问题,本文逐一对该六个条文进行分析探讨,以期有所助益。

[关键词]　公司法　股东　知情权

一、问题的提出

最高人民法院审判委员会全体会议于 2016 年 12 月 5 日审议并原则通过《关于适用〈中华人民共和国公司法〉若干问题的规定(四)》[以下简称《公司法解释(四)》],其中第 7 条至第 12 条是关于"股东知情权案件"的规定,该解释的出台对指导司法实务和统一裁判起到积极作用,但仍有一些实务问题值得讨论,如隐名股东知情权、固有权、知情权代理行使、不正当目的限制等问题。在此,笔者结合以往司法实践就《公司法解释(四)》关于股东知情权的规定逐一进行探讨,以期厘清相关法律问题和对律师实务有所帮助。

二、《公司法》对股东知情权的历次修订情况

《中华人民共和国公司法》(以下简称《公司法》)自 1993 年 12 月公布后,直至 2004 年修订时,仅规定有限责任公司的股东有权查阅股东会会议记录和公司财务会计报告;股份有限公司的股东有权查阅公司章程、股东大会会议记录和财务会计报告,对公司的经营提出建议或者质询。

《公司法》2005 年修订时又明确有限责任公司的股东有权查阅、复制公司章程、股东会会议记录、董事会会议决议、监事会会议决议和财务会计报告;股份有限公司的股东有权查阅公司章程、股东名册、公司债券存根、股东大会会议记录、董事会会议决议、监事会会议决议、财务会计报告,对公司的经营提出建议或者质询。

---

*　北京康达(成都)律师事务所李天霖律师团队负责人。
**　北京康达(成都)律师事务所李天霖律师团队助理。

《公司法》2013年修订时又进一步扩大了有限责任公司股东知情权的范围，规定有限责任公司股东有权查阅、复制公司章程、股东会会议记录、董事会会议决议、监事会会议决议和财务会计报告，以及股东如有正当目的可以书面要求查阅公司会计账簿。

三、《公司法解释(四)》对股东知情权的规定及解读

1. 行使知情权主体应具备股东身份

《公司法解释(四)》第七条

股东依据公司法第三十三条、第九十七条或者公司章程的规定，起诉请求查阅或者复制公司特定文件材料的，人民法院应当依法予以受理。

公司有证据证明前款规定的原告在起诉时不具有公司股东资格的，人民法院应当驳回起诉，但原告有初步证据证明在持股期间其合法权益受到损害，请求依法查阅或者复制其持股期间的公司特定文件材料的除外。

解读与思考：

《公司法》第33条①规定有限责任公司"股东有权查阅、复制公司章程、股东会会议记录、董事会会议决议、监事会会议决议和财务会计报告"，同时如有正当目的可以书面要求查阅公司会计账簿；第97条②规定股份有限公司的股东有权查阅公司章程、股东名册、公司债券存根、股东大会会议记录、董事会会议决议、监事会会议决议、财务会计报告，对公司的经营提出建议或者质询。

《公司法解释(四)》第7条第1款针对有限责任公司和股份有限公司的股东依据《公司法》上述规定起诉公司要求查阅、复制公司特定文件材料的案件，提示法院注意应予以受理。第2款明确公司有证据证明原告起诉时或在诉讼中已不具备股东资格的，法院应予驳回原告起诉，但原告有初步证据证明在持股期间其合法权益受到损害，请求依法查阅或者复制其持股期间的公司特定文件材料的除外。也就是说，除股东有初步证据证明在其持股期间合法权益受到损害，否则行使股东知情权必须要具备股东资格这一前提条件。

司法实务中，存在隐名股东主张知情权的案件，但各地人民法院对此态度不

---

① 《公司法》第33条规定："股东有权查阅、复制公司章程、股东会会议记录、董事会会议决议、监事会会议决议和财务会计报告。股东可以要求查阅公司会计账簿。股东要求查阅公司会计账簿的，应当向公司提出书面请求，说明目的。公司有合理根据认为股东查阅会计账簿有不正当目的，可能损害公司合法利益的，可以拒绝提供查阅，并应当自股东提出书面请求之日起十五日内书面答复股东并说明理由。公司拒绝提供查阅的，股东可以请求人民法院要求公司提供查阅。"

② 《公司法》第97条规定："股东有权查阅公司章程、股东名册、公司债券存根、股东大会会议记录、董事会会议决议、监事会会议决议、财务会计报告，对公司的经营提出建议或者质询。"

一,如浙江省温州市中级人民法院(2014)浙温商终字第663号民事判决①就支持了隐名股东的知情权主张;而北京市高级人民法院《关于审理公司纠纷案件若干问题的指导意见》第16条则规定,公司的实际出资人在其股东身份未显名化之前,不具备股东知情权诉讼的原告主体资格。《公司法解释(四)》出台后为统一裁判尺度提供了明确指引,即公司实际出资人在其股东身份未显名化之前,不具备股东知情权诉讼的主体资格,若隐名股东主张股东知情权的,应在诉前先"浮出水面"将其股东身份显名化,避免诉讼过程中因不具备股东知情权诉讼主体资格而无法主张合法权益。

2. 股东知情权的限制——不正当目的

《公司法解释(四)》第八条

有限责任公司有证据证明股东存在下列情形之一的,人民法院应当认定股东有公司法第三十三条第二款规定的"不正当目的":

(一)股东自营或者为他人经营与公司主营业务有实质性竞争关系业务的,但公司章程另有规定或者全体股东另有约定的除外;

(二)股东为了向他人通报有关信息查阅公司会计账簿,可能损害公司合法利益的;

(三)股东在向公司提出查阅请求之日前的三年内,曾通过查阅公司会计账簿,向他人通报有关信息损害公司合法利益的;

(四)股东有不正当目的的其他情形。

解读与思考:

本条是对《公司法》第33条第2款的延伸,有限责任公司有证据证明股东存在相关情形的,可认定股东具有不正当目的,而不予支持其起诉请求查阅公司特定文件材料,赋予公司救济权,以排除股东不正当目的,维护公司权益。

该条规定股东具有不正当目的的举证责任在于公司,但是否具有不正当目的又属于主观判断,公司往往难以举证。司法实践中,公司若能够举证证明第(一)项即股东本人或其近亲属从事与公司存在竞争的业务,是公司最有效的抗辩事由,而对于第(二)项、第(三)项抗辩事由则强调"向第三人通报得知的事实以获取利益",第(四)项作为兜底条款,对股东利用知情权妨碍公司业务发展、损害公司和股东共同利益的其他行为作出限制,但在司法实践中还需依靠法官自由裁量权进行判断。

值得注意的是,《最高人民法院公报》2011年第8期收录的李淑君、吴湘、孙杰、王国兴诉江苏佳德置业发展有限公司股东知情权纠纷案裁判要旨显示:"公司

---

① 参见吴志敏与金龙控股集团有限公司股东知情权纠纷二审民事判决书,载中国裁判文书网(http://wenshu.court.gov.cn/content/content? DocID = 1c010488-8cc8-4fba-ba16-58387a57eb64&KeyWord = 股东知情权%7C隐名股东)。

怀疑股东查阅会计账簿的目的是为公司涉及的其他案件的对方当事人收集证据，并以此为由拒绝提供查阅的，不属于《公司法》第三十三条第二款规定中股东具有不正当目的、可能损害公司合法利益的情形。"因此，股东以知情权为由要求查阅相关文件材料并将该材料提供给他人当做证据的，不属于正当目的条款规制的范围，公司不能拒绝查阅。为避免股东行使知情权导致公司商业秘密受到侵犯，公司可规定相应的审核程序以核实代理人身份真实性、授权合法性、目的正当性等，拒绝具有侵犯公司商业秘密可能性的股东或代理人代为行使知情权，以维护公司合法利益。

3. 固有权

《公司法解释（四）》第九条

公司章程、股东之间的协议等实质性剥夺股东依据公司法第三十三条、第九十七条规定查阅或者复制公司文件材料的权利，公司以此为由拒绝股东查阅或者复制的，人民法院不予支持。

解读与思考：

固有权，从字面意思便可理解其往往与股东基本权益相关，是指未获股东同意，不得以章程或公司决议等形式剥夺或限制的股东基本权利。固有权又称为法定股东权，如知情权、表决权、股权转让权、利润分配请求权等。股东知情权是股东固有权利中最重要的一项，股东只有通过行使知情权，了解公司运营情况，才能对公司现状和未来发展趋势作出综合判断，从而行使其他各项股东权利。

就该条规定来说，固有权的权利边界如何确定，固有权能否对抗公司自治和股东自治？如果公司股东一致同意公司章程限制股东查阅、复制公司文件材料和股东之间协议约定限制股东查阅、复制公司文件材料，对股东间的真实意思表示是否应当得到尊重？若司法解释对此加以限制和干预，就意味着股东不可以放弃自己的权利，不利于特殊情况（如以放弃该权益换取其他更大权益）下商事主体的权益安排。

笔者认为，对于股东间意思表示一致，股东之间以协议、合同形式约定限制股东知情权的，司法无需进行干预，固有权的边界不应超越股东对自身权利的处分，不能超越股东意思自治。当然，对于大股东利用资本多数决原则限制或剥夺小股东固有权以及小股东滥用股东知情权影响公司正常经营和发展情形，此时司法干预才是必要的。但这又涉及股东滥用知情权如何界定的问题，为均衡各方利益，笔者建议公司章程或者股东协议可以对股东行使知情权的时间、地点、行使次数、条件等进行限制，而非如司法解释直接将公司章程、股东协议的限制一概认为无效而不予支持。

4. 判决主文和知情权的代理行使

《公司法解释（四）》第十条

人民法院审理股东请求查阅或者复制公司特定文件材料的案件，对原告诉讼请求予以支持的,应当在判决中明确查阅或者复制公司特定文件材料的时间、地点和特定文件材料的名录。

股东依据人民法院生效判决查阅公司文件材料的,在该股东在场的情况下,可以由会计师、律师等依法或者依据执业行为规范负有保密义务的中介机构执业人员辅助进行。

解读与思考:

司法实践中,股东知情权诉讼最重要、最困难的问题当属执行问题,这是由于提起股东知情权诉讼的主体通常是小股东或无法实际参与公司经营的股东,即便其在诉讼过程中获得了胜诉判决,但由于公司不予配合使得判决难以得到执行,主要表现在判决内容不一、判决不具有可操作性、法院在执行时尺度把握不一、公司提供不符合实际的材料以应付执行等。

而此条则明确规定股东依据《公司法》第33条或者第97条起诉公司请求查阅、复制公司文件材料的案件,如法院对股东诉请予以支持时,应一并在判决书中明确具体的时间、在公司住所地或者原告与公司协商确定的其他地点,由公司依据判决中明确的特定文件材料名录供股东查阅或者复制。不仅避免股东在确权之诉后需另行通过诉请公司给付之诉以实现权利,还可减少后续执行难度,既节省了司法资源,也有利于股东权利的实现。笔者认为,股东查阅公司特定文件材料的,其查询时间和地点应首先以双方协商为准,协商不成的,查询时间应在公司正常营业时间范围内,查询地点应以尽量不移动相关文件材料为原则确定,最大限度平衡股东知情权与公司经营管理秩序之间的利益。

该条也明确股东可以委托会计师、律师等代理人查阅、复制公司文件材料,但前提是股东必须在场,对此,笔者予以赞同。虽然考虑到为保护公司商业秘密,让外部人员查阅可能涉及泄密的问题,但即使只允许股东自身行使该权利,仍然存在侵犯公司商业秘密的可能性,同时因为公司会计账簿、会计凭证等财务资料具有很强的专业性和复杂性,股东由于智力水平、知识结构或者其他条件的限制,其本人可能无法理解公司会计账簿、凭证等材料,此时委托他人代为行使是股东行使该权利的唯一有效途径,如果不允许股东委托专业人士代为行使该权利,则股东知情权将形同虚设。

5. 股东或代理人泄露商业秘密的赔偿责任

《公司法解释(四)》第十一条

股东行使知情权后泄露公司商业秘密导致公司合法利益受到损害,公司请求该股东赔偿相关损失的,人民法院应当予以支持。

根据本规定第十条辅助股东查阅公司文件材料的会计师、律师等泄露公司商业秘密导致公司合法利益受到损害,公司请求其赔偿相关损失的,人民法院应当予以支持。

解读与思考：

《公司法解释（四）（征求意见稿）》并未作出此规定，正式出台的《公司法解释（四）》对股东或代理人泄露商业秘密的赔偿责任作出规定，与本解释第12条形成平衡。同时本条第2款规定中介机构执业人员的辅助查账责任，与本解释第10条的中介机构人员代理人辅助查账时的保密义务相衔接。根据此条规定，股东以及股东委托的代理人泄露公司商业秘密导致公司利益受损的，应向公司承担赔偿责任，股东或中介机构人员因泄密行为而承担的赔偿责任需依据《中华人民共和国侵权责任法》进行判定，但公司损失如何认定或成为实务难点。

6. 无法查询的赔偿责任

《公司法解释（四）》第十二条

公司董事、高级管理人员等未依法履行职责，导致公司未依法制作或者保存公司法第三十三条、第九十七条规定的公司文件材料，给股东造成损失，股东依法请求负有相应责任的公司董事、高级管理人员承担民事赔偿责任的，人民法院应当予以支持。

解读与思考：

股东作为公司所有者和公司实际经营者存在着天然的信息不对称，如公司不及时、全面、准确地披露相关文件材料（如公司章程、股东会会议记录、董事会会议决议、监事会会议决议、财务会计报告、会计账簿、原始凭证等），股东是难以从其他途径获取这些信息，从而作出正确商业判断的。而股东知情权的行使基础又是公司依法制作和保存《公司法》第33条或第97条规定的公司文件材料，公司高级管理人员作为公司实际经营者未尽勤勉义务，未尽到制作和保存相关文件材料的义务，导致股东无法行使知情权的，理应承担相应赔偿责任。

实践中股东因未能行使知情权产生的纠纷，在诉讼中常见的股东诉求即是要求查阅和复制相关文件材料、要求被告就某一问题进行书面答复、承担诉讼费等，较少有股东主张赔偿。如江苏省高级人民法院审理的冯嘉宝诉南京顶上大酒店有限公司股东知情权纠纷案一审判决书（2008 宁民五初字第 70 号）①、通化市中级人民法院审理的吉林万通药业集团梅河药业股份有限公司与徐春华股东知情权纠纷二审民事判决书（2016 吉 05 民终 808 号）②中，股东作为原告均未主张损失赔偿。笔者认为，造成该现象的原因主要有：一是股东知情权纠纷的特点决定股东诉求类

---

① 参见冯嘉宝诉南京顶上大酒店有限公司股东知情权纠纷案，载无讼网（https://www.itslaw.com/detail? judgementId = d61f539f-98b9-4ef1-afc6-bb54148a40d3&area = 1&index = 3&sortType = 1&count = 184&conditions = searchWord%2B 股东知情权%2B1%2B 股东知情权 &conditions = searchWord%2B 隐名股东%2B1%2B 隐名股东），访问日期：2017 年 10 月 21 日。

② 参见吉林万通药业集团梅河药业股份有限公司与徐春华股东知情权纠纷案，载中国裁判文书网（http://wenshu.court.gov.cn/content/content? DocID = 67edb1d2-9ae2-4ca5-b947-d4598b9287ee），访问日期：2017 年 10 月 21 日。

型的特殊化,其主要目的是为了保障股东知情权,而非损失赔偿;二是在此次司法解释出台前,股东知情权遭受侵害主张损失赔偿往往缺少直接的法律依据,此次司法解释才对此作出明确规定,但该条规定的"承担民事赔偿责任"与第11条"公司请求该股东赔偿相关损失"因缺乏明确具体规范而欠缺可操作性,期能尽快完善。

四、结语

《公司法解释(四)》进一步明确与规范了知情权的权限范围与行使,努力平衡公司和股东的利益,总体上强化了对股东知情权的保护力度,实操指导意义显著。但《公司法解释(四)(征求意见稿)》中明确规定的部分条款如股东有权查阅原始凭证、记账凭证未被正式公布的《公司法解释(四)》所采纳,且就知情权损失赔偿而言,还有待统一明确规范,略有遗憾。

股东知情权的行使主体

——以隐名投资中股东身份认定为视角

罗皓雯* 方明玉**

[摘要] 公司是对内对外关系交织的组合体,其又被称为"一系列合同的集合",此一系列合同又分为"对内合同"和"对外合同"。因此在审理公司的相关纠纷时,不可避免地要把此因素考虑进去。涉及公司外部第三人的情形下,为了维护交易安全、提高交易效率,商事外观主义是必须严守的。在关涉公司内部关系的情形下,为了维护股东之间的人合性,探求公司设立者之真义,实质主义也是必须考量的。

[关键词] 股东知情权 隐名投资 股东身份

一、基本案情

西茅岐煤矿有限公司(以下简称"西茅岐煤矿公司")成立于 2005 年 8 月 9 日,注册资本 50 万元,由股东黄某某出资 10 万元、巫某某出资 17.5 万元、曹某某出资 15 万元、黄某流出资 7.5 万元设立,并制定公司章程。2009 年 9 月 10 日,股东变更为:郭某某、赖某某、张某某。

2010 年 8 月 18 日,西茅岐煤矿公司增资扩股(股本总额 5 200 万元),分别向杨某某等人出具股份持有证明。股份持有证明记载:"永定县西茅岐煤矿有限公司,股本总额 5 200 万元,股东姓名、股权登记日期、持有股份。有关事项:1. 本股权实行'利益共享、风险共担、同股同酬'的原则。2. 本股份持有证明需公司授权的董事长签章并加盖公章后有效。3. 本股权涉及的其他有关事项按煤矿章程执行。4. 本人自愿将其股份表决权在煤矿权属转让之前(转让之后自然终止)全部授权其受托人,不参与企业的决策管理。"其中杨某某持有股份 90 万元,受托人黄某某;杨某一持有股份 20 万元,受托人黄某某;王某某持有股份 10 万元,受托人巫某某;范某某持有股份 80 万元,受托人巫某某;王某林持有股份 105 万元,受托人黄某某;王某亭持有股份 50 万元,受托人黄某某。

2012 年 7 月 5 日,股东变更为:黄某某、黄某流、巫某某、阙某某。2015 年 3 月

---

* 北京金诚同达(成都)律师事务所律师。
** 北京金诚同达(成都)律师事务所律师。

26日,杨某某等6人发函西茅岐煤矿公司及第三人,要求查阅、复制西茅岐煤矿公司的公司章程、股东会会议记录、董事会会议决议和财务会计报告及会计账簿等材料。西茅岐煤矿公司签收后,15日内未书面答复。杨某某等6人遂起诉请求行使股东知情权。

一审法院认为:只有成为公司的股东才能行使股东的权利。杨某某等6人不具备西茅岐煤矿公司股东的形式要件,首先,从公司的工商登记信息查询资料看,公司股东名录、公司章程中均无杨某某等6人出资及股东身份的记载;其次,西茅岐煤矿公司在资本、股东变更登记时,亦无杨某某等6人出资情况及公司股东的记载;再次,杨某某等6人虽持有出资证明,但西茅岐煤矿公司未置备股东名册,杨某某等6人亦不能举证证明其已记载于股东名册。杨某某等6人提交的股份持有证明可以证实自愿将其股份表决权在煤矿权属转让之前(转让之后自然终止)全部授权其受托人,不参与企业的决策管理。因此,杨某某等6人不能直接行使股东的权利,主张其是西茅岐煤矿公司的股东,证据不足,其诉请行使股东的权利,不予支持。

二审法院认为:杨某某等6人持有西茅岐煤矿公司《股份持有证明》,结合其实际出资数额,可以认定6名上诉人为实际出资人,是享有相应投资权益却并不被记载于公司文件的投资者。2010年8月18日,西茅岐煤矿公司向5 200万元投资款的各位出资人发放的股权持有证明明确公司工商登记全体股东,即黄某某、黄某流、巫某某、阙某某代表5 200万元投资款的全部实际出资人持股。本案纠纷系股东行使知情权所引,对6名上诉人股东资格的认定,属于处理公司内部股东资格认定纠纷。鉴于西茅岐煤矿公司工商登记的全体股东均与5 200万元投资款的全体实际出资人之间具有委托持股关系,因此对6名上诉人为行使股东知情权而作出的股东资格的认定,并不涉及公司以外的第三人的利益,亦未破坏有限责任公司的人合性特征。故杨某某等6名隐名出资人以股东身份行使知情权,其主张应予支持。原审第三人巫某某、曹某某为公司出名股东,曹某某还担任公司法定代表人,应当与公司共同作为股东知情权的义务方,履行协助义务。

综上,不难看出,本案一审、二审法院判决的分歧点在于:在存在隐名出资的情况下,名义股东与实际出资人谁享有股东资格,而据此可以行使股东知情权。

二、本案涉及的基础理论及争议焦点分析

最高人民法院于2017年8月25日发布了《关于适用〈中华人民共和国公司法〉若干问题的规定(四)》[以下简称《公司法解释(四)》],其中在第7条至第11条对股东行使知情权的问题作了更为细致的规定,在一定程度上解决了股东知情权行使主体、股东知情权为股东固有权利、股东知情权之诉的可执行性、股东知情权的行使范围、行使股东知情权过程中不正当目的的认定等问题,使《中华人民共和国公司法》(以下简称《公司法》)第33条、第97条中规定的股东知情权更为充

实。结合前述案例,笔者将侧重讨论在存在隐名投资的情况下,股东知情权行使主体的问题。

《公司法解释(四)》第 7 条规定:"股东依据公司法第三十三条、第九十七条或者公司章程的规定,起诉请求查阅或者复制公司特定文件材料的,人民法院应当依法予以受理。公司有证据证明前款规定的原告在起诉时不具有公司股东资格的,人民法院应当驳回起诉,但原告有初步证据证明在持股期间其合法权益受到损害,请求依法查阅或者复制其持股期间的公司特定文件材料的除外。"根据本条规定,能够行使知情权的是股东或者持股期间的股东,对股东的持股比例等没有要求,但是存在隐名投资的情况下,究竟是名义股东还是实际出资人享有股东资格,此次的司法解释仍旧没有正面回应,没有给出一个具体的裁判标准。

(一) 隐名投资中的名义股东与实际出资人

隐名投资是指实际投资人以他人的姓名或者名称记载于公司的相关法律文件,对外显示为他人投资而将自己实际投资者身份隐匿起来的一种投资方式,是一种名不副实的投资现象。[1]

隐名投资按照不同标准可以分为很多种,根据实际出资人是否行使"股东权利",可以将隐名投资分为行权式隐名投资和非行权式隐名投资。行权式隐名投资是指实际出资人以他人名义投资后,以他人名义行使股东权利,其中包括了存在股权代持协议、借用他人名义、冒充他人名义、虚构主体名义等行使股东权利的情形。非行权式隐名投资是指实际出资人将自己的财产授权给他人投资,被授权人以其自己的名义投资后还是以自己的名义行使股东权利[2],包含了存在股权代持协议的情形。实际出资人行使"股东权利"与否,从另一个侧面可以反映出公司、公司其他股东是否知道公司中存在隐名出资的情形,这也会影响对股东资格的认定。

(二) 股东资格的认定

1. 理论中关于股东资格认定的争议

"资格"有两种含义,一种是股东资格的权利能力含义,在法学意义上一般被称为"权利能力",是承载权利成为主体的能力。另一种是股东资格的身份含义,表明主体成为股东的现实性,这一层含义就是司法实践中讼争的"股东资格",主要包括哪些主体能够依法成为适格的股东、哪些主体可以行使股东权利、哪些主体应当承担股东义务等内容。享有股东资格者,享有该股权之上财产利益,可以凭借该资格行使知情权、查阅权等在公司内部的权利。然而在存在隐名投资的情形下,投资权益和参与公司管理的权利往往是分开的。大多数情况下,在非行权式隐名投资中,投资权益属实际出资人,公司管理权利属名义股东;在行权式隐名投资中,投

---

[1] 参见施天涛:《公司法论》,法律出版社 2006 年版,第 230 页。
[2] 参见沈贵明:《股东资格研究》,北京大学出版社 2011 年版,第 200—202 页。

资权益和公司管理权利统归于实际出资人。究竟股东资格归属于谁,谁享有股东知情权,在理论界和司法实践中存在"实质说"与"形式说"争鸣的情形。

在股东资格认定方面,实质说认为实际履行出资义务是认定股东身份的必要条件,公司章程、股东名册、工商登记是认定股东资格的辅助要件。形式说是商事外观主义的运用,以公司章程、股东名册、工商登记等形式要件来确定股东资格,并不探究谁为实际出资人。可以看出,实质说的缺陷即是形式说的优点,实质说的优点即是形式说的缺陷。由于公司不同于一般自然人,其存在内部、外部两种不同的关系,所关涉的主体也不同,所以在认定股东资格时,应当内外区别看待。关涉内部关系时,应当遵循意思自治、契约自由原则,当事人之间的约定优先;关涉外部关系时,应当遵循外观主义原则,保护第三人利益和交易安全优先。

2. 我国法律关于股东资格认定的相关规定

从最高人民法院《关于适用〈中华人民共和国公司法〉若干问题的规定(三)》[以下简称《公司法解释(三)》]第22条①的规定来看,最高人民法院倾向于以实际出资的实质说来认定股权归属,第25条②第2款又规定了名义股东转让其名下的股权可以适用善意取得制度。善意取得制度的理论前提是无权处分,即是认可了实际出资人享有股东资格。然而根据《公司法》第32条第2款的规定,股东名册上记载的股东可以行使股东权利,以及《公司法解释(三)》第24条③把进入公司将股权登记其名下的名义出资人认定为"名义股东",似乎是认可了名义股东享有股东资格。由上可以看出,名义股东与实际出资人谁享有股东资格,在我国现行法律体系下仍旧没有解决这个问题,同时也困扰着司法实务者。

根据《公司法》第32条、《中华人民共和国公司登记管理条例》第34条的规定,公司应当置备股东名册;股东发生变更的应当向工商登记部门申请变更,否则不发生对抗第三人的效力。我国所采取的是双重登记模式(即公司的内部登记和公司的外部登记),但是股权到底何时变更法律、法规并没有明确规定,但可以明确的一点是,外部登记属于对抗主义模式,工商登记仅具有对抗效力,不具有股权变动效

---

① 《公司法解释(三)》第22条规定:"当事人之间对股权归属发生争议,一方请求人民法院确认其享有股权的,应当证明以下事实之一:(一)已经依法向公司出资或者认缴出资,且不违反法律法规强制性规定;(二)已经受让或者以其他形式继受公司股权,且不违反法律法规强制性规定。"

② 《公司法解释(三)》第25条规定:"名义股东将登记于其名下的股权转让、质押或者以其他方式处分,实际出资人以其对于股权享有实际权利为由,请求认定处分股权行为无效的,人民法院可以参照物权法第一百零六条的规定处理。名义股东处分股权造成实际出资人损失,实际出资人请求名义股东承担赔偿责任的,人民法院应予支持。"

③ 《公司法解释(三)》第24条规定:"有限责任公司的实际出资人与名义出资人订立合同,约定由实际出资人出资并享有投资权益,以名义出资人为名义股东,实际出资人与名义股东对该合同效力发生争议的,如无合同法第五十二条规定的情形,人民法院应当认定该合同有效。前款规定的实际出资人与名义股东因投资权益的归属发生争议,实际出资人以其实际履行了出资义务为由向名义股东主张权利的,人民法院应予支持。名义股东以公司股东名册记载、公司登记机关登记为由否认实际出资人权利的,人民法院不予支持。实际出资人未经公司其他股东半数以上同意,请求公司变更股东、签发出资证明书、记载于股东名册、记载于公司章程并办理公司登记机关登记的,人民法院不予支持。"

力。此处的工商变更登记属于证权性登记而不是设权性登记,设权性登记强调商事登记是市场主体资格取得的必经程序,证权性登记是对商主体及其法律权利的确认和证明,未登记不会导致整个商行为无效,只是不能对抗善意第三人。我国《公司法》32条第2款规定了登记在股东名册的股东可以行使股东权利,表明股东名册变更是行使股东权利的充分不必要条件,无法推断出股东名册在公司应具有的效力。《公司法》本意是要赋予股东名册证权性的作用,但由于实务中很多有限责任公司股东名册缺失,导致该条成为一纸空文。

(三) 本案争议焦点的法律分析

股东知情权是法律赋予股东通过查阅公司的财务会计报告、账簿等有关公司经营决策、管理的相关资料以及询问与上述有关的问题实现了解公司运营状况和公司高级管理人员的活动的权利。在存在隐名出资的情形下,股东知情权之诉,绕不开股东资格认定的问题。很多法院在立案时,该类案件的案由也为"××诉××公司股东资格、股东知情权案",由此可以看出这两个问题联系的紧密性。股东知情权大多数情况下关涉公司的内部关系,股东通常是通过行使股东知情权,以了解公司的经营情况,从而进一步要求公司分配利润,或者对董事、监事损害公司利益的行为提起诉讼以维护公司合法利益等。

本案的争议焦点在于,在存在隐名出资的情况下,股东资格的认定问题,是实际出资人享有股东资格可行使股东知情权,还是名义股东享有股东资格可行使股东知情权。本案一审法院认定名义股东享有股东资格,驳回实际出资人要求行使知情权的诉求,其主要是依据商事外观主义原则,也就是认可形式说,认为公司的工商登记信息、公司股东名录、公司章程中均没有显示实际出资人为股东,而且本案的实际出资人和名义股东之间存在隐名投资协议,名义股东一直行使公司管理权,公司其他股东也知道该情况。本案二审法院认定支持实际出资人享有股东身份,享有股东知情权的诉求,其主要是依据实际出资,也就是认可实质说,认为行使股东知情权而作出的股东资格的认定,不涉及公司以外的第三人的利益,没有破坏有限责任公司的人合性特征,实际出资人业已履行了实际出资义务,因此,应当保护实际出资人的利益。

三、结论

基于上述讨论分析,笔者比较赞同二审法院的判决结果。公司是对内对外关系交织的组合体,其又被称为"一系列合同的集合",此一系列合同又分为"对内合同"和"对外合同"。因此在审理公司的相关纠纷时,不可避免地要把此因素考虑进去。在涉及公司外部第三人的情形下,为了维护交易安全、提高交易效率,商事外观主义是必须严守的。在关涉公司内部关系的情形下,为了维护股东之间的人合性,探求公司设立者之真义,实质主义也是必须考量的。

在行权式隐名出资中,实际出资人进行着公司管理,很大程度上可以推断出其他股东是知道存在隐名出资的情形的。因此,在实际出资人要求行使知情权时,应当支持。

在非行权式隐名出资中,名义股东进行着公司管理,若其他股东不知道存在实际出资人,为了维护公司的人合性,保护其他股东对名义股东的信赖利益,应当认定名义股东享有股东知情权。若其他股东知道存在实际出资人,大多数情形可以推断其他股东并不反对实际出资人的存在,不反对实际出资人对公司经营管理可能造成的影响(比如名义股东的很多经营管理行为是实际出资人的授权),应当认定实际出资人享有股东知情权。

《公司法解释(四)》中的股东知情权与公司商业秘密的保护

赵燕颖*

[摘要] 对于是否禁止股东查阅涉及商业秘密的账簿及其原始凭证的问题应当区别对待:对于涉及技术性信息商业秘密的内容,应禁止股东查阅,实行严格保护主义;而对于涉及经营性信息商业秘密的内容,则可有条件地查阅。

[关键词] 股东知情权 商业秘密 查阅

最高人民法院《关于适用〈中华人民共和国公司法〉若干问题的规定(四)》[以下简称《公司法解释(四)》]对股东知情权作出的一些确认性规定,为今后的司法实践提供了更为明确的法律指引。本文通过分析《中华人民共和国公司法》(以下简称《公司法》)、《公司法解释(四)》中有关股东知情权的部分,在股东知情权和保护公司商业秘密两者之间寻找一个操作性强的平衡点。

一、《公司法》关于股东知情权的相关规定

股东知情权,是指股东所享有的,请求查阅其成为公司股东之前或者之后的公司档案材料、会议记录、财务报告、账簿等信息,以及咨询与之相关的问题的权利。股东通过行使知情权既可以获取公司信息、了解公司的经营情况以及公司高级管理人员的相关业务活动,也是股东参与公司重大事项的决策时的前提条件。因此,各国公司立法普遍都有股东知情权的相关规定。该规定有利于股东随时全面掌握公司经营管理状况,为其作出相应决策提供支持。

《公司法》第33条是关于有限责任公司股东知情权的规定;第97条是关于股份有限公司股东知情权的规定。正如前文对股东知情权的界定,股东知情权的客体有可能包括能够为公司带来利益并且不为公众所知悉的商业秘密。在封闭性较强的有限责任公司中,股东的人合性更加明显,联系更加紧密,股东行使查阅权时的保密义务也更容易切实履行。而在股份有限公司中,资合性的特征更加明显,公司治理结构和组织机构更为复杂,股权相对分散,股东人数较多,尤其是许多上市公司,流通股股东人数众多、持股比例较小,而且转让流通程度高,资合性特征最明

---

* 北京市中银(成都)律师事务所律师。

显,股东间的联系较为松散,如果这些股东轻易就能接触到公司的商业秘密,对于公司运营信息来说存在潜在的风险。各国公司立法都会均衡考量在充分保障股东行使知情权的同时,有效维护公司的商业秘密和经营利益的问题。

二、《公司法解释(四)》中的规定

(一) 明确了股东知情权的行使主体

依据股东权专属性理论,股东权是股东基于股东资格而享有的权利,股东身份是股东权存在的基础,而属于股东权之一的知情权自然也是股东所应当享有的专属权利。该司法解释中再次明确了股东作为股东知情权的行使主体的专属地位,不可通过公司章程、股东之间的协议等方式剥夺、让渡。换言之,没有知情权的股东不能成为"股东"。

(二) 知情权的限制具体化

一方面,司法解释明确了股东知情权是《公司法》赋予股东的固有权;另一方面,司法解释对《公司法》第33条第2款规定的"不正当目的"进行价值补充。"不正当目的"是不确定的法律概念,法官适用该条款时,须结合案件进行具体化操作,司法解释运用类型化的法律解释方法,归纳总结了股东查阅公司会计账簿可能存在不正当目的的四种情形,供法官在具体案件裁判时参考,既有助于减轻法官具体裁判时的负担,也能避免行使自由裁量权时的随意性。

(三) 赋予中介机构辅助行使知情权的权利

关于除股东以外的人是否能代股东查阅、复制公司文件一直存在争议,各地人民法院在司法实践中做法不一。北京市的规定是允许股东委托律师、注册会计师代为行使会计账簿查阅权;而浙江省的做法是股东请求聘请他人与其共同查阅有关文件资料的,应当说明理由并征得公司同意。此次司法解释中明确规定在该股东在场的情况下,会计师、律师等依法或者依据执业行为规范负有保密义务的中介机构可以辅助进行查阅、复制公司文件材料,赋予了中介机构辅助股东行使股东知情权的权利,这将在一定程度上保证股东知情权的行使,也让以后的相关案例有法可依。

(四) 倾向于选择允许股东查阅原始凭证理念

在此司法解释颁布之前,现行《公司法》规定股东有权查阅公司会计账簿,但会计账簿范围如何界定,是否包括记账凭证及原始凭证都未有明确的规定,且实践中也存在两种完全相反的意见:一种观点认为股东只能查阅会计账簿,另一种观点认为可以查阅原始凭证。这次《公司法解释(四)》虽未明确肯定第二种意见,但其规定股东可以请求查阅或者复制公司特定文件材料以及第10条赋予会计师、律师等依法或者依据执业行为规范负有保密义务的中介机构可以辅助行使股东知情权,可以推断立法理念倾向于选择股东可以查询原始凭证。

三、两者在实践中的博弈

从利益平衡理论看,任何事物都有两面性。股东主张行使查阅权,对股东和公司来说都需要付出较高的成本。股东要求查阅公司会计原始凭证、记账凭证的,会使公司相关部门的工作量增加,甚至有可能影响到正常的经营管理。而公司的会计凭证与会计账簿不同,因为会计凭证或多或少涉及公司生产经营秘密,具有一定的保密性,如果允许股东任意查阅,则很有可能损害公司利益,进而损害其他股东的利益,这样的结果其实与立法规定股东知情权的目的是不相符的。在利益平衡的原则下,应当权衡股东知情权与公司商业秘密保护的利弊得失。

因此,虽然《公司法解释(四)(征求意见稿)》曾对这个问题作出规定,但正式公布的《公司法解释(四)》未明确确认这一规定,只用"特定文件材料""可以由会计师、律师等依法或者依据执业行为规范负有保密义务的中介机构执业人员辅助进行"等字眼体现。其根源为公司法理论研究与司法实践中的争议太大,一旦司法解释作出规定,可能会引起公司财务制度上的混乱,且对法院执行工作也将产生影响,不利于执行工作的落实。但是结合《公司法解释(四)》中有关股东知情权的规定,可以看出立法理念是倾向于股东可以查询原始凭证,不排除在此后的解释中作出更明确的规定。

四、总结

笔者认为,对于是否禁止股东查阅涉及商业秘密的账簿及其原始凭证的问题应当区别对待:对于涉及技术性信息商业秘密的内容,应禁止股东查阅,实行严格保护主义;而对于涉及经营性信息商业秘密的内容,则可以有条件地查阅。

有限责任公司股东知情权的若干思考

——以《公司法解释（四）》颁行为背景

胡国杰*

[摘要] 股东知情权是股东行使表决权、质询权特别是利润分配权、赔偿请求权等股东权的基本保障，实践中由此衍生的公司纠纷、公司僵局盈千累万，至笔者撰文时，仅中国裁判文书网发布的此类纠纷案件就高达6 525宗之巨，裁判规则不统一、同案不同判现象极为突出，值得高度关注。令人欣喜的是，2017年8月25日，最高人民法院发布了《关于适用〈中华人民共和国公司法〉若干问题的规定（四）》[以下简称《公司法解释（四）》]，用6个条款明确了股东知情权行使的主体资格、范围、不正当目的的判定、民事赔偿责任等，对法制统一、定分止争无疑意义重大。尽管如此，对该解释的局限性特别是其中与解释制定过程相伴始终的若干重大争议仍然具有较强的研究价值，需要进一步实践、探索、研究。现笔者结合多年实践，就其中若干问题略陈己见，以期引玉。

[关键词] 股东知情权主体　范围　方式　立法完善

一、案例概述

案例一：张某诉A公司股东知情权纠纷一案

张某、赵某于2011年合资成立A公司，张某持股45%，赵某负责公司具体经营管理。因公司持续亏损，张某对公司经营失去信心，于2015年将全部股权低价转让给赵某。后张某获知，公司亏损乃假象，实际一直处于盈利状态。张某遂以知情权受到侵害为由诉至法院，请求判令：① 要求A公司向其提供公司所有财务账目、原始凭证等材料以供查阅、复制；② 请求允许聘请第三方会计师事务所对上述材料予以查阅。法院审理后认为：① 张某现非A公司股东，主张行使知情权于法无据；② 《中华人民共和国公司法》（以下简称《公司法》）规定的股东知情权行使范围不包括原始凭证，且不能委托第三方代为行使，遂裁定驳回起诉。

案例二：美华公司与太阳公司股东会决议撤销之诉一案

美华公司系太阳公司股东，占股30%。2016年太阳公司经另外两股东在未依

---

* 安徽承义律师事务所律师。

法通知美华公司的情况下,召开股东会决定设立全资子公司——美太公司,并将太阳公司名下的土地变更登记到美太公司名下。1 个月后美华公司获悉上述事实,但手头并无任何证据,经交涉无果诉至法院请求查阅股东会决议等材料并请求撤销太阳公司作出设立子公司、变更土地的股东会决议,法院以超过 60 日为由驳回美华公司的起诉。

问题揭示:

(1)股东转让股权后有无资格行使知情权?

(2)股东是否有权查阅公司原始会计凭证?是否有权委托他人代为行使知情权?

(3)《公司法》关于知情权的立法设计、制度衔接是否存在缺陷?如何完善?

二、原股东有无权利行使知情权

股东转让其全部股权后,是否有权向原公司主张行使知情权?案例一中,张某虽然已非 A 公司登记在册的股东,但在其参股期间,股东赵某确实存在做假账、隐瞒公司盈利的事实,造成其认知错误而低价转让股权,权益遭受了巨大损害。此类情况屡见不鲜,而实践中认识不一,该争议也伴随《公司法解释(四)》制定之始终。如 2016 年 4 月 12 日最高人民法院发布的《关于适用〈中华人民共和国公司法〉若干问题的规定(四)(征求意见稿)》[以下简称《公司法解释(四)(征求意见稿)》]就持否定说,第 13 条第 2 款认为:"公司提供证据证明原告起诉时或者在诉讼中已经不具有股东身份的,应当驳回起诉。"笔者认为,如采取"一刀切"的方式,将原股东知情权断然排除,致使原股东无法取证、无法正常维权,明显不公,此举势必纵容、助长公司或侵权股东的违法行为,造成权责严重失衡。诚然,倘若对原股东知情权采取一概支持的态度,则又可能造成少数股东权利滥用,动辄以"莫须有"的理由翻旧账、瞎折腾,造成公司不得安宁的混乱局面,增大公司泄密风险,滑向另一极端。《公司法解释(四)》的一大亮点即针对上述争议给出了"折中说"的意见,第 7 条第 2 款规定:"公司有证据证明前款规定的原告在起诉时不具有公司股东资格的,人民法院应当驳回起诉,但原告有初步证据证明在持股期间其合法权益受到损害,请求依法查阅或者复制其持股期间的公司特定文件材料的除外。"

笔者认为,上述规定虽有新意,却出现了"初步证据""合法权益""特定文件材料"等模糊措辞,在实际中难以把握、易生争议。笔者建议应通过后续相关解释或指导性案例进一步明确细化,具体方案可考虑借鉴《中华人民共和国合同法》、最高人民法院《关于审理涉及人民调解协议的民事案件的若干规定》等现行立法例或指导案例评析方式,严格程序、明确责任、有条件保护原股东的知情权,一是可通过列举"正面清单"的方式划定原股东行使知情权的特定情形,如原股东有证据证明公司采取伪造、编造、隐匿、销毁账簿、记账凭证的;原股东有证据证明公司采取违法手段多列支出或不列、少列收入的;有证据证明或有理由相信其他股东、董事、高级管理人员实施了《公司法》第 148 条规定的违法行为的;可提供证据线索证明在其持股期间公司未通知其本人召开股东会且股东会决议严重侵犯其权益的;等等。二是须明确知情权行使的范围应仅限于其持股期间的相关法定内容。三是可以设定 1 年的权利除斥期间,起算点既可以是自股权转让变更登记之日,也可以是自知道(或应当知道)上述行权情形之日。四是设定原股东不正当行使知情权的民事责任,从制度上防止原股东出现的滥用权利或维权无门两个极端,使之既能达到知情权规范行使又能维护公司正常经营秩序之目的。五是明确"特定文件材料"范围、内容等内涵。

三、股东知情权的行使范围如何合理界定

针对股东知情权行使的具体范围,长期以来争论不休。《公司法解释(四)(征求意见稿)》第 16 条认为:"有限责任公司的股东起诉请求查阅公司会计账簿及与会计账簿记载内容有关的记账凭证或者原始凭证等材料的,应当依法受理。"而《公司法解释(四)》却删去了这一规定,笔者认为值得商榷。理由是:公司是股东"拟制之家",股东对公司"知根知底"是权利更是责任,身为股东,不知情,何以维护自身权益?又何以担负对社会、对法律、对债权人的责任?故实践中对股东知情权应予种种限制的观点根本上脱离了公司本源、公司实质,必须摒弃。案例一等大量鲜活案例及公司实践表明,在"股东中心主义"日渐式微、"董事会中心主义"不断强化的今天,如何切实保障股东知情权显得更为重要,立法之要点应重在细化、强化保障,不宜简单以法无明文规定不可为等任何理由剥夺或变相剥夺股东知情权。现有法律规定仅仅规定了股东对会计账簿具有查阅、复制权,而会计账簿是连接会计凭证和会计报表的桥梁,其真实性取决于会计凭证又直接决定会计报表的真实性,因此确定会计账簿的真实性必须核查相关凭证,这是会计原理、财会规则乃至《公司法》的应有之义。如同"政务公开"一理,允许股东对会计账簿全面核查、穿透核查对维护股东权益、防范公司违法违规、防范股市风险、维护债权人权益均具有重大意义。尤其是在我国当前公司治理不规范、诚信程度待提高、中小股东权益频受侵害、财务管理潜规则盛行的情况下,"内外两本账"、会计账簿和会计报告造假乱象大行其道的情况下,如果对股东查阅范围处处设限甚至连原始凭证均无法查阅,股东行使知情权无疑是"缘木求鱼、自欺欺人",实被变相剥夺。

此外,根据实践中股东通过查阅知情后因无法复制、无法举证、无力维权的现实尴尬,笔者建议,应当遵循"有条件、可追责"的约束机制赋予股东对会计账簿以及相关原始凭证的复制权,防范股东权利滥用、强化股东合理使用复制材料的责任,实现权责平衡;抑或规定在股东行使知情权后提起的相关诉讼中设定"举证责任倒置"规则,规定公司应对股东相关异议承担举证责任,以确保股东及时维权、有效维权,确保股东知情权与利润分配权、损害赔偿请求权等权利有效衔接。

四、知情权程序保障和权责机制构建

根据现代民商法发展理念和价值取向,笔者认为,《公司法》对股东知情权设定的"疏堵并举"程序机制存在着缺陷,需从以下四方面进行深层次反思、改进、重建:

(一)赋予公司弹性空间极大的"是否有不正当目的"的审查权和查阅拒绝权,造成实践中大量股东特别是公司僵局状态下小股东、"甩手股东"行使知情权"依法落空"

这一立法表面看是出于"既要保护股东权益又要照顾公司利益"的良好初衷,但在实践中却极易离弦走板、南辕北辙。由于"不正当目的"判定的极大主观性,该"令牌"被不少"无良股东""无良公司"所利用,使这一法定权利最终成了"弹簧门""玻璃门",将立法价值初衷摧毁殆尽。任何立意再好、表面再光鲜的制度如果最终无法得以正确、公平实施,就不是"良法",就必须加以反思改进。笔者认为,所谓的公司"不正当目的"审查权应当取消,变事先审查制为事后追责制,同时加以合理限制,即:一是股东要求查阅会计账簿的,公司应当准许并积极配合;如股东将查阅的相关资料作为不正当用途、损害公司合法利益的,公司有权要求股东承担赔偿责任。二是股东对同一内容申请再次查询或公司有证据证明股东有不正当目的,可以拒绝提供查阅,也可以要求股东提供相应担保,股东不服,可以请求人民法院要求公司提供查阅。三是公司违反法律规定侵犯股东知情权并造成股东损失,公司应当承担赔偿责任。如此,既能有效保障股东的知情权,又能充分保障公司经营秩序和合法权益,同时也大大减少了知情权纠纷成诉率、节省了本已高度紧张的司法资源。

(二)建立公司侵犯知情权法律责任

知情权纠纷频发的根本原因就在于侵权归责制度的缺位,现行《公司法》虽然设定了"损害股东利益责任纠纷"机制,但并未明确将"侵犯知情权"纳入公司法律责任(包括民事责任、行政责任)规制范畴,实践中也未见此类判例,造成了侵权者无代价、无忌惮而受害者受欺负、无保障的局面,法益保护失去平衡。有鉴于此,笔者建议在后续法律及相关司法解释修订中,应于公司法现行框架机制下根据"有侵权即有责任""有损害即有赔偿"的基本原则明确赋予受侵权股东的损害赔偿请求权,增强法律的惩罚性和威慑性,切实保障知情权有名有实。

(三)顺应时代发展,规范建立知情权行使代理人、辅助人制度

随着经济社会的迅猛发展,代理制已经成为经济、法律、文化等社会各领域的时代需求和通行做法,以此弥补权利人知识、能力、精力之不足,公司管理精深化、财会法律知识专业化已呈日新月异趋势,公司治理理当顺应时代需求。对此,笔者

总体赞同《公司法解释(四)》第10条第2款之规定,即"股东依据人民法院生效判决查阅公司文件材料的,在该股东在场的情况下,可以由会计师、律师等依法或者依据执业行为规范负有保密义务的中介机构执业人员辅助进行"。同时笔者认为,在充分考虑辅助人资质、资格、能力操守、职业规范约束的同时,规定未将保密作为股东和辅助人的一项明确的民事法律义务,更未明确赋予公司要求"保密"的权利,建议明确规定:公司有权要求股东及其聘请的专家辅助人签订保密协议,明确权责,诸此等等,以确保知情权行使规范有序、公平公正地进行。

(四) 建立知情权纠纷速裁机制、配套机制

众所周知,股东行使知情权大多是因产生合理怀疑需要求证并为进一步采取维权措施而启动,因而权利行使保障机制、高效便捷均至关重要,而稍加研究,现行法律规定显然存在重大缺陷。因篇幅所限,笔者试图择其一点以窥斑见豹。《公司法》第22条第2款规定:"股东会或者股东大会、董事会的会议召集程序、表决方式违反法律、行政法规或者公司章程,或者决议内容违反公司章程的,股东可以自决议作出之日起六十日内,请求人民法院撤销。"最高人民法院《关于适用〈中华人民共和国公司法〉若干问题的规定(一)》第3条规定:"原告以公司法第二十二条第二款、第七十五条第二款规定事由,向人民法院提起诉讼时,超过公司法规定期限的,人民法院不予受理。"也就是说,在极端情况下,如案例二美华公司未被通知参加股东会而需要收集证据后诉请人民法院撤销股东会等相关决议的,东奔西走,待其收集可以立案的证据后,或早已超过60日的权利除斥期间;即使如期立案,再等法院一审、二审审理数月,一切都已时过境迁,毫无意义,实践凸显的法律缺陷、现实困境一览无余。因此,笔者认为,如何快速有效地审理此类纠纷对有效维护异议股东的合法权益、及时制止公司和其他股东的违法侵权行为至关重要,意义重大。同时,鉴于知情权纠纷一般事实清楚,是非责任简单明了,笔者建议,应结合当前建立多元化化解纠纷机制改革或通过修法、制定司法解释等方式,比照选民资格案件、小额诉讼案件尽快将其纳入特别程序案件或速裁案件之列,快审快结、一审终审,确保股东知情权保障有力、便捷高效、有名有实、唤回实效。

参考文献

[1] 王黛娜:《有限责任公司股东知情权若干争议问题研究——基于〈最高人民法院关于适用《中华人民共和国公司法》若干问题的规定(四)〉(征求意见稿)的理解与思考》,载《时代与法学》2017年第15卷第2期。

[2] 赵旭东:《公司法学》(第4版),高等教育出版社2015年版。

[3] 郭晖:《股东知情权行使类型化案例研究——以北大法宝司法案例为主线》,载《产业科技论坛》2016年第15期。

股东知情权诉讼若干问题探讨

张化平*

[摘要] 股东知情权是指股东享有了解和掌握公司经营管理等重要信息的权利,是股东依法行使资产收益、参与重大决策和选择管理者等权利的重要基础,也是实现股东其他权益的重要保障。《中华人民共和国公司法》(以下简称《公司法》)第33条及第97条分别就有限责任公司与股份有限公司股东知情权的行使作出了法律规定,最高人民法院2017年8月25日公布的《关于适用〈中华人民共和国公司法〉若干问题的规定(四)》[以下简称《公司法解释(四)》]对此也作出了具体解释。但在股东知情权诉讼实务中,法官、原被告律师等对法条的理解与适用仍有争议。本文从案例入手,以原告起诉及被告答辩为视角,对有限责任公司股东知情权诉讼中的若干实务问题进行探讨。

[关键词] 股东知情权 知情权诉讼 会计账簿 查阅权

一、据以说明的案例

近年来,公司法律诉讼特别是股东知情权诉讼案件逐渐成为人民法院受理案件中的一种常态案件类型。由于我国公司法规定过于简单与原则,相关的司法解释也刚刚出台①,在案件诉讼代理过程中,原告股东及被告公司的律师因代理当事人的立场不同,对相关问题争执不下,而不同的法官对此问题的理解也各有不同,导致同类案件不同裁判的结果。笔者以亲身代理的两起股东知情权纠纷案件来作为本文的开头。

案例一:

原告:刘某、赵某、李某、孙某等16人。

被告:A化工股份公司。

被告:沈甲,公司原董事长。

第三人:B资产评估有限公司。

原告诉请:① 判令被告A化工股份公司及第三人向原告出示皖××评报字(2005)第×××号《资产评估报告书》,以供原告复印和查阅;② ……

---

* 安徽今昔律师事务所副主任。
① 本文形成于《关于适用〈中华人民共和国公司法〉若干问题的规定(四)》公布前,2017年8月25日正式公布后,对本文进行了适当修改。——笔者注

原告诉称:刘某、赵某、李某、孙某等 16 人原为 A 化工股份公司职工股东。2005 年 6 月,A 化工股份公司董事长沈甲为收购职工股份,将公司资产委托第三人评估,作为股权转让价款的依据。2006 年 12 月,原告等人在未看到《资产评估报告书》原件情况下,将自己股份转让给了沈甲。A 化工股份公司已改制上市,现在(2015 年 12 月)原告等人根据工商部门查询的年检财务报告及上市公司披露的财务会计报告等资料推断,被告沈甲当时采取欺骗手段,将公司部分资产未纳入评估,导致原告权益受损,现要求提供《资产评估报告书》原件供查阅复制,并诉请赔偿原告损失。

被告辩称:刘某等 16 人现已不是 A 化工股份公司股东,无权提起知情权诉讼;《资产评估报告书》并非财务会计报告,不能供原告查阅和复制;原告诉请已超过诉讼时效。

案例二:

原告:杨某。

被告:宣城 C 有限公司。

原告诉请:① 判令被告提供自公司成立至今的财务会计报告、财务会计账簿(包括记账凭证及原始凭证)供原告委托的注册会计师查阅和复制;② ……

原告诉称:原告杨某为被告宣城 C 有限公司股东,持有 0.75% 的股份。被告 2001 年 5 月 7 日成立后至今,从未通知原告召开过股东会,更未向原告提供过财务会计报告、股东会会议决议等。2017 年 2 月 25 日,原告等 6 名股东向被告提出书面申请,要求被告提供公司财务会计报告及会计账簿,供原告委托的代理人查阅、复制,并说明目的是了解公司真实的资金、经营管理情况,但被告拒绝提供。鉴于会计账簿、会计凭证等财务资料具有高度专业性及复杂性,原告不具有专业会计知识,且法律不限制股东委托代理人查阅,故此,特诉诸法院请求支持原告诉请。

被告公司辩称:原告查阅会计账簿目的不正当;股东可以查阅、复制财务会计报告,不可复制(含扫描、拍照、摄像)财务会计账簿;原告仅可其本人行使知情权,不能委托他人查阅会计账簿。

两起案件中,原、被告双方对诉讼主体资格、查阅复制的范围、查阅目的是否正当、知情权行使的方式等均产生争议,成为案件审理的焦点,笔者围绕这些问题分项展开阐述。

二、知情权诉讼的原告

从股东知情权诉讼的文义来看,知情权诉讼的原告,毫无疑问是被告公司的股东。在诉讼中,原告首先需举证证明自己是被告公司的股东,在多数案件中这不是一个难题,原告只需提交公司章程,或者工商局查询的证明即可。但司法实务中,在一些特殊情形下股东能否以原告身份提起知情权诉讼,却有不同的认识。

（一）出资瑕疵（未出资或出资不足）的股东是否有权提起知情权诉讼

要回答上述问题，需要先明确下列问题。

1. 出资瑕疵（未出资或出资不足）是否导致股东资格的丧失

公司法主流观点认为，未出资（或出资不足）只能导致股东承担出资责任或违约责任，并不必然导致股东资格的丧失，在公司章程没有约定或股东大会没有作出决议对未出资股东除名前，应认定未出资股东的股东资格。①

2. 出资瑕疵（未出资或出资不足）股东权利是否应当限制

出资瑕疵的股东虽然具有公司股东资格，但这并不意味着其享有完整的股权。股东资格只是股东获得股权的必要条件而非充分条件，股东获得股权除了应具有股东资格外还应完成出资义务。从权利与义务相统一的民商法基本原则来说，未履行出资义务，虽不至于当然否定其股东资格，但必然使股东权利受到相应的限制。

3. 出资瑕疵（未出资或出资不足）股东的知情权是否受到限制

从公司股权分类理论出发，股权有自益权和公益权。自益权主要包括利益分配权、新股认购优先权、剩余财产分配权等；公益权包括表决权、提案权、质询权、代表诉讼提起权等。笔者认为，出资瑕疵（未出资或出资不足）股东的自益权的行使应受到限制，但公益权的行使一般不受限制。股东知情权是一种公益权，是股东最基本的固有权利，在其出资瑕疵（未出资或出资不足）的情况下，应当允许其提起诉讼，被告公司不应当以其未出资或出资不足予以抗辩。

（二）在起诉时已经转让股权的股东是否有权提起知情权诉讼

对于此问题，《公司法》没有明确规定。《公司法解释（四）》第 7 条第 2 款作出了规定："公司有证据证明前款规定的原告在起诉时不具有公司股东资格的，人民法院应当驳回起诉，但原告有初步证据证明在持股期间其合法权益受到损害，请求依法查阅或者复制其持股期间的公司特定文件材料的除外。"

笔者认为，该条款虽较最高人民法院《关于适用〈中华人民共和国公司法〉若干问题的规定（四）（征求意见稿）》[以下简称《公司法解释（四）（征求意见稿）》]有明显进步②，允许已经转让股权的股东在一定条件下，可以查阅或复制其持股期间的公司特定文件。但是，对于原告提供的证据，法院在立案时是作形式审查还是实质审查？司法实务中可能仍有争议。在立案登记制的大背景下，原告只要提供证据证明其曾是公司股东，法院即可立案受理，而不去审查该证据能否证明其合法权益受到损害。由此，这势必对公司正常经营管理秩序造成一定的干扰。笔者建议，为避免公司"被拖入"知情权诉讼，有必要对该类知情权诉讼的原告起诉设定

---

① 参见虞政平：《公司法案例教学》（上），人民法院出版社 2012 年版，第 702 页。
② 《公司法解释（四）（征求意见稿）》第 13 条第 2 款规定："公司提供证据证明原告起诉时或者在诉讼中已经不具有股东身份的，应当驳回起诉。"

条件,要求其提供相应担保,否则不予立案。但是《公司法解释(四)》对此未作出规定,存有缺憾。

(三) 未记载于公司股东名册或在工商部门登记的隐名股东是否有权作为原告提起知情权诉讼

此问题实际上是知情权诉讼案件的举证问题。原告提起知情权诉讼,必须证明其为被告公司的股东,而向法院提供自己是股东最重要的证据就是工商登记资料或股东名册、股权证等。如果提起诉讼的原告仅提供了与名义股东签订的代持股协议、实际出资的证据等,笔者认为尚不足以证明其有权提起知情权诉讼,只有在该实际出资人将隐名显名于工商登记或取得人民法院判决确认其股东资格生效法律文书后,才可以提起诉讼,否则人民法院应裁定驳回起诉。[①]

三、原告股东诉请查阅的范围

在股东知情权诉讼案件中,对于原告提出查阅、复制公司章程、股东会会议记录、董事会会议决议、监事会会议决议和财务会计报告,被告方一般均没有争议,有争议的主要是会计账簿的查阅,那么会计账簿究竟包括哪些?是否包括原始会计凭证?股东能否查阅原始会计凭证?

(一) 股东能否查阅包括原始凭证在内的会计账簿

根据《中华人民共和国会计法》(以下简称《会计法》)等相关法律规定以及会计实务操作流程可以知晓,财务会计报告、会计账簿以及会计凭证是不同的三个概念。会计凭证包括原始凭证和记账凭证,会计机构和人员根据经过审核的原始凭证及有关资料编制记账凭证;会计账簿登记必须以经过审核的会计凭证为依据;财务会计报告则是根据经过审核的会计账簿记录和有关资料编制的。因此,财务会计报告、会计账簿以及会计凭证三者之间并非包容关系,会计账簿并不包括原始记账凭证。[②] 所以,《公司法》规定股东有权查阅公司会计账簿,并不能得出股东有权查阅公司的会计原始凭证。

但是,必须看到,由于我国公司信用水平不高,财务会计报告造假问题严重,此等情形之下股东无法通过财务会计报告明确知晓公司真实经营情况。而原始凭证作为记录公司业务发生的原始证据,涉及与公司经济业务往来的其他企业利益,能够相互形成牵制关系,造假可能性小,且造假后容易被发现。因而相较而言,原始凭证之真实性要远远大于财务会计报告,也更能反映出公司经营情况。在所有权

---

① 北京市高级人民法院《关于审理公司纠纷案件若干问题的指导意见》(2008 年 4 月 21 日,京高法发〔2008〕127 号)第 16 条规定:"公司的实际出资人在其股东身份未显名化之前,不具有股东知情权诉讼的原告主体资格,其已诉至法院的,应裁定驳回起诉。"

② 参见奚晓明:《公司案件审判指导》,法律出版社 2014 年版,第 285 页。

与经营权分离程度不高的有限责任公司,大股东可以通过其经营管理之便获得全面真实的公司经营信息,甚至可以攫取不正当利益,此时,若否认小股东的原始凭证查阅权,则会造成股东权利之不平等。因而,从知情权之设立目的出发,为维护中小股东权益,防止大股东对其利益之侵害,也为规范公司治理与经营,应当将原始凭证纳入有限责任公司股东知情权范围之中,赋予公司股东查阅原始会计凭证之权利。

(二)股东能否查阅《公司法》列举的查阅范围之外的公司文件

《公司法》列举的查阅范围之外的公司文件,比如公司签署的重要合同、案例一中的评估报告等,股东能否查阅?《公司法解释(四)》对此也没有规定。[①]

笔者认为,法律为股东行使知情权的范围作了列举性规定,虽然有"法无禁止皆可为"的司法理念,但为了使公司正常经营秩序得以维持、公司商业秘密切实加以保护,在目前的《公司法》及司法解释未明确规定、在被告公司章程未明确约定的情况下,不宜允许股东查阅《公司法》列举的查阅范围之外的公司文件。

(三)继受股东能否查阅成为股东前的公司会计账簿

前文已叙述,知情权诉讼提起方必然是公司股东,对于继受股东诉请对其加入公司后的财务信息知情权自不待言,但对于其成为股东前的会计账簿是否有权查阅?司法实务中有两种截然相反的观点。

否定说认为,通过受让股权、增加注册资本等方式而成为公司的股东,对于其成为股东之前的财务会计报告、会计账簿与起诉的原告没有关联的,原告无权查阅。[②]

肯定说认为,继受股东可以查阅成为股东前的公司会计账簿。笔者同意该说,理由如下:一是法律并未禁止后续股东查阅、复制其加入公司前的公司财务会计报表;二是公司运营是个连续性过程,公司所作的经营决策与之前已经发生之交易行为及各项决策均密切相关,股东在对公司行使表决权时也以对公司整体情况之了解为前提;三是股东以出资额对公司债务承担责任,这其中也包括对其加入之前公司的债务承担责任,从权利与义务相一致原则,也应当允许其查阅加入之前的公司财务账册等资料;四是如果拒绝公司的后续股东行使对加入公司前的公司信息的知情权,将导致股东获得的相关信息残缺不全,从而减损股东知情权的制度价值。[③]

---

① 《公司法解释(四)》第 7 条第 1 款规定:"……请求查阅或者复制公司特定文件材料的,人民法院应当依法予以受理。"此处"特定文件材料"究竟指哪些?语焉不详。
② 参见张兴:《公司股东知情权案件法院如何判》,载新浪博客(http://blog.sina.com.cn/s/blog_4ac0fb810102ei6i.html),访问日期:2017 年 7 月 11 日。
③ 同上注。

四、被告公司抗辩理由分析

在股东知情权诉讼中,被告公司不同意查阅会计账簿的抗辩理由无外乎以下五点:

(一)"不正当目的"抗辩

《公司法》第33条第2款规定:"……股东要求查阅公司会计账簿的,应当向公司提出书面请求,说明目的。公司有合理根据认为股东查阅会计账簿有不正当目的,可能损害公司合法利益的,可以拒绝提供查阅……"对何种情况认定为有"不正当目的",《公司法》没有规定,《公司法解释(四)》第8条对此作了明确规定,规定了"股东自营或者为他人经营与公司主营业务有实质性竞争关系业务的""股东为了向他人通报有关信息查阅公司会计账簿,可能损害公司合法利益的""股东在向公司提出查阅请求之日前的三年内,曾通过查阅公司会计账簿,向他人通报有关信息损害公司合法利益的"以及其他等四种情形被认为具有不正当目的。

《公司法解释(四)》第8条为我们判断查阅账簿目的是否正当提供了司法标准,具有积极意义。但笔者仍觉得该条规定有缺憾。该条第(四)项以"有不正当目的的其他情形"作为兜底条款,赋予了法官在具体案件中的自由裁量权,但"其他情形"究竟指哪些?可能又成为原、被告律师争论的焦点,仍有待最高人民法院"再解释"。

(二)"前置程序"抗辩

《公司法》第33条第2款规定:"……股东要求查阅公司会计账簿的,应当向公司提出书面请求……公司……应当自股东提出书面请求之日起十五日内书面答复……公司拒绝提供查阅的,股东可以请求人民法院要求公司提供查阅。"

如何理解上述条文规定?是否意味着原告股东提起知情权诉讼必须经过前置程序?在知情权诉讼案件中,原、被告双方对此问题争议较大。原告股东认为,诉讼前置程序和《公司法》规定的股东行使知情权的内部程序是不同概念,《公司法》第33条规定的是股东在公司内部行使知情权要经过的程序和期限;"十五天"是规定公司对股东应当履行答复义务的期限[①],《公司法》的该规定不是提起诉讼的前置程序。被告公司却认为,股东提起知情权诉讼必须经过前置程序,即股东必须有证据证明公司在其提出书面请求并说明目的后,公司明确拒绝其查询会计账簿,或在法定的期间内(15日)未予答复,方能提起知情权诉讼。

笔者认为,提起诉讼的前置程序必须有法律作出明确规定(如劳动争议案件、行政复议案件等),《公司法》第33条尚不足以认定法律为股东提起知情权诉讼设

---

① 参见李淑君、吴湘、孙杰、王国兴诉江苏佳德置业发展有限公司股东知情权纠纷案,载《最高人民法院公报》2011年第8期。

置了前置程序；但同时，《公司法》毕竟规定了股东行使知情权的程序，如果一概认可不经书面请求而直接向法院提起诉讼，则无疑加重公司负担和法院诉累（比如原告股东在提起诉讼经法院立案后，被告公司同意原告查阅）。因此，对于是否必须经过书面申请、经过15天答复期才能提起诉讼，不是被告法定的抗辩理由，能否提起诉讼的关键在于被告公司是同意还是拒绝原告的查阅申请。

（三）诉讼时效的抗辩

在知情权诉讼中，被告能否援引诉讼时效进行抗辩？如案例一中，原告于2015年12月提起诉请，是否超过诉讼时效？

有观点认为，股东知情权是一种股东基于身份而拥有的权利，如果股东向公司提出查阅或复制要求而遭拒绝，原告可以随时提出知情权诉讼，没有诉讼时效的限制。[①] 此外，财务会计报告、会计账簿、会计凭证本身在记载上具有连续性，如果只允许股东查阅或复制近两年的资料无法周全保护股东全面的知情权。

但笔者坚持认为，被告公司对于原告股东的诉请，可以援引诉讼时效进行抗辩，理由如下：首先，原告提起知情权要求查阅、复制会计账簿等诉请，本身也是一种请求权，应当受时效限制。其次，依据《公司法》的规定，公司应当于每一财务年度终了时，置备财务会计报告和相关资料供股东查阅，若公司在每一财务年度终了之日不提供财务会计报告和相关资料，致使股东无法行使知情权，应当视为股东知情权此时受到侵害，因此，股东知情权的行使起点，应当是财务年度终了之时，自财务年度终了之时两年内未行使，视为超过诉讼时效。最后，若对股东查阅的资料毫无时间限制，则会出现股东动辄要求查阅公司自成立以来的相关财务账簿的情形（如案例二），造成公司财务负担。因此，在知情权诉讼案件中，被告公司可以以超过诉讼时效为由，坚持股东只能查阅其提出查阅申请之日起前两年的资料。

（四）会计账簿"查阅方式"的争辩

在知情权诉讼中，原告股东诉请被告公司提供公司会计账簿给原告"查阅"并"复制"。被告公司抗辩认为，《公司法》规定的股东有权查阅、复制的仅是财务会计报告，对于会计账簿并无复制、摘抄权。会计账簿究竟能否查阅并复制？《公司法》规定的"查阅"是否包含了摘抄、复印、扫描、拍照等可以达到复制目的的形式？

笔者认为，考虑到财务会计报告的相对公开性与会计账簿的商业秘密性，立法者对二者作了"查阅、复制"与"查阅"的区分；同时依照条文字面解释，"查阅"就是"查看、阅览"，并不包括摘抄、复印、扫描、拍照之意。因此，原告股东诉请要求"复制"会计账簿或在知情权案件执行中对账簿进行"扫描""拍照""摘抄"，目前均没有法律依据。但是，会计账簿专业、复杂、众多，股东仅凭"查阅"方式当场难以发现

[①] 参见张虎：《有限责任公司股东知情权诉讼十大实务问题解析》，载法律快车网（http://www.lawtime.cn/article/lll1112509291112560023oo365964），访问日期：2017年7月11日。

问题,因此,如何保证股东知情权的真正落实,有待于立法、司法部门继续加以研究。

(五) "代理人"查阅会计账簿的争辩

在知情权诉讼案件中,股东能否诉请委托律师、会计师等代理人查阅,也是一大争议焦点。原告股东认为,股东行使知情权的目的是真正知晓公司的真实经营情况,维护股东自身的合法权益。而法律文件、财务资料往往都具有很强的专业性,大大超过了股东的知识范畴。若不允许股东委托专业的第三人查阅,股东知情权则无法顺利实现。

被告公司则抗辩认为,我国《公司法》对股东能否委托他人代为行使知情权并未作出明确规定,但根据我国《公司法》原理,有限责任公司基于股东出资及股东之间的相互信赖而成立,对外具有封闭性,如果允许股东以外的人员查阅公司会计账簿,则无疑加大导致公司商业秘密泄露的可能性,从而损害公司的利益,最终损害其他股东的利益。

笔者认为,是否允许股东委托的代理人查阅,涉及法律对股东知情权与公司商业秘密保护权的平衡问题。委托代理人查阅公司账簿并不必然导致公司商业秘密的泄露,其完全可以通过与第三人签署保密书等形式加以避免。况且,公司会计账簿等具有极强的专业性,而公司的股东并不一定具有相关的专业知识,因此,知识结构的差异往往会对股东知情权的行使效果造成影响。另外,就司法判决的执行效果而言,其不仅仅体现为股东在形式上是否行使了知情权,更重要的是,股东在行使知情权的过程中,是否真正"知情",即通过查阅,股东是否全面知晓公司的行为,以及公司的行为对其利益的影响程度等。股东知情权是股东权利中的基础性权利,是实现股东其他权益的保障。因此,允许股东委托代理人行使知情权,从而使得股东可以利用代理人的专业性知识,充分保障其知情权的行使,这将对股东特别是小股东的利益维护具有重要的意义。

《公司法解释(四)》第10条第2款对此给出了答案。但需注意的是,只有在判决文书生效后、股东在场情况下,会计师、律师等代理人才可辅助查阅。原告不能在其诉状中直接诉请委托律师、会计师查阅。①

五、关于案例之简要评析

案例一中,刘某等股东在提起知情权诉讼时虽不具有A化工股份公司的股东资格,但其仍有权利提起知情权诉讼,人民法院应当根据查明的原告知道或应当知道其知情权受到侵害的时间点,继而作出支持或驳回原告刘某等诉讼请求的判决,

---

① 参见北京市第一中级人民法院(2014)一中民(商)终字第8222号民事判决书。该判决认为,因律师、注册会计师并非知情权案件当事人,且律师、注册会计师亦非特定的民事法律主体,原告诉请其委托的律师、会计师查阅的诉讼请求不应得到支持。

而不是裁定驳回起诉。案例二中,人民法院应当根据被告公司的举证,审查"不正当目的"的抗辩理由是否成立,对于原告股东诉请查阅公司会计账簿的请求予以支持、复制请求应不予支持,对于原告股东直接诉请委托代理人查阅公司会计账簿的请求也不予支持。

六、结语

总之,股东知情权诉讼是一类新型案件,因《公司法》规定过于简单,《公司法解释(四)》也刚公布施行,法官、代理律师对法律条文理解与适用尚需要时间的检验。因此,今后股东知情权案件的代理与审判注定异常复杂,还有很多实务问题值得探讨。比如:判决书如何确定查阅时间的长短?判决书中"特定文件材料的名录"在执行中没有或者与实际不一致怎么办?是否能查阅与判决书中名录不一致的文件?会计师、律师等中介辅助人员是否必须由股东自始至终在场陪同的情况下查阅?可不可以授权委托查阅?等等。由此,也促使法律人在司法实务中继续对股东知情权诉讼加以研究,以达到司法共识目的。

以案分析股东知情权的实现及法律障碍

陆栋良*

[摘要] 股东知情权是法律规定的股东的基本权利,是对企业经营状况和相关财务资料进行查阅、复制的权利,但现行的《中华人民共和国公司法》(以下简称《公司法》)和《中华人民共和国合伙企业法》(以下简称《合伙企业法》)只规定了股东有查阅相关财务资料的权利,并未规定复制权是立法过于保守的表现,不利于股东行使监督权和保护自身合法权益。实践中小股东和不参与经营管理的股东很难真正行使股东知情权,在查阅和复制企业财务资料过程中经常会受到大股东或企业实际控制人的阻挠,这样一来,企业往往存在着一定的法律风险,小股东的利益也可能被侵犯,为企业合法经营和企业长久发展,保障股东的知情权应当包括查阅和复制相关财务资料。本文通过一起股东知情权诉讼案中出现的问题,进行剖析和探讨,同时呼吁对《公司法》《合伙企业法》进行修订。

[关键词] 股东知情权 合伙企业 有限合伙人 财务账册

一、基本案情

宋某与其女儿在不知情、未签字的情况下于2014年12月10日分别成为上海JM企业管理咨询中心和上海YD信息科技中心的有限合伙人,分别占两家合伙企业1%的股份。两合伙企业于2014年10月23日成立,因宋某的女儿系北京YRD科技公司的股东,宋某及其女儿的身份证被北京YRD科技公司高级管理人员以办理公司福利卡为由借用,后两人得知于12月10日已经登记为两合伙企业的有限合伙人。两合伙企业成立至今未"定期向其他合伙人报告事务执行情况以及合伙企业的经营和财务状况",两合伙企业至今盈亏和经营状况宋某及其女儿都不知情,两合伙企业可能存在巨大的法律风险。

另得知上述两家合伙企业由北京YRD科技公司实际控制,两家合伙企业的合伙人徐某和黄某也是该公司的高级管理人员。两家合伙企业成立后没有员工、没有独立的办公场所,办公场所和财务账册等资料都在北京YRD科技公司内,由北京YRD科技公司的财务和相关高级管理人员处理合伙企业事务,所有合伙企业的

---

* 安徽陆汝明律师事务所副主任律师。

业务往来和票据也仅与北京 YRD 科技公司有关。据了解,北京 YRD 科技公司在过去的两年时间里分别向两家合伙企业转款 780 余万元,且该款到达后即被取出或转移。合伙企业及其合伙人面临偷税漏税、职务侵占等法律风险,为保证两位有限合伙人合法权益和合伙正常经营,在合伙企业的执行合伙人不予配合查阅的情况下,根据《合伙企业法》第 28 条之规定,宋某及其女儿于 2016 年 7 月 1 日提起诉讼,请求判决两合伙企业提供公司 2014 年 10 月 24 日至起诉日的会计凭证(银行资金往来明细、对外签订的相关协议、发票、收据、收条等)、会计报表(收益表、资产负债表、损益表的月季报表和年度报表)等财务资料供查阅和复印。

二、一审审理过程

一审庭审中,两合伙企业的代理律师认为,两位原告为有限合伙人,了解合伙企业的经营状况和财务状况,仅可以查阅企业的各类会计账簿和会计报表,但无权查阅和复制企业的会计原始凭证和会计账簿(包括会计凭证、银行出具的资金往来明细、合伙企业对外签订的合同等)。并认为原告起诉要求查阅、复制企业财务资料影响企业经营,并有非法目的。被告当庭提起反诉要求两位原告分别赔偿合伙企业损失 5 万元,法院告知不予受理可另行起诉。

法院于 2016 年 7 月 28 日作出一审判决:两合伙企业于本判决生效之日 10 日内在被告经营场所内提供自 2014 年 10 月 24 日至 2016 年 6 月 30 日的会计账簿、会计凭证(银行资金往来明细、对外签订的相关协议、发票、收据、收条等)、会计报表(收益表、资产负债表、损益表的月季报表和年度报表)供原告查阅。但未支持复制上述财务资料的诉求。一审判决中引用了《中华人民共和国会计法》(以下简称《会计法》)第 9 条、第 14 条、第 15 条、第 22 条的规定,以及《合伙企业法》第 28 条之规定,认定原告主张享有合伙企业知情权的范围包括会计凭证(银行资金往来明细、对外签订的相关协议、发票、收据、收条等)、会计报表(收益表、资产负债表、损益表的月季报表和年度报表)等财务资料。法院认为,合伙人知情权是合伙人的基本权利,法律并未规定该权利的行使必须以说明目的为前提,但任何人实施法律行为必须具备合法性。在没有证据证明原告请求行使合伙企业知情权存在非法性的前提下,被告理应依法满足原告的要求,况且合伙企业及其合伙人遵守法律、行政法规等,本就是合伙企业及其合伙人的社会责任,不应成为阻却合伙人实施知情权的理由。另引用《合伙企业法》的规定认为原告仅有查阅权并无复制权。

三、二审及执行

一审判决后,宋某及其女儿提出上诉要求支持复制上述财务资料,同时两合伙企业也提出上诉要求不予支持两位有限合伙人查阅合伙企业的财务资料。二审法院于 2016 年 10 月作出终审判决,维持一审判决。

判决生效后,宋某和其女儿一直无法联络到两合伙企业的执行合伙人,委托律师去北京 YRD 科技公司要求查阅相关资料被拒,对方律师称只能宋某及其女儿亲自查阅。后宋某及其女儿委托律师申请强制执行,并陪同执行法官前往北京 YRD 科技公司委托的律师处查阅了所有公司财务资料。本案合伙企业执行合伙人及北京 YRD 科技公司涉嫌偷税漏税、职务侵占一事,已经向北京市公安局报案。

四、本案中的法律思考

(一) 本案诉讼的必要性和合理性

笔者经宋某及其女儿委托,亲自办理了一审、二审及执行阶段的法律事务,以《合伙企业法》第 28 条之规定结合本案案情,建议当事人提起本次诉讼,作为合伙企业的有限合伙人同样具有查阅企业财务资料的权利,合伙企业执行合伙人有义务定期公布企业的经营状况和收入情况,鉴于执行合伙人怠于履行其约定义务,为了了解企业经营状况和法律风险,提起本次诉讼是正当合法且有必要的。本案中两合伙企业未在注册地办公,变更经营场所却未在工商行政管理局备案本身是违法的。企业有大笔虚构的收支,且财务账册设置不规范也是违反《会计法》和《合伙企业法》的,作为企业合伙人不管是有限合伙人还是普通合伙人都应遵守相应的法律,对企业本身和合伙人负责。

(二) 股东知情权的依据

《合伙企业法》第 28 条规定:"由一个或者数个合伙人执行合伙事务的,执行事务合伙人应当定期向其他合伙人报告事务执行情况以及合伙企业的经营和财务状况,其执行合伙事务所产生的收益归合伙企业,所产生的费用和亏损由合伙企业承担。合伙人为了了解合伙企业的经营状况和财务状况,有权查阅合伙企业会计账簿等财务资料。"

《公司法》第 33 条规定:"股东有权查阅、复制公司章程、股东会会议记录、董事会会议决议、监事会会议决议和财务会计报告。股东可以要求查阅公司会计账簿。股东要求查阅公司会计账簿的,应当向公司提出书面请求,说明目的。公司有合理根据认为股东查阅会计账簿有不正当目的,可能损害公司合法利益的,可以拒绝提供查阅,并应当自股东提出书面请求之日起十五日内书面答复股东并说明理由。公司拒绝提供查阅的,股东可以请求人民法院要求公司提供查阅。"第 97 条规定:"股东有权查阅公司章程、股东名册、公司债券存根、股东大会会议记录、董事会会议决议、监事会会议决议、财务会计报告,对公司的经营提出建议或者质询。"可见合伙企业中有限合伙人和普通合伙人,股份有限公司和有限责任公司的股东都有权行使股东知情权。

(三) 股东有权查阅企业财务资料的范围

《会计法》第 9 条规定:"各单位必须根据实际发生的经济业务事项进行会计

核算,填制会计凭证,登记会计账簿,编制财务会计报告。任何单位不得以虚假的经济业务事项或者资料进行会计核算。"第 14 条规定:"会计凭证包括原始凭证和记账凭证。……记账凭证应当根据经过审核的原始凭证及有关资料编制。"第 15 条第 1 款规定:"会计账簿登记,必须以经过审核的会计凭证为依据,并符合有关法律、行政法规和国家统一的会计制度的规定。会计账簿包括总账、明细账、日记账和其他辅助性账簿。"由此可见,股东查阅企业相关财务资料应当包括会计凭证(银行资金往来明细、对外签订的相关协议、发票、收据、收条等)、会计报表(收益表、资产负债表、损益表的月季报表和年度报表)等财务资料。企业或执行合伙人不予提供或不全提供上述财务资料供合伙人查阅是不合法的。

(四) 股东知情权中是否包括复制企业财务资料的权利

股东有权查阅财务资料,但《合伙企业法》和《公司法》均未规定复制权,影响了股东知情权和对企业监督权的效果。本案原告在成为合伙企业股东后,未实际参与企业经营,故对企业的法律风险和盈亏情况一直不知情,合伙企业也未曾公布过相关信息,故一审诉请查阅、复制合伙企业财务资料。一审法院判决支持了查阅权,但对财务资料的复制权没有支持。若只能查阅不能复制,会导致原告无法清楚了解企业经营状况,企业各项收入支出的合理性和合法性无法在查阅时核实。既然原告具有合伙人身份,就应当有权对所投资的企业经营状况有充分的了解,也有权质疑执行合伙人的管理行为。这就需要合伙人能复制相关资料,然后才能针对企业的经营提出合理合法的意见。

(五) 股东行使知情权对企业经营的影响

在企业经营过程中,不管是股东自行提出要求查阅还是企业主动公布经营状况和财务资料,都是基于股东身份而应当享有的基本权利,股东了解了企业的经营状况,以及核实了财务资料的真实性和合法性,才能确保自身合法权益得到保护,才能避免企业和自身面临法律风险,并提出有利于企业经营发展的建议和行使股东表决权。

(六) 股东知情权应包括复制财务资料的权利

根据上述分析,除非有证据证明股东行使知情权对企业有重大不利影响,股东行使知情权应得到支持,应当准许股东查阅和复制企业财务资料,具体应包括会计凭证(银行资金往来明细、对外签订的相关协议、发票、收据、收条等)、会计报表(收益表、资产负债表、损益表的月季报表和年度报表)等财务资料。法律还应具体明确哪些财务资料不在复制范围,以及哪些查阅和复制行为是受限制或禁止的。希望立法机关重视,及时对《合伙企业法》和《公司法》进行修订,以保障股东更好地行使知情权和监督权。

五、结束语

保障股东特别是小股东的基本权利,一直是现代企业经营中的一个难题。小股东对企业的监督权本身就受到其所持股份和所处地位的限制,很多企业经营方针和方向都是由大股东决定的,小股东如何保护自己、避免法律风险和经济损失就成为一大困扰。若能具体明确小股东有权查阅和复制企业财务资料,对小股东以及企业经营都是有一定积极意义的。早日将这些规定明确写入《公司法》和《合伙企业法》,可以减少股东因知情权被侵犯引起的纠纷和诉讼。股东之间和睦相处,股东之间齐心协力、互有分工、责权明确,企业才能长久稳定地发展,社会矛盾才能更好地化解在企业内部,整个社会经济的大环境才能得到根本改善。

股东知情权纠纷中的相关问题

曹 军[*] 赵维久[**]

[摘要] 股东知情权是指法律赋予股东通过查阅或者复制公司财务报告资料等有关公司经营、决策、管理的相关资料以及询问与上述有关的问题,实现了解公司运营状况和公司高级管理人员的业务活动的权利。由于股东与公司之间的信息不对称,以及《中华人民共和国公司法》(以下简称《公司法》)立法的现状,以致法律实务中出现众多问题,也因此最高人民法院审议并通过《关于适用〈中华人民共和国公司法〉若干问题的规定(四)》[以下简称《公司法解释(四)》]。基于对该司法解释的解读,笔者从股东知情权行使的主体资格、公司章程对知情权的约定范围、检查代理制度的雏形形成、不正当目的的几种情形四个方面作出分析并提出相应的问题。

[关键词] 股东知情权 信息不对称 股东资格 不正当目的

一、关于股东知情权的相关规定

广义上,股东知情权是指自然人、法人作为公司股东了解公司信息的综合性权利。而从狭义角度来看,股东知情权为法律赋予股东通过查阅公司财务报告资料、账簿等有关公司经营、决策、管理的相关资料以及询问与上述有关的问题,实现了解公司运营状况和公司高级管理人员的业务活动的权利。诸多学者都是从狭义角度探讨股东知情权的适用,也是现在的主流观点。按照公司类型不同,股东知情权可分为有限责任公司股东查阅复制权和股份有限公司股东查阅权。股东知情权的行使,不仅直接涉及股东自身权益的实现,而且与公司管理是否规范化紧密相连。因而,世界各国在制定公司法时都对股东知情权作出一定的规范。

关于有限责任公司与股份有限公司股东知情权的相关内容,《公司法》通过第33条、第97条给予初步的规定,包括股东有权查阅、复制公司章程、股东会会议记录、董事会会议决议、监事会会议决议和财务会计报告。正如前文对股东知情权的界定,实践中,股东在行使知情权时,接触公司商业秘密的几率很大。也就是说,股东知情权的客体有可能包括能够为公司带来利益并且不为公众所知悉的商业秘

---

[*] 专职律师,安徽徽信律师事务所主任。
[**] 安徽徽信律师事务所律师助理。

密。在封闭性较强的有限责任公司中,股东的人合性更加明显,联系更加紧密,股东行使查阅权时的保密义务也更容易切实履行。而在股份有限公司中,资合性的特征更加明显,公司治理结构和组织机构更为复杂,股权相对分散,股东人数较多,尤其是上市公司,其流通股股东人数众多、持股比例较小,而且转让流通程度高,资合性特征最为明显,股东间的联系较为松散,如果这些股东轻易就能接触到公司的商业秘密,对于公司运营来说是存在极大威胁的。

二、股东知情权的产生及现状

(一)股东知情权的产生:股东与公司之间信息的不对称

股东知情权是一系列股东权利抽象后的集合概念,是诉权、表决权、收益权得以有效行使的基础。现代公司契约理论认为,公司是股东之间所缔结的契约,但由于现代公司所有权与经营权分离,公司的日常经营、管理、决策等经营事务由管理层掌权。良好的信息传导机制应该使公司的不同机关都能得到必要的公司信息。但是,公司的信息却被最容易接近信息的执行业务的董事、经理独占了。相比之下,大多数股东无法参与公司日常经营决策且信息获取渠道少,因而常常处于信息严重不对称的弱势地位。信息是股东评估投资风险,及时监督公司经营管理行为的重要依据,信息不对称直接影响股东作出合理决策以及有效行使股东权利,提高对公司业务经营的监督成本。

(二)我国现行《公司法》适用的现状

针对有限责任公司股东知情权,《公司法》第33条规定:"股东有权查阅、复制公司章程、股东会会议记录、董事会会议决议、监事会会议决议和财务会计报告。股东可以要求查阅公司会计账簿。股东要求查阅公司会计账簿的,应当向公司提出书面请求,说明目的。公司有合理根据认为股东查阅会计账簿有不正当目的的,可能损害公司合法利益的,可以拒绝提供查阅,并应当自股东提出书面请求之日起十五日内书面答复股东并说明理由。公司拒绝提供查阅的,股东可以请求人民法院要求公司提供查阅。"虽然该条对知情权的行使范围及行使方式作出了规定,但随着社会经济快速发展及公司分工专业化和复杂化不断加深,股东知情权诉讼这一公司诉讼类型逐渐活跃,司法实践中将会出现众多新的问题,如查询公司资料的范围、不正当目的性的界定等。根据相关学者整理关于股东知情权的案件发现,由于现行法律文本存在的法律漏洞,缺乏操作性和指引性,导致不同法院甚至同一法院不同法官对相同的法条有不同的理解,相同的案件有不同的判决的情况出现。

为解决上述法律实务困境,2017年8月25日最高人民法院发布《公司法解释(四)》,其中在第7条至第12条对股东知情权纠纷作了细化规定,回答了司法实践中股东知情权的诸多争议问题,明确了股东知情权主体资格、诉讼的条件、权利行使方式和不正当目的等问题。通过细化股东知情权的具体内容使之更具有可操作性,但对于查询公司特定资料的范围、公司章程能否限制股东知情权、不正当目的认定的可操作性等问题仍然颇具争议。

三、对《公司法解释(四)》中关于股东知情权纠纷规定的解读与分析

(一)明确了股东知情权行使的主体资格

《公司法解释(四)》第7条第2款规定:"公司有证据证明前款规定的原告在起诉时不具有公司股东资格的,人民法院应当驳回起诉,但原告有初步证据证明在持股期间其合法权益受到损害,请求依法查阅或者复制其持股期间的公司特定文件材料的除外。"该款明确了享受知情权的主体资格及在诉讼时间上的要求。首先,该解释回答了学界关于是否有必要依据股东的持股比例和持股时间来决定股东知情权有无的争议问题。不论是大股东还是小股东,都平等享有股东知情权,都依法有权请求公司提供信息。其次,实践中不同法院对于股权已转让的股东是否享有股东知情权有一定分歧。如有法院认为股东转让其全部股权后已丧失股东资格,不符合股东知情权的诉讼主体资格,不享有诉权。但有法院认为股东对股权转让前持股期间享有股东知情权。

司法解释针对诉讼主体资格采取相对无权说的立场。所谓的相对无权说,是指原股东股权转让后并非绝对丧失了对公司的知情权,只要其在起诉时具有股东身份或者在合法权益受到侵害时具有股东身份,就可以请求依法查阅或者复制其持股期间的公司文件。这意味着丧失股东身份虽然丧失参与经营管理权,但股权转让后原股东仍享有相应的股东知情权。该规定虽然明确了公司对股东资格的要求,但在实际工作中,仍然存在的一个问题是,即隐名股东是否享有股东知情权,该司法解释没有明确规定。

(二)限制了公司章程、股东之间协议对股东知情权的约定范围

《公司法解释(四)》第9条规定:"公司章程、股东之间的协议等实质性剥夺股东依据公司法第三十三条、第九十七条规定查阅或者复制公司文件材料的权利,公司以此为由拒绝股东查阅或者复制的,人民法院不予支持。"该条明确规定了公司章程、股东间协议不能剥夺股东的知情权,从文义解释上看,该条仅规定了公司章程、股东间协议不能剥夺股东知情权,而没有阐述是否可以限制,并且该条文在"剥夺"前面加上"实质性"作为限定词。笔者认为,"实质性"是强调剥夺股东知情权的行为,目的在于将其与"限制"股东知情权作区分,所以公司章程、股东间协议虽然不能剥夺股东行使知情权,但可以在一定程度上作出限制股东知情权的规定。

考虑到公司法属于私法,公司的成立是股东合意的结果,而公司章程是公司自治性规范,属于私法自治的范畴,在不违反法律强制性规定的情形下,股东之间可以通过协商确定公司章程和股东间协议,股东知情权也不例外。正因为如此,《公司法解释(四)》并没有完全干涉公司内部对股东知情权的限制。由此可知,《公司

法解释(四)》明确了公司章程与股东间协议不可剥夺股东依据《公司法》第33条、第97条规定的知情权,但可以相对限制股东知情权的行使范围。

(三) 检查代理制度雏形形成

检查代理制度,是指公司在发生法定的特殊事由的情形下,股东授权委托无利害关系的专业人士调查公司事务的制度。由于一般非专业的股东难以发现公司提供的专业技术资料或财务报告中的漏洞和问题,难以察觉公司所披露信息的片面性、虚假性和误导性,因此仅仅依靠股东知情权无法全面救济股东权利所遭受到的侵害。委托人代理制度作为股东知情权的一种辅助手段,使股东能够全面、客观、真实地了解有关情况。

《公司法解释(四)》第10条第2款规定:"股东依据人民法院生效判决查阅公司文件材料的,在该股东在场的情况下,可以由会计师、律师等依法或者依据执业行为规范负有保密义务的中介机构执业人员辅助进行。"该款规定要求中介机构辅助查阅行为必须在股东在场的情形下进行,并非是真正意义上的股东委托查阅的处理,但这是一个好的开始,属于检查代理制度的雏形。引入检查代理制度,不仅可以实现股东最大限度的知情权,避免股东自行查阅中的低效、繁琐,还可以防止股东在自行调查中对公司商业秘密的侵害。当股东要求查阅公司敏感信息时,具有同业竞争关系的股东在说明正当目的后,可以要求股东会或者法院依据中立性和职业性选任检查人,如注册会计师、律师和专门调查人员等,在双方达成一致的情况下由检查人全面深入地调查公司的内部经营状况,同时也要求专业人员对公司商业信息承担保密义务。

(四) 明确不正当目的的几种认定情形

根据《公司法》第33条第2款的规定,公司可以以股东有不正当目的及可能损害公司合法利益为由拒绝提供查阅。若公司有合理依据认为股东有不正当目的可能损害公司合法利益时,可以拒绝提供查阅。公司法对于正当性目的的要求是诚信原则在商事领域的延伸和演化,是对股东知情权的实质性检验标准。通过判断股东是否具有不正当目的,既可以保证股东知情权的合理需求得到满足,及时作出科学决策,同时也能防止股东滥用知情权,恶意泄露公司商业机密,但并未界定不正当目的的具体情形。《公司法解释(四)》第8条对不正当目的明确了三种不同认定情形:第一,股东自营或者为他人经营与公司主营业务有实质性竞争关系业务的,但公司章程另有规定或者全体股东另有约定的除外;第二,股东为了向他人通报有关信息查阅公司会计账簿,可能损害公司合法利益的;第三,股东在向公司提出查阅请求之日前的三年内,曾通过查阅公司会计账簿,向他人通报有关信息损害公司合法利益的。虽然该条款规定了不正当目的的几个认定情形,但明显不足以解决问题。实务中,我们更需要不正当目的的认定标准,而不是具体的几种情形。

四、《公司法解释(四)》中关于股东知情权纠纷依旧存在的问题

(一) 股东知情权的行使范围未作出细化规定

《公司法》第33条第1款、第97条第1款规定了股东行使知情权的行使范围，包括股东有权查阅、复制公司章程、股东会(或者股东大会)会议记录、董事会会议决议、监事会会议决议和财务会计报告。《公司法解释(四)》第7条对知情权的行使范围仅用了"公司特定文件材料"，并没有作出具体的细化规定。而知情权的行使范围在司法实务中存在众多的争议且没有得到解决，如会计凭证是否属于知情权行使范围？法律没有对查阅会计凭证作出明确规定，而公司的会计账簿，因为涉及公司的具体信息资料，所以在查阅时往往给予一定的限制，被称为"相对知情权"。其余文件没有提及是否包括会计凭证，但《中华人民共和国会计法》中规定，会计凭证包括原始凭证和记账凭证，会计账簿登记，必须以经过审核的会计凭证为依据。因此，司法案件中常出现查阅会计账簿的范围包括记账凭证和原始凭证的观点。所以应当出台相关司法解释给予明确规定。

(二) 缺少"不正当目的"的认定规则

关于"不正当目的"，《公司法》仅第33条第2款中规定公司有合理根据认为股东查阅会计账簿有不正当目的，可能损害公司合法利益的，可以拒绝提供查阅。并没有阐述"不正当目的"的认定规则，甚至具体的认定情况。《公司法解释(四)》中列举了不正当目的的三种认定情形，包括竞争关系、泄密问题等，明显范围过于狭窄，无法适应实务中的众多情形。所以应制定不正当目的的认定规则，从宏观上解决不正当目的的认定问题。

对于不正当目的的认定，《公司法解释(四)》采用了肯定式列举法对司法实践中常见的三种情形进行了列举，并通过"股东有不正当目的的其他情形"进行兜底性规定。面对多变的司法实务案例，司法解释规定了三种情形明显不够。所以笔者认为，立法者可以通过众多的司法实践案例或者大数据的统计总结出股东行使知情权侵害公司合法权益的类型，然后通过否定式列举法对"不正当目的"进行认定。如果股东的行为在否定式列举范围内，那么其就不具有行使知情权的正当目的，法院不应当支持其行使知情权的诉求，除此之外都属于正当目的。

针对股东与公司之间信息的不对称，享有知情权的股东作为弱势方必然在实务中会受到重重阻力，但不能因此给予股东更强势的法律程序保障。公司作为市场经济的基本组成部分，在经营过程中必须拥有经营的独立性与商业活动的保密性，所以在保障股东知情权的同时更要防范权利的过度保障造成股东滥用权利的现象。

综上所述，股东知情权主要是为解决股东与公司之间信息不对称而产生的权利，《公司法解释(四)》对《公司法》第33条作出补充与细化，为法律实务提供了指

导意义。《公司法解释(四)》共 27 条,有 6 条都是关于股东知情权的内容,说明了对这一问题的重视。总体上看,解释明确了主体资格以及初步建立检查代理制度等情形,虽然还有疏漏,但对部分实务操作提供了指导和参照。

参考文献

[1] 邵亚香:《股东知情权制度比较研究》,中国政法大学 2009 年硕士学位论文。

[2] 陈盎然:《论股东知情权的司法救济》,湖南大学 2007 年硕士学位论文。

[3] 张珺:《股东知情权客体范围的限制与保护公司商业秘密的权衡——兼论〈公司法司法解释(四)〉的相关规定》,载《法制博览》2017 年第 13 期。

[4] 叶蕾:《简析〈《公司法》司法解释四(征求意见稿)〉中有关股东知情权的规定》,载《法制博览》2017 年第 10 期。

[5] 郭晖:《有限责任公司股东知情权行使的司法困境及制度完善——以〈公司法〉规定(四)征求意见稿为视角》,载《经济论坛》2016 年第 5 期。

[6] 钟琪:《论股东知情权范围的司法裁量》,华东政法大学 2015 年硕士学位论文。

[7] 吕耀华:《股东知情权司法救济研究》,内蒙古大学 2012 年硕士学位论文。

[8] 刁倩:《股东知情权案件法律保护的实证分析》,华东政法大学 2011 年硕士学位论文。

股东知情权的主体资格

卜永新* 王 梅**

[摘要] 近年来,股东知情权纠纷案件数量迅速增长。由于我国现行法律制度尚不完善,仅在针对诉求股东知情权的原告主体适格问题上,司法实务中就出现了很多争议。2017年9月1日,最高人民法院《关于适用〈中华人民共和国公司法〉若干问题的规定(四)》[以下简称《公司法解释(四)》]正式施行。本文将围绕《公司法解释(四)》及前期征求意见稿等相关规定,进一步探讨出资瑕疵股东、已退出股东及隐名股东是否应享有股东知情权的问题。

[关键词] 股东知情权 股东资格 出资瑕疵股东 已退出股东 隐名股东

股东知情权是《中华人民共和国公司法》(以下简称《公司法》)第33条、第97条等法律规定赋予股东查阅、复制公司章程、决议等文件材料的权利。该权利是法律赋予股东的固有权利。笔者将针对出资瑕疵股东、已退出股东及隐名股东诉求股东知情权主体是否适格的问题进行探讨。

一、出资瑕疵股东的股东知情权应予以保护

出资瑕疵股东是指没有出资、出资没有达到认购数或者认购数额的股东。出资瑕疵股东能否诉至法院要求保护其股东知情权不受侵犯,我国现行《公司法》等法律、法规并未对其作出明确规定。

在北京城建某安装工程有限公司与赵某股东知情权纠纷案中,北京城建某安装工程有限公司的上诉理由中就有因赵某并未足额出资,故认为其不享有股东知情权。二审判决认为公司股东对公司存在瑕疵出资的,应当承担对公司的资本充实责任,但并不因此而当然丧失股东身份及对公司的知情权利。[①]

笔者认为,股东知情权是公司股东基于其股东身份而取得的固有权利,股东有权按照法律规定的范围与方式行使股东知情权。《公司法》第32条第2款的制定实际上是以立法的形式确认了股东名册认定股东资格的效力,确定了在公司内部股东名册是判断股东资格的标准,认可了记载于股东名册的股东有权直接对公司

---

* 安徽和源律师事务所律师。
** 安徽和源律师事务所律师。
① 参见北京市第二中级人民法院(2016)京02民终4373号民事判决书。

行使股东权利。因此,只要认缴出资,名字记载于股东名册就是公司的股东,即具备股东资格,享有股东知情权,并不一定要实缴出资。

如果股东认缴之后不按认缴的约定出资,我国《公司法》对其作出了一定的限制。《公司法》第 28 条、第 30 条、第 83 条、第 93 条等规定了出资瑕疵的股东应当补缴资本、承担违约责任及公司发起人承担连带责任等,但这并不意味着出资瑕疵股东的股东资格当然丧失。

最高人民法院《关于适用〈中华人民共和国公司法〉若干问题的规定(三)》[以下简称《公司法解释(三)》]第 17 条等规定,也说明未履行出资义务或者抽逃全部出资等出资瑕疵的有限责任公司股东仍具有股东资格,只有在符合一定条件时,公司才可以有权解除其股东资格。因此,即使出资瑕疵,只要公司没有依法对出资瑕疵股东进行除名或解除其股东资格,其仍为股东,仍可以行使固有的知情权利。

针对该问题,最高人民法院《关于适用〈中华人民共和国公司法〉若干问题的规定(四)(征求意见稿)》[以下简称《公司法解释(四)(征求意见稿)》]第 14 条规定:"公司不能以股东出资存在瑕疵为由进行抗辩,拒绝股东依据公司法第三十三条、第九十七条或者司法解释规定查阅、复制公司文件材料的,不予支持:(一)股东出资存在瑕疵……"该条明确规定了股东出资存在瑕疵,也应当保护其股东知情权。但是在公布的《公司法解释(四)》中,该观点并未被吸纳,这是《公司法解释(四)》的一大遗憾。

二、已退出股东,其持股期间的股东知情权在一定条件下应予以保护

在无锡某冷轧薄板有限公司(以下简称"A 公司")诉无锡某镀锌薄板有限公司(以下简称"B 公司")、无锡某薄板有限公司(以下简称"C 公司")股东知情权纠纷案中,B 公司和 C 公司在庭审中辩称,A 公司在 B、C 公司的股权已被法院强制执行转让,A 公司因此不具备股东知情权。二审法院审理认为:双方的争议焦点是 A 公司是否仍为 B、C 公司的股东。2003 年 12 月 9 日,本溪中级人民法院裁定将 A 公司在 B、C 公司持有的股份分别作价由韩国联合某株式会社出资购买,用于偿还申请执行人欠款,A 公司在上述两公司再无股份。根据该生效裁定,A 公司已不是 B、C 公司股东,不再享有股东权利。因此,二审法院撤销原判,驳回 A 公司的诉讼请求。

A 公司不服二审判决,认为 A 公司起诉要求救济的是 1997 年 2 月 26 日至 2003 年 10 月 31 日期间基于股东身份享有的知情权。在 2003 年 10 月 31 日以前,A 公司是 B、C 公司的股东,有权行使相应的股东权利。二审判决审理的是 2003 年 12 月 9 日后的股东权利问题,未对 2003 年 10 月 31 日前 A 公司的股东知情权进行审理。

法院再审认为股东知情权是股东享有对公司经营管理等重要情况或信息真实了解和掌握的权利。A 公司在 2003 年 10 月 31 日起诉时,系 B、C 公司的股东。在

一审审理期间,本溪中级人民法院于 2003 年 12 月 9 日作出(2005)执字第 194 号民事裁定书,强制执行了 A 公司在 B、C 公司的全部股份。但由于 A 公司起诉主张的是至起诉日止的知情权,故对 A 公司的诉请主张应予支持,支持了 A 公司自 1997 年 2 月 26 日至 2003 年 10 月 31 日止的股东知情权。①

司法界和理论界对丧失股东资格的人是否具有知情权均具有较大的争议,主要存在三种学说:绝对有权说、绝对无权说和相对有权说。按照上述案例,即便在同一个法院,针对该问题不同的法官也存在分歧认识。绝对有权说认为,股东在转让股权后,仍有权查阅股权转让前后所有特定的公司文件资料。② 绝对无权说认为,享有股东知情权的前提是具备股东资格,丧失股东资格即无法诉求知情权,因此,股东知情权的行使主体应仅限于现任股东。上述案件中的二审法官按照绝对无权说的观点认定 A 公司在股权被强制执行后,已不再具有股东身份,故其再也没有行使知情权的权利。相对有权说认为,原股东对转让股权后的公司信息没有知情权,但对于其任股东期间的公司信息有知情权。上述案件的再审法官也是依据相对有权说,支持了 A 公司在其持股期间的股东知情权。

笔者认为,股东知情权是公司股东的固有权利,具有人身依附性,公司股东一旦丧失股东身份,其对公司主张股东知情权的权利也就随之丧失。因此,公司股东丧失股东资格后,一般不能再向公司主张其丧失股东资格后的公司相关信息的知情权,这也是对公司商业秘密及现有股东合法权益的一种保护。

但是,公司隐瞒在原股东持股期间内的经营信息致使其合法权益受损的,原股东仍享有知情权。原因有二:一是原股东持股期间的公司经营信息与原股东作为股东时的利益密切相关,即使原股东已退出公司,但对在其持股期间影响其自身合法权益的公司信息也应当有知情权。二是我国《公司法》第 33 条、第 97 条、第 116 条、第 165 条等规定了公司股东有权了解公司的相关经营信息,规定了公司应向股东送达公司财务会计报告的义务,如果公司没有及时履行这些义务,即使该股东已经丧失了股东资格,公司仍有义务履行。

但是,《公司法解释(四)(征求意见稿)》第 13 条规定:"公司提供证据证明原告起诉时或者在诉讼中已经不具有股东身份的,应当驳回起诉。"该条明确表明只要原告在起诉或者诉讼中已经不具备股东身份,法院将一律驳回起诉。

笔者认为该条款的拟定在一定程度上不具备合理性,因为它直接排除了原股东作为公司股东期间的知情权,严重侵犯了原股东合法的知情权利。法院在审查诉求股东知情权的原告主体资格是否适格时,不能以起诉时或诉讼中的原告是否具备股东身份进行"一刀切"。

假如在原股东持股期间,公司向股东提供了虚假信息或隐瞒了公司经营的真

---

① 参见江苏省无锡市惠山区人民法院(2003)惠民二初字第 1430 号和江苏省无锡市中级人民法院(2004)锡民二终字第 236 号、(2006)锡民再终字第 0028 号民事判决书。
② 参见蒋大兴:《超越股东知情权诉讼的司法困境》,载《法学》2005 年第 2 期。

实情况,造成原股东以低价转让了公司股权。那么,在此情形下,按照《公司法解释(四)(征求意见稿)》的规定,原股东在丧失股东资格后,将无法通过行使股东知情权对公司的有关信息进行查阅,这会使原股东难以举证证明在签订股权转让协议时双方存在显失公平情形或证明公司存在侵权行为,从而很难对股权转让协议行使撤销权或要求公司承担侵权责任①,这将严重侵犯原股东的合法权益。因此,尽管原股东已经丧失股东资格,但在公司提供虚假信息和隐瞒公司经营真实情况的行为已经对该股东构成侵权的情况下,如果此时否认该已退出股东的股东知情权,显然是对公司侵权行为的纵容。

根据《公司法解释(四)》第7条第2款的规定,原股东有初步证据证明在持股期间其合法权益受到损害,其持股期间的股东知情权,法院将予以保护。该条规定既有效避免了原股东的滥诉行为,避免原股东扰乱公司及现有股东的正常经营活动,也在一定程度上肯定了原股东在持股期间享有固有的股东知情权,保障原股东的合法权益。该条规定是《公司法解释(四)》的一大进步,让以后的司法审判有法可依。

三、隐名股东视情况可享有股东知情权

隐名股东较于显名股东而言,明显特征在于隐名股东的姓名或者名称没有在公司章程、股东名册或工商登记资料中予以记载。隐名股东是公司的实际出资人,但其相应出资被记载于显名股东名下。对于隐名股东是否应当享有知情权,由于我国法律缺乏统一的规定,致使隐名股东知情权行使在法学界和司法实践中存有争议,操作不一。

在雷某等人诉武隆县某农贸市场经营管理有限公司(以下简称"武隆某公司")股东知情权纠纷案中,武隆某公司于2008年5月14日由王某等116名股东组建而成,武隆某公司在重庆市武隆县工商行政管理局注册登记时,只有王某等7名显名股东,其余雷某、李某、黄某等109名股东为隐名股东。武隆某公司辩称隐名股东不具备股东资格,故其不享有股东知情权。二审法院认为虽然雷某、李某、黄某等109名实际出资人并未登记为股东,但雷某等109人作为实际出资人,已经履行了出资义务,实际享有了出资人的权利。根据权利义务相一致及诚实信用的原则,应当确认雷某、李某、黄某等人的实际出资人的身份。虽然雷某、李某、黄某等人要成为法律意义上的公司股东,还需依法办理有关登记手续,但这并不影响雷某、李某、黄某等人在公司内部关系中向武隆某公司主张权利。由于公司经营业绩的优劣与雷某、李某、黄某等人有直接的利害关系,故雷某、李某、黄某有权对公司

---

① 参见王黛娜:《有限责任公司股东知情权若干争议问题研究——基于〈最高人民法院关于适用《中华人民共和国公司法》若干问题的规定(四)〉(征求意见稿)的理解与思考》,载《时代法学》2017年第2期。

经营中的重大事项行使知情权、表决权,其要求武隆某公司履行法定义务,要求查阅公司财务会计账簿及查阅、复制公司章程、股东会会议记录、董事会会议决议、监事会会议决议、财务会计报告的请求,应予支持。①

而北京市高级人民法院《关于审理公司纠纷案件若干问题的指导意见》第16条规定:"公司的实际出资人在其股东身份未显名化之前,不具有股东知情权诉讼的原告主体资格,其已诉至法院的,应裁定驳回起诉。"

笔者认为,在隐名股东股东资格认定,尤其在是否享有股东知情权的主体资格认定上,应从以下方面予以考量:

(一) 要区分实际出资人投资的性质

民商事主体从事民商事活动要遵循相关法律、法规的规范。如果实际出资人为了规避法律、行政法规的效力性强制性规定之目的,从而利用他人名义来投资,违反《中华人民共和国合同法》第52条的相关规定,则实际投资人与显名股东签订的股权代持协议即存在合同无效的情形,实际投资人的股东身份就不应该得到法律的认可,法律也不应当保障其股东权利,因为,违法行为绝对不能被法律所保障。②

(二) 要正确处理隐名股东与公司之间的内部关系和与第三人之间的外部关系

隐名股东的存在,可能与公司发生两大法律关系,一种是与第三人之间的外部法律关系。《公司法》第32条第3款规定:"公司应当将股东的姓名或者名称向公司登记机关登记;登记事项发生变更的,应当办理变更登记。未经登记或者变更登记的,不得对抗第三人。"根据该款规定,立法为了保障交易相对人或不特定第三人的交易安全,一律采用商事公示主义和外观主义,以工商登记的股东为公司股东为准。因此,在这种情形下,隐名股东行使股东权利将不被保护。另一种是只涉及隐名股东与公司之间的内部法律关系。当然,在这种法律关系中,显名股东和隐名股东之间须有明确的股权代持约定,或显名股东事后以明示或默示等方式明确其确实为隐名股东,否则,公司也将无法认定其与显名股东之间是隐、显名股东的关系还仅是一般的债权债务关系。③

在雷某案中,二审法院也根据该内外部法律关系有别原则,认定隐名股东对公司享有股东知情权。但是,笔者认为,有限责任公司除了资合性特征,更加具有人合性特征。显名股东不仅是因为登记在股东名册上而依法享有股东权利,同时也因与其他股东签订公司章程、出资协议等文件而依据全体股东合意享有股东权利。

---

① 参见侯毅飞:《隐名股东知情权保护相关问题探析——以雷树余等人诉武隆达通公司股东知情权纠纷案为例》,西南政法大学2012年硕士论文。
② 参见华小鹏:《有限责任公司隐名股东的股东资格认定》,载《甘肃政法学院学报》2008年第4期。
③ 同上注。

为了不破坏《公司法》现有秩序及有限责任公司经营秩序的稳定,减少公司的风险,隐名股东只有通过一定程序使自己的权利显性化后,才可以享有股东知情权。

《公司法解释(三)》第24条第3款就已经对实际出资人如何显名作出了规定:"实际出资人未经公司其他股东半数以上同意,请求公司变更股东、签发出资证明书、记载于股东名册、记载于公司章程并办理公司登记机关登记的,人民法院不予支持。"因此,实际出资人想使其显名,须经公司其他股东半数以上同意。[①] 从有限责任公司人合性考量,隐名股东想要从公司外部进入公司内部直接向公司主张股东知情权,可参照《公司法解释(三)》第24条第3款的规定,在经其他股东近半数同意的情况下方能进行;否则,隐名股东只能通过其与显名股东之间的内部协议而对显名股东代为行使股东知情权的义务加以约定。

《公司法解释(四)》并没有针对隐名股东是否享有股东知情权作出明确的规定,致使此类案件至今无法可依。为了避免争议,此类案件急需出台相关法律规定对其加以规范。

四、结语

诉求股东知情权,首先需要解决的是原告主体资格是否适格问题。笔者结合案例研究,认为出资瑕疵股东具备股东资格,其依法应享有股东知情权;已退出股东在其合法权益受损情况下享有在持股期间对公司信息知情的权利;隐名股东在其显名化后应享有股东知情权。《公司法解释(四)》的发布既有进步又有遗憾,在今后还须对法律制度作出进一步完善,进一步细化问题,从而更好地指导司法实践。

---

① 参见鱼涛:《有限责任公司股东账簿查阅权研究》,中国政法大学2010年硕士论文。

股东知情权无法实现的赔偿责任

——兼评《公司法解释(四)》第 12 条

苗春健[*]

[摘要] 公司的财务会计账簿是记载和反映公司财务与经营管理状况的重要资料,通过查阅公司的财务会计账簿可以知晓公司财务状况和经营状况,该查阅权利是股东知情权的重要组成部分。股东为了确定公司的财务状况和经营行为,维护其股东的利益,有权依照法律和公司章程规定向公司行使知情权。虽然我国公司法修改后赋予了有限责任公司股东更多监督与知情的权利,但其规定均是从知情权行使的程序方面进行保护,对于股东穷尽程序救济途径后仍无法实现知情权的责任承担问题,公司立法鲜有涉及。此次最高人民法院《关于适用〈中华人民共和国公司法〉若干问题的规定(四)》[以下简称《公司法解释(四)》]的出台,第一次明确了公司董事、高级管理人员对股东知情权无法实现的赔偿责任,这一规定从实体上加大了对股东知情权的保护力度,无疑是此次司法解释的一大亮点。但是由于法律条文存在过于原则和模糊的特点,可能会导致实务中权利受损股东的赔偿诉求仍无法落实,其效果还需司法实践的进一步检验。

[关键词] 股东知情权 保护 赔偿

一、案情简介

2010 年 5 月,股东孙某、唐某、张某、方某共同出资设立合肥某医疗器械有限公司,注册资金 50 万元,其中孙某出资 17.5 万元,持股比例为 35%;唐某及张某各出资 15 万元,持股比例分别为 30%;方某出资 2.5 万元,持股比例为 5%。经各股东一致决定,由方某任公司执行董事、法定代表人,张某任公司总经理,孙某任监事。由于公司经营管理较为混乱,管理层权责缺少书面制度进行明确,公司在实际经营时由张某负责公司对外销售业务,孙某虽在工商登记时显示为公司监事,但其又实际操纵公司内部运营及财务管理。鉴于孙某与方某、唐某三人系亲戚关系,三人决定公司印章由方某保管,财务账册由唐某保管,致使总经理张某除联系对外业务外,其作为总经理在公司的内部管理权力被架空。公司自 2015 年停业以来,有 600

---

[*] 安徽华人律师事务所律师。

余万元业务款项迟迟未收回,经张某向业务单位了解发现,该款项早已于2016年初即以承兑汇票的方式向公司支付。张某了解情况后,数次提出查阅公司财务账簿,但孙某等三人均以财务账簿丢失为由予以拒绝。

在张某欲根据《中华人民共和国公司法》(以下简称《公司法》)相关规定向公司主张查阅财务账簿时,由于公司已经停止营业,其权利具体如何行使,却遇到障碍。

二、关于股东知情权的理论基础及法律依据

(一) 股东知情权行使的理论基础——委托代理及内部人控制理论

委托代理理论主要涉及企业资源的提供者(投资者)与资源的使用者(经理人员)之间的契约关系。按照代理理论,企业资源的所有者是委托人,负责使用以及控制这些资源的经理人员是代理人。代理理论认为,当经理人员本身就是企业资源的所有者时,他们拥有企业全部的剩余索取权,经理人员会努力地为自己而工作,这种状态下,就不存在代理问题。但是,当企业经理人员与投资者非同一主体时,其就有一种动机去提高在职消费,自我放松并降低工作强度。代理理论还认为,代理人拥有的信息比委托人多,并且这种信息不对称会逆向影响委托人有效地监控代理人是否适当地为委托人的利益服务。而代理人出于自我寻利的动机,将会利用各种可能的机会,增加自己的财富,并可能会损害到所有者的利益。

内部人控制理论的核心是指在现代企业中所有权与经营权相分离的前提下,由于所有者与经营者利益的不一致,由此导致了经营者控制公司,即"内部人控制"的现象。由于公司的经营管理权都掌握在公司的内部管理者手中,股东很难对其行为进行有效的监督,从而导致内部人通过对公司的控制,追求自身利益,损害外部人利益的现象。

根据委托代理理论及内部人控制理论,由于公司经营权与所有权的分离,股东作为公司的投资者,其经营管理公司事务并不必须亲力亲为,其对公司的具体经营状况及真实管理信息会面临不知情的困境。信息的获取是关系到股东经营决策的一项重要立足点。股东通过对经营管理信息的及时整合与分析,能够估量自身投资决策的风险性。为了平衡投资者与公司之间的利益,防止公司的经营管理者利用股东授予的经营权利来追求其自身利益的最大化,使经营者的追求目标偏离股东预期的目标,法律确立了股东对公司事务进行干预的权利,来保护股东对公司的终极控制权,以实现股东投资利益。因此,现代公司法律制度在进行制度设计时,必将赋予股东及时获取公司经营管理信息的权利,表现在具体的制度中,就是在公司法律条文中对股东知情权的相关规定。

(二)《公司法》中股东行使查阅权的依据

《公司法》第33条第1款规定:"股东有权查阅、复制公司章程、股东会会议记

录、董事会会议决议、监事会会议决议和财务会计报告。"该条第 2 款规定:"股东可以要求查阅公司会计账簿。股东要求查阅公司会计账簿的,应当向公司提出书面请求,说明目的。公司有合理根据认为股东查阅会计账簿有不正当目的,可能损害公司合法利益的,可以拒绝提供查阅,并应当自股东提出书面请求之日起 15 日内书面答复股东并说明理由。公司拒绝提供查阅的,股东可以请求人民法院要求公司提供查阅。"另据《会计档案管理办法》的规定,单位保存的会计档案一般不得对外借出。确因工作需要且根据国家有关规定必须借出的,应当严格按照规定办理相关手续。

公司应该建立健全会计档案制度,股东在行使查阅权时,必须向公司提出书面申请,并说明目的,经公司确认目的合法后方可查阅。当公司有合理根据认为股东查阅会计账簿有不正当目的,可能损害公司合法利益时,可以拒绝提供查阅,并应当自股东提出书面请求之日起 15 日内书面答复股东并说明理由。公司拒绝提供查阅的,股东可以请求人民法院要求公司提供查阅。

上述规定作为股东查阅公司财务账簿的法律依据,从实体权利及行使程序两个方面对股东查阅权进行了界定,从立法层面对中小股东的知情权进行了有效保护。但是,实践中,公司股东在行使查阅权的过程中所遭遇的问题,却远非这一《公司法》条文所能解决。

三、股东知情权行使的现实障碍

《公司法》第 33 条规定的股东在行使知情权时提出主张的对象是公司,但是,公司作为一个法律拟制的主体,相对于具体从事某个行为而言,其只是一个抽象的存在。具体到本文所提到的案例中,从法律规定层面来说,股东张某当然可以书面向公司提出查阅财务账簿的申请。但是,由于公司已经停业两年,作为公司运行载体的各个部门已经人去楼空,对于张某提出的书面申请,显然没有得到公司回应的可能。且张某作为小股东,也无法召集各股东对此事专门召开会议,更无作出有效决议的可能。那么,张某该如何行使自己的知情权呢?根据《公司法》第 33 条第 2 款的规定,公司拒绝提供查阅的,股东可以请求人民法院要求公司提供查阅。但是,如前所述,该公司目前处于停业状态,人民法院对张某的起诉材料甚至都无法送达,即便根据《中华人民共和国民事诉讼法》的规定进行缺席判决,但该判决最终又如何落实?

《公司法》第 33 条在对股东知情权作出规定时,显然只考虑到公司正常运转状态下股东权利的行使,而对于这种处于停业状态、人去楼空的抽象公司,仅仅依据该条规定对股东查阅权显然难以形成有效保护。

四、股东知情权受到侵害时的责任承担

(一) 我国立法关于公司财务账簿的保管责任

对于公司财务账簿的设置及保管义务,我国相关立法从几个层面进行了不同角度的法律规制:

首先,从行政管理的角度,《中华人民共和国会计法》第 44 条规定:"隐匿或者故意销毁依法应当保存的会计凭证、会计账簿、财务会计报告,构成犯罪的,依法追究刑事责任。有前款行为,尚不构成犯罪的,由县级以上人民政府财政部门予以通报,可以对单位并处五千元以上十万元以下的罚款;对其直接负责的主管人员和其他直接责任人员,可以处三千元以上五万元以下的罚款……"

其次,从民事责任的角度,最高人民法院《关于适用〈中华人民共和国公司法〉若干问题的规定(二)》第 18 条规定:"有限责任公司的股东、股份有限公司的董事和控股股东因怠于履行义务,导致公司主要财产、账册、重要文件等灭失,无法进行清算,债权人主张其对公司债务承担连带清偿责任的,人民法院应依法予以支持。"上述情形系实际控制人原因造成,债权人主张实际控制人对公司债务承担相应民事责任的,人民法院应依法予以支持。

最后,从刑事责任的角度,《中华人民共和国刑法》第 162 条之一规定:"隐匿或者故意销毁依法应当保存的会计凭证、会计账簿、财务会计报告,情节严重的,处五年以下有期徒刑或者拘役,并处或者单处二万元以上二十万元以下罚金。单位犯前款罪的,对单位判处罚金,并对其直接负责的主管人员和其他直接责任人员,依照前款的规定处罚。"

(二) 关于侵害股东知情权的处理

前文所引述的法律规定,是我国立法从不同层面对公司设立及保管会计账簿所作出的规定,其立足点均是基于公司未按规定保管或提供财务账簿时公司及股东所应承担责任的角度,所保护的法益也是侧重于国家的财务会计管理制度以及公司债权人的利益。但是,当公司因拒不提供财务账册侵害了股东利益的时候,作为利益受损股东该如何寻求权利救济呢?这里的权利救济,当然是指根据《公司法》第 33 条规定股东行使查阅权而不能的情形。截至目前,未就此问题进行实质性立法加以规范,这就为股东该项权利的行使造成巨大困扰,也常常使《公司法》第 33 条的规定因无法得到落实而流于"纸面上权利"的尴尬境地。

鉴于上述原因,最高人民法院在对《公司法》进行解释时也对此问题给予了充分重视。2017 年 9 月 1 日施行的《公司法解释(四)》专门用 6 个条文对股东知情权的保护作出了规定。纵观该 6 个条文,第 7 条至第 11 条是对股东知情权行使程序及不当行使所应承担的法律后果进行的规定,可以视为对《公司法》关于股东知情权行使程序及方式的细化。笔者认为,唯独第 12 条规定可以算做是对股东知情

权保护的重大突破。《公司法解释(四)》第 12 条规定:"公司董事、高级管理人员等未依法履行职责,导致公司未依法制作或者保存公司法第三十三条、第九十七条规定的公司文件材料,给股东造成损失,股东依法请求负有相应责任的公司董事、高级管理人员承担民事赔偿责任的,人民法院应当予以支持。"该条规定针对的是当股东因无法实现知情权而导致权利受损时,所享有的损害赔偿请求权利。根据对该条文的理解,在公司未依法制作或保存特定的公司文件资料时,给股东造成损失的,股东可以起诉请求公司董事、高级管理人员承担民事赔偿责任。毋庸置疑,该条规定相对于《公司法》第 33 条单纯规定股东查阅权的享有及行使来说,将股东权利的保护又往纵深方向推进了一步。《公司法》第 33 条仅规定了股东有权查阅以及查阅遭拒后的救济措施,但该救济措施也仅仅是由人民法院判决公司向股东履行配合查阅义务,至于公司不配合或者无法配合时,股东如何进行权利救济,却未提及。而本条规定,属于对股东主张查阅权而不能的兜底保护,它可以在公司怠于履行配合义务时,穿透公司作为抽象主体的屏障,要求具体负有责任的公司董事、高级管理人员承担民事赔偿责任,无疑加大了对股东权利的保护力度。

五、《公司法解释(四)》第 12 条评析

在《公司法解释(四)》颁布实施前,最高人民法院官网公布了《关于适用〈中华人民共和国公司法〉若干问题的规定(四)(征求意见稿)》[以下简称《公司法解释(四)(征求意见稿)》],该征求意见稿第 18 条就股东查阅权不能行使的赔偿责任表述为:"公司未依法制作和保存公司法第三十三条或者第九十七条规定的公司文件材料,股东起诉请求公司董事、高级管理人员承担民事赔偿责任的,应予支持。"针对该条规定,笔者曾专门撰文指出,该规定在提出诉请以及责任承担的主体范围方面均存在模糊不清、界限不明的问题。所幸的是,《公司法解释(四)》正式文本施行后,其第 12 条规定已经对《公司法解释(四)(征求意见稿)》第 18 条作出完善。对比该两个条款的规定,笔者认为《公司法解释(四)》第 12 条有以下两点进步:

第一,明确了公司董事、高级管理人员承担责任的前提。《公司法解释(四)(征求意见稿)》只是规定当公司未依法制作和保存相应的公司文件材料时,股东有权起诉请求公司董事、高级管理人员承担民事赔偿责任。而公司未依法制作尤其是未依法保存相关文件的原因可能有很多,有些甚至完全超出公司董事、高级管理人员的控制范围,此时不问缘由一律让公司董事、高级管理人员承担赔偿责任,显然对其有失公允。对此《公司法解释(四)》第 12 条作出了平衡,即公司董事、高级管理人员只有在"未依法履行职责"导致公司未依法制作和保存相应公司文件材料的情况下才需要承担责任。

第二,明确了被诉董事、高级管理人员的范围。《公司法解释(四)(征求意见稿)》对承担责任的对象未加区分,仅规定股东有权起诉请求公司董事、高级管理

人员承担民事赔偿责任。一般而言,公司高级管理人员是指公司的经理、副经理、财务负责人,上市公司董事会秘书以及公司章程规定的其他人员。如果不对被诉主体范围进行明确,显然会给司法实践带来新的矛盾。对此,《公司法解释(四)》第 12 条给了范围界定,即应该由"负有相应责任的"公司董事、高级管理人员承担民事赔偿责任。

可以看出,立法者在对股东知情权保护手段进行突破升级时,还是小心翼翼地在投资者和内部人之间进行利益平衡的。尽管《公司法解释(四)》第 12 条在对股东知情权的保护方面相较于以往立法有了长足进步,但笔者认为,该条文对股东因无法实现知情权而导致实体利益受损的兜底保护还略显单薄。具体到本文所举的案例当中:

首先,张某作为公司总经理,虽属于高级管理人员,但由于其权力被另外三名股东架空,根本无法行使管理权。那么在这种情况下,张某是否属于未依法履行职责,是否需要对公司未依法保存相关的管理文件、财务账簿等承担责任?如果需要承担责任,则其一方面作为股东有权因查询不能而提起诉讼,但其同时作为名义上的高级管理人员,是否会造成权利与责任的混同?

其次,张某明知公司财务账簿在另外三名股东的控制之下,但其三人均予以否认甚至以账簿已丢失为由拒绝提供,此种情况下是否属于"未依法制作或保存"公司财务资料?张某应当先以《公司法》第 33 条起诉公司主张查阅公司财务账簿,还是可以直接推定公司"未依法制作或保存"财务账簿而依据《公司法解释(四)》第 12 条的规定起诉另外三人主张赔偿呢?

最后,股东张某的致损范围如何确定?《公司法解释(四)》第 12 条规定"给股东造成损失,股东依法请求负有相应责任的公司董事、高级管理人员承担民事赔偿责任的,人民法院应当予以支持"。该条文的操作性显然与最高人民法院《关于适用〈中华人民共和国公司法〉若干问题的规定(二)》第 18 条规定大不相同,后者规定:"有限责任公司的股东、股份有限公司的董事和控股股东因怠于履行义务,导致公司主要财产、账册、重要文件等灭失,无法进行清算,债权人主张其对公司债务承担连带清偿责任的,人民法院应依法予以支持。"此条规定的是当公司股东因怠于履行义务时,对债权人的债务承担连带清偿责任,此处所要承担的债务明确具体,具备可操作性。而本条中"给股东造成损失"却很难确定,甚至可能陷入一个死循环当中。具体而言,股东只有证明了自己的损失范围,赔偿诉请才可能得到支持,而通常情况下股东只有通过对公司的财务账簿进行查询和审计,才可以确定自己的损失范围,然而本条规定的股东请求赔偿的前提,恰恰是公司"未依法制作或保存"财务账簿。具体到本案当中,股东张某因主张查阅公司财务账簿遭拒,其损失如何确定?换言之,当公司全部财务账册都被其他三人故意隐匿或销毁后,张某只是知道其利益被侵害,但其是如何被侵害的,利益损失多少,在其找到公司财务账册之前,张某完全无法证明自己的损失,更无法通过外部审计机构对公司财务状况作出审计。而按照"诉讼请求必须明确、具体"以及"谁主张谁举证"的民事诉讼原则,当张某依据该条进行权利救济时,其该如何提出自己的诉讼请求呢?

关于上述问题,《公司法解释(四)》第 12 条均未给出答案,可以预见,该条文正式施行之后,权利遭受侵害的股东在欣喜其实体权利获得进一步保护的同时,必将因救济措施的无法落实而遭遇新的维权困境。

六、结语

诚然,社会生活包罗万象,对于调节社会关系的抽象法律条文而言,不可能穷尽一切,永远滞后但又尽可能无限地去适应新的社会关系,才是立法的常态。《公司法解释(四)》第 12 条作为股东知情权保护的升级条款,不管进步还是局限,都有待于放到司法实践中进一步检验。

参考文献

[1] 曹慧:《股东知情权诉讼研究》,南京师范大学 2013 年硕士论文。
[2] 梅岭:《股东知情权的法律问题研究》,复旦大学 2013 年硕士论文。
[3] 余青:《股东知情权法律问题研究》,中山大学 2010 年硕士论文。
[4] 杜艳芳:《论股东知情权制度的完善》,中国社会科学院研究生院 2013 年硕士论文。
[5] 王娜:《论股东查阅权的保护》,西南政法大学 2011 年硕士论文。
[6] 武帅杰:《论股东查阅权行使的限制与保障》,西南政法大学 2015 年硕士论文。

股东查阅权的边界

——兼评《公司法解释(四)》关于知情权的规定

郭春宏*

[摘要] 原始凭证是否属于股东查阅权的范围？对账单、资金进出凭证、合同书等第四层次公司文件是否属于股东查阅权的范围？母公司的股东能否请求查阅子公司的文件？如何确定个案股东查阅权的具体边界？本文对此进行了有益探索，创新提出了划分股东查阅权界限的三个标准，并结合对最高人民法院《关于适用〈中华人民共和国公司法〉若干问题的规定(四)》[以下简称《公司法解释(四)》]之评析，作了深入浅出的论述，既有深厚的理论基础，又具有较强的实务操作性。

[关键词] 知情权 查阅权 公司治理

作出有效决策，要以获取充分的信息为前提。随着公司所有权与经营权的分离，部分股东逐渐远离了公司的实际经营管理，这些股东因而无法全面掌握公司经营信息，从而不能有效行使自己的权利。因此，各国公司法纷纷赋予股东知情权，以使股东随时全面掌握公司经营状况，便于其作出判断。股东知情权是股东获取公司信息、了解公司经营情况的权利，具体包括查阅权、质询权、检查人选任请求权等。其中，查阅权是股东知情权的核心，质询权和检查人选任请求权是查阅权实现的保障。因篇幅所限，本文从笔者经办的一起案例谈起，着重讨论有限责任公司股东查阅权及其边界(如文中没有特别指明股份有限公司，就是指有限责任公司股东查阅权)。

一、问题的提出

(一) 基本案情

Z有限责任公司(以下简称"Z公司")是D市知名职业培训机构，有甲、乙、丙三个股东。其中，甲是法人股东，持有Z公司35%的股权，不参与公司经营；乙是自然人股东，持有54.2%的股权，任公司总经理、法定代表人，负责公司实际经营管理；丙是自然人股东，持有10.8%的股权，任公司副总经理，分管公司财务，乙与丙

---

* 资深律师、税务师。广东莞信律师事务所高级合伙人，广东省律师学院兼职讲师。

是亲戚关系。

2017年1月13日,甲、乙、丙一致通过《2016年度利润分配方案》。按照该利润分配方案,甲分得现金股利148万元,乙分得现金股利230万元,丙分得现金46万元。

乙和丙认为,甲没有参与公司实际经营,甲所得与其贡献不匹配;甲则认为乙、丙负责公司实际经营,公司为此支付了相应工资,况且自己没有参与管理,任由乙、丙操控公司,乙、丙趁机捞了不少,自己很吃亏。于是甲与乙、丙心生嫌隙。而后,乙、丙以公司目前效益不佳,且2017年2月甲、乙、丙一致同意的公司投资项目需用钱为由拒绝按照《2016年度利润分配方案》进行分红。

甲对乙、丙所称公司目前效益不佳的说法有所怀疑,通过明察暗访掌握了乙、丙用个人银行账户收取公司业务收入的情况并进行了公证。甲于是与乙、丙交涉,乙、丙辩称是给公司用的账户,均已入账。甲要求查账,乙、丙提供年度会计报告给甲;甲要求进一步查看原始凭证及银行对账单,乙、丙以属公司商业秘密为由拒绝提供。甲遂向法院起诉,诉请判决:① Z公司提供2006年10月至2016年12月的年度财务会计报告供甲查阅、复制;② Z公司提供2006年10月至2017年4月的月财务会计报告供甲查阅、复制;③ Z公司提供2006年10月至2017年4月的会计账簿(包括总账、分类账、明细账和其他辅助性账簿)、会计凭证(含记账凭证、相关原始凭证及应作为原始凭证附件入账备查的有关资料)及银行对账单、资金进出凭证供甲查阅;④ Z公司承担案件的诉讼费用。

Z公司章程对股东知情权条款没有进行个性化设计。

(二)争议焦点

本案主要争议焦点:法院应否支持甲查阅Z公司会计账簿及其原始凭证、银行对账单?换言之,如何确定个案股东查阅权的边界?

在分析本案之前,先理一理公司法的相关规定。

二、我国《公司法》关于股东查阅权的规定

(一) 我国《公司法》对有限责任公司和股份有限公司实行差别待遇

股东查阅权是股东为了解公司的财务和经营信息而查阅相关文件的权利。对此,《中华人民共和国公司法》(以下简称《公司法》)第33条规定,有限责任公司"股东有权查阅、复制公司章程、股东会会议记录、董事会会议决议、监事会会议决议和财务会计报告。股东可以要求查阅公司会计账簿。股东要求查阅公司会计账簿的,应当向公司提出书面请求,说明目的。公司有合理根据认为股东查阅会计账簿有不正当目的,可能损害公司合法利益的,可以拒绝提供查阅,并应当自股东提出书面请求之日起十五日内书面答复股东并说明理由。公司拒绝提供查阅的,股东可以请求人民法院要求公司提供查阅"。第97条规定,股份有限公司"股东有权

查阅公司章程、股东名册、公司债券存根、股东大会会议记录、董事会会议决议、监事会会议决议、财务会计报告,对公司的经营提出建议或者质询"。

就上述规定来看,有限责任公司和股份有限公司的股东查阅权的范围有所不同。《公司法》之所以如此区别规定,一是因为股份有限公司公开程度较高,有些信息股东可以通过公开的信息披露获得;二是因为股份有限公司的股东如果对公司不满,该股东较容易行使"用脚投票"的权利[①];三是有限责任公司强调人合性,信任是合作的基础和前提,而公司信息在股东之间透明则是彼此信任的基础,如果一方股东怀疑公司财务报表有问题而该股东又无权查阅原始凭证,那么股东之间必然会产生不信任,甚至导致公司僵局。而股份有限公司强调资合性第一,人合性第二。

然而,在实践中,上市的股份有限公司与非上市的股份有公司的差别很大,非上市的股份有限公司的股东如同有限责任公司的股东,既无法通过公开的信息披露获得资讯,也难以通过公开市场"用脚投票"。这就导致非上市股份有限公司的股东知情权在公司法上享有较弱的查阅权,在证券法上却不受强制信息披露制度的保护。因此,构建知情权制度,应以公开公司和封闭公司的分类来分别立法较为妥当,非上市挂牌股份公司股东可以参照《公司法》第33条之规定行使股东查阅权。

(二)股东查阅权的主体

股东查阅权的主体就是公司股东,它与股东身份相连,一旦丧失了股东资格,也就不能享有股东查阅权。已退出公司的原股东,因其已不具有公司股东资格,一般情况下不享有股东查阅权。故《公司法解释(四)》第7条第2款规定:"公司有证据证明前款规定的原告在起诉时不具有公司股东资格的,人民法院应当驳回起诉,但原告有初步证据证明在持股期间其合法权益受到损害,请求依法查阅或者复制其持股期间的公司特定文件材料的除外。"

(三)股东查阅权的行使方式

股东查阅权必须由股东亲自行使,能否委托他人代为行使?我国《公司法》对此没有明确规定。司法实践中有否定说和肯定说。[②] 否定说的理由是:① 法无明文规定;② 股东查阅权是股东固有权,具有人身依附性。肯定说的理由是:① 查阅公司账簿涉及专业知识,需要专业人员帮助查阅;② 公司法并没有规定必须由股东亲自行使,故依照《中华人民共和国民法通则》第63条之规定,股东可以委托他人代为查阅。

笔者赞同肯定说。公司的经营业务和财务信息具有很强的专业性,如果仅仅

[①] 参见朱慈蕴:《公司法原论》,清华大学出版社2011年版,第252页。
[②] 参见奚晓明主编:《公司案件审判指导》,法律出版社2014年版,第288页。

依靠股东自己的能力,往往难以对公司经营状况作出正确判断,更无法识破公司实际控制者所作的虚假会计记录。为了帮助自己克服这种知识性缺陷,股东有权委托专业人士代为查阅公司账簿。换言之,委托有关专业人士代为行使查阅权,属于合理行使股东权利。股东查阅权作为一项固有权,是指如未经持有该项权利的股东个别同意,即使以章程或股东大会决议也不得剥夺的权利。① 但股东可以委托他人代理行使。例如,《美国标准公司法》第 16.03 节(Z)款规定:"股东代理人或律师与其代理的股东享有同等的检查、复制权。"②

《公司法解释(四)》采纳了肯定说,在第 10 条第 2 款中明确规定:"股东依据人民法院生效判决查阅公司文件材料的,在该股东在场的情况下,可以由会计师、律师等依法或者依据执业行为规范负有保密义务的中介机构执业人员辅助进行。"

三、划分股东查阅权界限的标准

(一) 股东查阅权的合理限制

查阅权作为股东的一项固有权,具有不可侵犯和不可剥夺性,但并不意味着其行使没有限制。公司经营信息范围广泛,如对股东查阅权不加以适当限制,则易发生股东查阅权的滥用,从而影响公司的正常运营和妨碍公司商业秘密的保护。因此,在规范股东查阅权时,一方面要保护股东知情权,另一方面也要防止股东滥用查阅权损害公司正当利益。为了平衡股东查阅权与公司经营权的冲突,法律需对股东查阅权既保护又合理限制。

在我国,公司具有独立的法人资格,但毕竟是法律上的拟制,公司实际上并没有如同自然人一样的独立意志,公司的"意志"只是股东们的加总意志,甚至成了控股股东或实际控制人个别人的意志。现实中,控股股东或实际控制人通常采取隐瞒公司真实财务状况,进行虚假陈述等手段,损害公司利益及少数股东利益,并以可能影响公司正常经营或可能损害公司利益为由拒绝少数股东查阅公司账簿。这时,在股东查阅权与公司经营权的矛盾之下掩盖着少数股东与多数股东特别是控股股东及实际控制人之间的利益冲突。这种情况下,一味强调保护公司经营权,对股东查阅权进行限制,少数股东查阅权就得不到有效保护,实际上纵容了控股股东或实际控制人对公司利益及少数股东利益的侵害,并使这种侵害更加恣意。因此,立法上和司法上对股东查阅权的限制,应当是合理的,合乎公平正义。法律对股东查阅权保护与合理限制的界限,就是股东查阅权的边界。

(二) 法律对股东查阅权的保护底线

知情权是公司股东的一项基础性权利。法律对股东知情权的保护,如同法律

---

① 参见李哲松:《韩国公司法》,吴日焕译,中国政法大学出版社 2000 年版,第 222 页。
② 沈四宝译:《最新美国标准公司法》,法律出版社 2006 年版,第 237 页。

对自然人的人权保护,也提供底线式的基本保护。我国《公司法》第 33 条规定,有限责任公司"股东有权查阅、复制公司章程、股东会会议记录、董事会会议决议、监事会会议决议和财务会计报告";第 97 条规定,股份有限公司"股东有权查阅公司章程、股东名册、公司债券存根、股东大会会议记录、董事会会议决议、监事会会议决议、财务会计报告,对公司的经营提出建议或者质询"。《公司法》前述关于基本查阅范围的规定,体现了法律对股东查阅权的保护底线,公司不得以任何理由加以限制。故《公司法解释(四)》第 9 条明确规定:"公司章程、股东之间的协议等实质性剥夺股东依据公司法第三十三条、第九十七条规定查阅或者复制公司文件材料的权利,公司以此为由拒绝股东查阅或者复制的,人民法院不予支持。"

(三) 法律对于善意行使查阅权的股东提供较高标准的保护

1. 如何判断股东行使查阅权是否善意?

如上所述,法律对股东查阅权进行限制的主要理由,就是防止股东滥用权利损害公司利益,也就是防止股东恶意借其查阅之便窃取公司商业机密,故意扰乱公司正常经营秩序。股东善意行使查阅权,理所当然不应当进行严格限制,而应提供较高的保护标准。因此,我国《公司法》第 33 条第 2 款规定,有限责任公司"股东可以要求查阅公司会计账簿。股东要求查阅公司会计账簿的,应当向公司提出书面请求,说明目的。公司有合理根据认为股东查阅会计账簿有不正当目的,可能损害公司合法利益的,可以拒绝提供查阅,并应当自股东提出书面请求之日起十五日内书面答复股东并说明理由。公司拒绝提供查阅的,股东可以请求人民法院要求公司提供查阅"。在这里,以股东查阅目的是否正当作为判断股东行使查阅权是否善意的标准。对于善意行使查阅权的股东,允许其在基本查阅范围之上查阅公司会计账簿。

2. 如何判断股东查阅目的是否正当?

美国学者克拉克将股东查阅目的分为四类:① 评估其投资的价值;② 为了与其他股东交易;③ 为了获得与其投资无关的个人利益;④ 为了促进公司的社会责任。一般而言,前两类查阅目的通常会被判定为正当目的,后两类则通常会被判定为不正当。①

一般来说,认定为正当目的的情形包括:① 确认小股东股权的公平价值或者在封闭型公司内的所有者权益;② 确认当前对股利的权利和支付股利的资金的可用性;③ 确认未能支付股利或者支付不足的缘由;④ 公司的经理和董事通过从事现金交易,而不登记在公司的账簿记录当中,有意无意地模糊公司的收入,阻止小股东对公司股利或保护自己所持股份价值的合理预期所进行的调查;⑤ 公司的经理和董事保存公司的会计系统,实质性地阻碍了外部小股东为了确认和核查公司的所得对此进行的调查;⑥ 对公司的经理和董事是否从事了浪费活动提出疑问,

---

① 参见〔美〕罗伯特·C.克拉克:《公司法则》,胡平等译,工商出版社 1999 年版,第 75 页。

如经理、董事进行公司资产或金钱的转换,不适当地花费或者为了个人利益而撤回公司资金;⑦ 将公司小股东排除在外,公司的经理为了实现转移公司资产、利润和利用公司机会的目的,已经组建了未曾披露的关系密切的公司或者其他企业,对此进行的调查;⑧ 公司的经理和董事从事了与公司利益冲突的行为,或者作为有关联的交易一方,这一交易导致了公司利益的输送,对小股东造成了财政性损失;⑨ 确认年度报告的精确性或大股东发布的财政报告;⑩ 确认公司的经理和董事是否有不当经营行为;⑪ 确认经理和董事履行了股东协议或其他公司协议的义务。当然,对正当目的的解释还不止这些,如为了说服其他股东加入到股东派生诉讼中而要求查阅股东名单等。相反,对于为了获得与投资无关的个人利益的查阅要求以及促进社会目的和政治目的的查阅要求则被认为是不具有正当目的的。[①]

与正当目的相对的是非正当目的。在判断股东查阅会计账簿是否具有正当目的时,应以一个明智商人的正常理性为标准,对股东是否存在非正当目的进行判断。也就是说,公司如有证据证明股东查阅目的不正当的,则公司有权拒绝该股东查阅会计账簿。对此,《公司法解释(四)》第8条规定:"有限责任公司有证据证明股东存在下列情形之一的,人民法院应当认定股东有公司法第三十三条第二款规定的'不正当目的':(一) 股东自营或者为他人经营与公司主营业务有实质性竞争关系业务的,但公司章程另有规定或者全体股东另有约定的除外;(二) 股东为了向他人通报有关信息查阅公司会计账簿,可能损害公司合法利益的;(三) 股东在向公司提出查阅请求之日前的三年内,曾通过查阅会计账簿,向他人通报有关信息损害公司合法利益的;(四) 股东有不正当目的的其他情形。"如此,就将目的是否正当这一实体问题转换成程序法上的举证问题,以公司未能完成证明股东目的不正当的举证责任来否定其抗辩。这样反向判断股东是否具有正当目的,具有较强的可操作性,比较符合公司法实践的需求。

综上,依据《公司法》第33条的规定,判断股东查阅目的是否正当,可以从正反两个方面加以界定:

(1) 股东应当说明查账的正当目的。从诉讼举证责任分配的角度来说,股东应当先行提出证明自己查账目的正当的初步证据。否则,视为股东未向公司说明正当目的,股东无权查账。

(2) 公司拒绝查阅应当证明股东查账目的不正当。在股东初步说明其查账目的正当的前提下,公司拒绝查阅应当提出充分的证据证明股东查阅目的不正当,否则,公司将承担不利的诉讼结果。当然,对于公司证明股东行使查阅权将损害公司利益或股东共同利益的审查标准,采取可能性标准:只要股东的查阅行为具有损害公司利益或股东共同利益的可能性,就可以认定查阅目的不正当,而无需实际损害的发生。

[①] 参见罗培新等:《公司法的法律经济学研究》,北京大学出版社2008年版,第125—126页。

(四) 为维护个案公平正义,应当对善意弱势的股东提供高标准的保护

有学者按照原告股东的诉求与现行公司法的规定,将公司文件分为四个层次。第一层次指《公司法》第33条第1款规定的公司章程、股东会会议记录、董事会会议决议、监事会会议决议和财务会计报告等基本文件;第二层次是指第33条第2款规定的会计账簿;第三层次是指原始会计凭证;第四层次指其他公司文件,主要包括财务账册、对账单、合同书、资金进出凭证等。① 现行《公司法》对第一、二层次有明文规定,但对第三、四层次没有明文规定。

如上所述,法律对于善意行使股东查阅权的股东提供较高标准的保护,比如允许有正当目的的股东查阅公司会计账簿,但这并不意味着允许其查阅公司全部资料。这是因为:其一,将判断股东查阅是否善意的问题转化为判断股东查阅目的是否正当,再将判断股东查阅目的是否正当转化为判断股东查阅目的是否不正当,这样两次的转化可能产生偏差:公司无法证明股东查阅目的不正当,只能说明股东查阅目的为正当的可能性较大,而不能完全等同于股东百分之百善意行使查阅权。也就是说,两次转化后的反向判断可能存在漏网之鱼,进而损害公司利益或股东共同利益。其二,即使股东查阅目的是正当的,也只应查阅与其目的直接相关的资料。否则,可能增加公司商业秘密外泄的风险。

然而,当公司没有证据证明股东查阅目的不正当,且股东能提供较充分的证据证明其查阅是善意、合理和直接相关的,并证明非经查阅第三层、第四层次文件,不足以验证公司账簿的真实性和合法性,或者不足以有效实现其正当目的,或者将使自己的切身利益受到不可避免的损害等必要性的,为维护个案公平正义,这时应当对该善意股东提供高标准的保护,允许其查阅与其查阅目的直接相关的第三层次、第四层次公司文件。例如,《美国标准公司法》第16.02节规定,要求查阅公司财务记录、股东登记簿的股东须符合:① 要求是善意的,出于正当目的;② 就其目的和要求检查的记录做了合理的具体陈述;③ 该记录与其目的有直接联系;对于符合要求的股东,允许其查阅内容广泛的公司文件,并允许法院对制定法未作规定的公司记录保留独立判断的权力。②

(五) 公司章程可以扩大公司股东查阅权的范围

股东查阅权是公司法赋予股东的一项法定权利,属于股东的固有权范畴,公司章程不得予以剥夺。故《公司法解释(四)》第9条明确规定:"公司章程、股东之间的协议等实质性剥夺股东依据公司法第三十三条、第九十七条规定查阅或者复制公司文件材料的权利,公司以此为由拒绝股东查阅或者复制的,人民法院不予支持。"

---

① 参见李建伟:《股东知情权诉讼研究》,载《中国法学》2013年第2期。
② 参见沈四宝译:《最新美国标准公司法》,法律出版社2006年版,第237页。

公司法关于股东查阅权的规定,属于强制性法律规范,是法律对公司治理的强制性标准。在一定程度上也可以说它是一种法定最低标准,公司章程可以设置比强制性规范更高的标准为股东提供更好的保护。① 比如章程可以扩大股东知情权的范围。因此,公司章程面对强制性规范,仍然存在可以进行个性化设计的一定空间,可以根据本公司实际情况在强制性规范允许的范围内作出补充规定。这些补充的、具体化的规定,可以使强制性规范得到更好的执行。②

四、如何确定股东查阅权的具体边界

任何权利都有边界,股东查阅权也不例外。这一问题与公司治理结构密切相关。确定股东查阅权的边界,不仅要考虑平衡股东查阅权与公司经营权之间的矛盾,也要考虑平衡少数股东与多数股东之间的矛盾。未平衡好任何一对矛盾,都将造成公司治理的严重失衡。如对公司治理结构缺乏整体的把握,也将影响准确把握股东查阅权的界限。

在上文关于划分股东查阅权界限的标准论述中,可以看到股东查阅权的范围与股东行使查阅权的善意程度(或查阅目的正当性)成正比。这是诚实信用原则在公司法领域中的延伸和演化。正当性的目的,设定了股东查阅权的边界。案情不同,股东可以查阅公司文件的范围也有所不同。

(一)原始凭证是否属于股东查阅权的范围?

我国《公司法》第 33 条将有限责任公司股东查阅权的范围界定为公司章程、股东会会议记录、董事会会议决议、监事会会议决议、财务会计报告和会计账簿,而没有明确查阅会计账簿是否都包括原始会计凭证。是否支持股东查阅原始凭证?各地法院裁决颇不一致。根据相关实证研究,法院支持查阅原始凭证的占 58.62%,不支持的占 27.59%。③

其中,以上海市第一中级人民法院为代表的部分法院不支持查阅原始会计凭证,其理由认为,财务会计报告、会计账簿和会计凭证是不同的概念,应严格按照公司法的文义解释,股东知情权原则上不应当包括会计凭证。④

北京市、江苏省、江西省、浙江省、山东省等地人民法院认为有限责任公司股东有权查阅公司会计账簿及相关原始凭证。

最高人民法院的倾向性观点认为,查阅原始会计凭证是股东行使知情权的主要途径,在符合法律规定的查阅会计账簿的条件下,应当允许股东查阅公司会计账

---

① 参见董慧凝:《公司章程自由及其法律限制》,法律出版社 2007 年版,第 249 页。
② 参见郭春宏:《公司章程个性化设计与疑难解释》,法律出版社 2014 年版,第 19 页。
③ 参见李建伟:《股东知情权诉讼研究》,载《中国法学》2013 年第 2 期。
④ 参见上海市第一中级人民法院民三庭课题组:《股东知情权案件若干审判实务问题研究》,载《民商事审判指导》(2007 年第 2 辑),人民法院出版社 2008 年版。

簿及与会计账簿记载内容有关的记账凭证或者原始凭证。①《最高人民法院公报》2011 年第 8 期公布了指导案例"李淑君等四人诉江苏佳德置业发展有限公司股东知情权纠纷案",该案裁判要旨指出,公司的具体经营活动只有通过查阅原始凭证才能知晓,不查阅原始凭证,中小股东可能无法准确了解公司真正的经营状况。故股东账簿查阅权行使的范围应当包括会计账簿(总账、明细账、日记账和其他辅助性账簿)和会计凭证(含记账凭证、相关原始凭证及应作为原始凭证附件入账备查的有关资料)。

在公司法学界,除朱慈蕴教授等少数学者坚持文义解释,认为股东请求查阅会计凭证超越了公司法的规定,一般不予支持②外;多数学者通过立法目的解释、体系解释、法政策解释、比较法解释等解释方法,从有效监管管理层、切实保障股东权益的需要和立法目的出发,认为应当允许股东查阅原始会计凭证。③

实际上,考虑到我国目前多数公司治理现状,做假、隐瞒真实财务信息的情况比较普遍,如不允许股东查阅原始会计凭证,公司完全可能拿出一份虚假的会计账簿隐瞒中小股东,将根本损害股东知情权的制度价值。故笔者认为,有限责任公司股东有权查阅公司会计账簿及相关原始凭证,而《公司法解释(四)》对此没有作出明确规定以解决司法实践中经常发生的此类争议,是一大不足。

(二)对账单、资金进出凭证、合同书等第四层次公司文件是否属于股东查阅权的范围?

根据有关学者所作之调研,股东诉请查阅对账单、资金进出凭证、合同书等第四层次公司文件的案件占 2.65%,其中获得法院支持的不多。④ 法院之所以对此持消极态度,是因为对账单、资金进出凭证、合同书等第四层次的公司文件多涉及公司的核心商业秘密,法院必须慎重考虑对商业秘密的保护,法院往往以公司法对此未作规定而驳回股东的该项请求。仅有少数案件获得法院支持,如北京盛元吉利工贸有限责任公司与钱某某股东知情权纠纷上诉案。⑤ 当然,如果公司章程规定允许或者公司同意股东查阅《公司法》第 33 条规定之外的公司文件的,法院认为这不违反法律、法规的强制性规定,应当予以支持,如北京联星房地产开发有限公司与中冶集团北京房地产开发有限公司股东知情权纠纷上诉案。⑥

---

① 参见奚晓明主编:《公司案例审判指导》,法律出版社 2014 年版,第 288—289 页。
② 参见朱慈蕴:《公司法原论》,清华大学出版社 2011 年版,第 252 页。
③ 参见赵旭东:《公司法学》(第 2 版),高等教育出版社 2006 年版,第 303 页;刘俊海:《公司法学》,北京大学出版社 2008 年版,第 163 页;范健、王建文:《公司法》(第 3 版),法律出版社 2011 年版,第 314 页;甘培忠、刘兰芳主编:《新类型公司诉讼疑难问题研究》,北京大学出版社 2009 年版,第 156 页;张平:《有限责任公司股东查阅权对象的界定与完善》,载《法学杂志》2011 年第 4 期;李建伟:《股东知情权诉讼基本程序问题探析》,载《国家检察官学院学报》2010 年第 1 期;蒋大兴:《超越股东知情权诉讼的司法困境》,载《法学》2005 年第 2 期。
④ 参见李建伟:《股东知情权诉讼研究》,载《中国法学》2013 年第 2 期。
⑤ 参见北京市第一中级人民法院(2009)一中民终字第 17156 号民事判决书。
⑥ 参见北京市第二中级人民法院(2009)二中民终字第 01102 号民事判决书。

笔者认为,在某些个案中,如股东能够证明其查阅对账单、资金进账凭证、合同书等第四层次公司文件确有其相应合理性和必要性且为善意时,为维护个案正义,应予以允许。具体理由如下:

(1)对股东而言,《公司法》第 33 条是授权性规范,该条第 2 款赋予了公司股东查阅公司会计账簿的权利,但并未否认股东有权查阅公司对账单等文件,这就好比该条第 1 款并未规定股东有权查阅公司股东名册,可是从未有人质疑股东享有该权利。

(2)公司法规范与法律条文不具有一一对应关系①,并且公司法规范不仅包括公司法规则,还包括公司法原则。《公司法》第 5 条规定公司从事经营活动应当遵守诚实信用原则。当公司实际控制者对股东虚假陈述行为明显违反该项原则时,股东就可以该项原则为依据请求查阅原始会计凭证、对账单、资金进出凭证等文件。类似的条文还有第 20 条、第 21 条等。

(3)从商业常识来看,任何股东皆希望知悉公司运营信息,无论是控股股东还是中小股东。虽然基于资本多数决原则,控股股东获得更多的公司信息无可厚非,但是在不损害公司利益的前提下,公司中小股东查阅公司信息同样天经地义。②

(4)根据会计准则,相关契约等有关资料也是编制记账凭证的依据,应当作为原始凭证的附件入账备查。既然股东查阅目的正当就可以查阅原始会计凭证,当然也可以查阅作为原始凭证的附件入账的合同等相关资料。

(5)维护个案正义才能让人民群众感受到法律的公平正义,促进依法治国。

当然,对于查阅对账单、资金进出凭证、合同书等第四层次公司文件,应严格把握以下条件:

(1)查阅目的的正当性。对查阅第四层次文件目的正当性的要求,应高于查阅第三层次文件目的正当性的要求,股东应承担相应较重的举证责任,如要求行权股东对查阅目的的正当性承担举证责任,而不仅仅是说明查阅目的。

(2)查阅的必要性。股东应当证明具有非经查阅第四层次文件,不足以验证公司账簿的真实性和合法性,或者不足以有效实现其正当目的,或者将使自己的切身利益受到不可避免的损害等必要性。

(3)查阅的相关性。股东应证明请求查阅的文件与其目的有直接联系,即具有相关性。这就要求股东在行使查阅权时只能依据其查阅目的来查阅相关的文件资料。

具体到本案,甲提供了《2016 年度利润分配方案》,乙、丙用个人银行账户收取公司业务收入的《公证文书》等充分的证据证明其查阅是善意、合理和直接相关的,并证明了非经查阅第三、四层次文件,不足以验证公司账簿的真实性和合法性,

---

① 参见贺少峰:《违反公司法强制性规范行为的效力》,载《法律适用》第 2009 年第 6 期。
② 参见王林清、顾东伟:《新公司法实施以来热点问题适用研究》,人民法院出版社 2009 年版,第 214 页。

将使自己的切身利益受到不可避免的损害。为维护个案公平正义,应当对甲提供高标准的保护,允许其查阅与其查阅目的直接相关的会计账簿(包括总账、分类账、明细账和其他辅助性账簿)、会计凭证(含记账凭证、相关原始凭证及应作为原始凭证附件入账备查的有关资料)及银行对账单、资金进出凭证。

乙、丙在甲方证据面前自觉理亏,甲、乙、丙及 Z 公司最终达成和解,Z 公司在 1 个月内按照《2016 年度利润分配方案》的规定向甲分配现金红利;甲按每股净资产 10 倍的溢价将所持 Z 公司的股权全部转让给乙。

(三) 母公司的股东能否请求查阅子公司的文件?

股东查阅权的对象能否包括子公司?这不是一个纯理论问题,在司法实践中已经出现,并随着公司集团的普遍化而逐渐增多,如范某与北京一得阁墨业有限公司股东知情权纠纷上诉案①、鞠某某与北京华诺翰博经贸有限公司知情权纠纷上诉案②,但法院均以法无明文规定为由不予支持。

《公司法》第 14 条第 2 款规定:"公司可以设立子公司,子公司具有法人资格,依法独立承担民事责任。"母公司的股东因为不具有子公司股东的资格,其能否跨越母子公司之界限直接查阅子公司文件呢?对此,存在两种不同的观点:否定说和肯定说。

否定说认为,子公司具有独立的法人地位,母公司股东并不具有子公司的股东资格,因此不符合法律规定的起诉主体的条件。③

肯定说认为,母子公司之间往往存在非常紧密的经济联系,特别是在企业集团中,子公司的经营状况往往对母公司的经营状况产生较大影响,而且在实践中母子公司之间也多发生关联交易,特别是在母公司的管理层控制此类交易的情况下,很难说母公司的全部股东对此完全知情。如果母公司股东无法查阅子公司文件,那么其利益将很难得到有效保护。④

笔者认为,基于股东权的基本特性和公司具有独立法人的地位,股东查阅权原则上仅应及于股东直接投资的公司,而不应及于其他具有独立法人资格的法律实体。但在企业集团普遍存在的社会经济现实面前,一概拒绝母公司股东查阅子公司文件就显得不合时宜。在个案中允许符合条件的行权股东查阅子公司文件,并非对公司法人制度和股东权基本特性的否定,而是对公司法人制度和股东权益的维护。这就好比公司法人人格否认不是对公司人格独立制度的否定,而是对公司法人人格制度的维护和完善,是对公司当事人之间利益失衡的一种事后救济。⑤

---

① 参见北京市第二中级人民法院(2014)二中民(商)终字第 10102 号民事判决书。
② 参见北京市第一中级人民法院(2012)一中民终字第 6724 号民事判决书。
③ 参见李建伟:《公司诉讼专题研究》,中国政法大学出版社 2008 年版,第 313 页。
④ 参见袁达松、王喜平:《股东查阅权穿越:母公司股东权益保护的利器》,载《东方法学》2010 年第 4 期。
⑤ 参见赵旭东:《公司法学》(第 2 版),高等教育出版社 2006 年版,第 9 页。

母公司股东在特定情形下可以直接查阅子公司文件,称之为股东查阅权穿越行使。有不少学者为此提出了"母子公司人格混同理论""单一企业理论""公司跨层治理理论""控制/支配理论"等理论,以论证股东查阅权穿越行使的正当性。

1. 母子公司人格混同理论

母公司股东对子公司"行使股东查阅权",在一定意义上是将母公司股东视为子公司股东,其实际上是母公司人格的形骸化。当母子公司人格发生混同时,母公司股东为全面掌握公司情况当然有权查阅子公司文件。因为当一个公司仅仅是另外一个公司的手段或管道时,如果股东或公司自身忽视了该公司的形式,那么在法律上该公司的形式也应该被忽视。

2. 单一企业理论

这一理论指出,只要存在公司集团运作统一管理的客观事实,子公司实际上被看做是母公司不同的营业部门。也就是说,无论公司集团在法律上的组织形式如何,母公司股东都应该看做子公司实际意义上的股东。① 事实上,商人、会计师和投资者早就将公司集团作为一个整体而不是独立的各个实体来关注,比如,会计合并报表。

当母公司董事会获得对子公司的掌控之后,如果绕开母公司股东自行决定出售子公司重大资产或与特定利益关系人进行交易,就将掏空公司,从而侵害母公司其他股东的利益。这种情况下,如果不允许母公司股东查阅子公司文件,就相当于允许母公司控股股东或实际控制人"滥用权利"。

由此可见,股东查阅权穿越行使,有着深厚的理论基础,也是对社会经济中普遍存在企业集团的回应。股东查阅权的穿越行使,是对股东查阅权的扩张,具有丰富股东获取公司信息内容,提高股东决策能力和监管能力以及约束控股股东和管理层的行为等功能,对于完善公司治理具有重大意义。② 美国、日本等国的公司法均已确认股东查阅权穿越行使规则。

然而,股东查阅权的穿越行使不仅关系到母公司商业秘密保护问题,还涉及从属子公司商业秘密保护问题,故为平衡股东查阅权与母、子公司经营权的矛盾,对于股东查阅权的穿越行使,应严格把握以下几点:

1. 穿越行使应遵循"个案化"原则

股东查阅权穿越行使与公司法人人格否认规则一样,只是一种例外,都仅仅在特定场合、特定个案中才能运用,其效力不涉及公司的其他法律关系,并且不影响该公司作为一个独立法人实体而继续合法存在。

2. 行权股东应符合上述查阅第三层、第四层公司文件的条件

当公司没有证据证明股东查阅目的不正当,且股东能提供较充分的证据证明

---

① 参见赵万一主编:《公司治理的法律设计与制度创新》,法律出版社 2015 年版,第 374 页。
② 同上书,第 392 页。

其查阅是善意、合理和直接相关的,并证明非经查阅子公司文件,不足以验证母公司账簿的真实性和合法性,或者不足以有效实现其正当目的,或者将使自己的切身利益受到不可避免的损害等必要性的,为维护个案公平正义,对该善意股东应提供高标准的保护,允许其查阅与其查阅目的直接相关的子公司文件。

对此,域外公司法有类似规定。例如,根据《日本公司法》第433条第3款之规定,母公司股东请求查阅子公司会计账簿及相关资料,首先,应符合股东会计账簿查阅权的一般要求,包括查阅权主体条件、查阅的对象范围、查阅权的行使、公司拒绝查阅的事由等内容;其次,股东查阅权穿越行使的目的限定为母公司的股东为了追究母公司董事、执行官等对其子公司的指挥监督等违反善良管理义务责任时必要等的情况。①

3. 行权股东需证明母子公司发生人格混同或证明公司股东或实际控制人滥用权利损害公司或其他股东的利益

由于行权股东仅仅是要求查阅子公司文件,并非真正意义上的否认子公司法人独立人格而直接要求公司控股股东或实际控制人承担法律责任,故行权股东的举证责任应轻于否认公司法人人格之举证责任,只要提出足以引起合理怀疑的证据即可。

鉴于股东查阅权穿越行使只是一种"个案化"而非普遍性的适用,因此适用的个案必须符合以上条件,才能允许母公司股东查阅子公司文件。

如前所述,公司法关于股东查阅权的规定属于强制性规范,对于股东提供一种最低标准的保护。因此,公司法虽然没有规定公司股东有权查阅子公司文件,但公司章程可以高于法定最低标准,规定允许公司股东有权查阅子公司文件。在公司章程没有如此规定的情况下,行权股东可根据具体案情,选择以《公司法》第5条、第20条及/或第21条等规定作为请求权基础查阅子公司文件。在司法实践中,法律原则具体化于个案并成为裁判的法源,已是一个不争的事实。②

---

① 参见[日]前田庸:《公司法入门》(第12版),王作全译,北京大学出版社2012年版,第299、436页;[日]近藤光男:《最新日本公司法》(第7版),梁爽译,法律出版社2016年版,第339页。

② 参见钱玉林:《公司法实施问题研究》,法律出版社2014年版,第34页。

"不正当目的"的制度逻辑与实务理解

——兼论《公司法解释(四)》对"不正当目的"的认定

徐培龙* 潘 青**

[摘要] 《中华人民共和国公司法》(以下简称《公司法》)第33条规定的股东对会计账簿的查阅权以及特定情形下公司所享有的拒绝查阅权,本质上是立法对股东权利和公司权利的利益平衡。对于"不正当目的"的认定,应当将"会计账簿记载信息可能被非法利用、公司合法利益将受到侵害"作为最基本的判别标准。在举证方面,公司虽对查阅股东具有"不正当目的"负有举证责任,但限于"有合理根据"及"可能损害",并不苛求实然。

[关键词] 股东知情权 会计账簿 不正当目的

众所周知,股东知情权是股东固有的、法定的基础性权利,属股东自益权范畴,不因股东出资瑕疵而受限,也不因公司章程、股东协议的自主约定而受限,公司不得无故随意限制或任意剥夺。

《公司法》第33条第1款规定:"股东有权查阅、复制公司章程、股东会会议记录、董事会会议决议、监事会会议决议和财务会计报告。"第2款规定:"股东可以要求查阅公司会计账簿。股东要求查阅公司会计账簿的,应当向公司提出书面请求,说明目的。公司有合理根据认为股东查阅会计账簿有不正当目的,可能损害公司合法利益的,可以拒绝提供查阅,并应当自股东提出书面请求之日起十五日内书面答复股东并说明理由。公司拒绝提供查阅的,股东可以请求人民法院要求公司提供查阅。"相较第1款中股东对会议记录、决议和财务会计报告的无限制查阅、复制权,股东对于会计账簿仅有查阅权,且需向公司提出书面请求并说明目的。此外,《公司法》还赋予公司一定条件下的"拒绝查阅权",即"公司有合理根据认为股东查阅会计账簿有不正当目的,可能损害公司合法利益的,可以拒绝提供查阅"。

由于知情权是股东的固有权利,因此股东要求查阅会计账簿时公司享有的"拒绝查阅权"便更显其研究价值。根据《公司法》第33条的规定,公司拒绝股东查阅会计账簿的唯一法定事由是"查阅会计账簿有不正当目的",除此之外,公司不得以任何理由拒绝股东行使知情权。因此,笔者拟从"不正当目的"的制度逻辑入手,

---

* 上海市朝华律师事务所律师。
** 上海市朝华律师事务所律师。

探究对"不正当目的"的实务理解,以期深化对股东知情权的认知。

一、"不正当目的"的制度逻辑

根据公司法人独立性原理,公司依法设立后,法人人格独立于其股东。公司拥有自己的合法财产,有维持其运营特有的商业秘密。由于会计账簿记载了采购、销售等经营信息,同时还直观地反映出采购成本、产品价格等商业机密,对公司而言尤为重要。因此,立法不能放任个别股东滥用查阅权,甚至以危害公司和其他股东合法利益为目的的行为出现。在《公司法》立法层面上,即体现为对股东查阅会计账簿的"不正当目的"的限制。

《公司法》第 33 条第 2 款是 2005 年《公司法》修订后新增的条款,该条款设置了"不正当目的"作为对股东知情权的特别限制,意在防止个别股东滥用股东权利,从而实现对公司经营信息和商业秘密的合理保护,达到股东与公司的利益平衡。

最高人民法院在"天津北方食品有限公司、香港捷成有限公司股东知情权纠纷民事裁定书"①中认定:"对于股东要求查阅公司会计账簿的,由于会计账簿能够体现公司深层次的经营管理活动,为了防止股东有'不正当目的',维护公司的正常经营秩序,《中华人民共和国公司法》(2005 年)第三十四条则明确要求股东应当向公司提出书面请求,说明目的,股东不得有可能损害公司合法利益的不正当目的。"

基于以上,笔者认为《公司法》要求股东对会计账簿的查阅不仅要以书面形式说明目的,且须基于"正当目的"。为此,股东提出查阅会计账簿的请求除基于正当、善意目的外,还应与其身份或利益直接相关。对于查阅目的正当与否的判断,应当结合以下要素进行考量:① 股东基于股东权利而发起查阅请求;② 查阅目的是为行使自身某项股东权利;③ 查阅内容应当与查阅目的相匹配;④ 不得损害公司和其他股东合法权益。

二、"不正当目的"的实务理解

由于《公司法》对于"不正当目的"语焉不详,既未给出明确界定,也无实例释明。而"不正当目的"的认定有很强的主观性,加之司法实践中案情复杂多变,人民法院对于股东要求查阅会计账簿是否存在"不正当目的"往往是基于个案事实,具体考量。

当前司法实践中,对于原告方股东提起的要求查阅公司会计账簿的诉请,作为被告方的公司几乎无一例外以"股东查阅会计账簿有不正当目的"进行抗辩。而人民法院最终支持公司拒绝股东查阅公司会计账簿的情形,多限于股东与公司之

---

① 参见最高人民法院(2012)民申字第 635 号裁定书。

间存在同业竞争、可能损害公司合法利益。

（一）人民法院支持公司行使拒绝查阅权的目的只能是保护公司"合法利益"

在李淑君、吴湘、孙杰、王国兴诉江苏佳德置业发展有限公司股东知情权纠纷二审案①中，终审判决认为："关于四上诉人要求行使知情权是否具有不正当目的。由于股东的知情权涉及股东和公司之间的利益冲突，在保护股东利益的同时也应适当照顾公司的利益，使双方利益平衡，故知情权的行使应当符合一定的条件并受有一定的限制。本案中，四上诉人向被上诉人佳德公司提出书面请求说明其行使知情权的目的是了解公司实际经营现状，显属其作为有限责任公司股东应享有的知情权。佳德公司以四上诉人具有不正当目的为由拒绝其查阅，则应对四上诉人是否具有不正当目的并可能损害其合法利益承担举证责任。法院认为，公司法第三十四条规定的公司拒绝查阅权所保护的是公司的合法利益，而不是一切利益。""如佳德公司持有在仲裁一案中应当提供而未提供的相关证据，则不能认定股东查阅公司账簿可能损害其合法利益。综上，股东知情权是股东固有的、法定的基础性权利，无合理根据证明股东具有不正当目的，则不应限制其行使。佳德公司拒绝四上诉人对公司会计账簿行使查阅权的理由和依据不足，不予采信。"

上述案件中，对于被告公司持有在仲裁中应当提供而未提供的相关证据，人民法院认为"案件当事人理应对法庭或仲裁庭如实陈述，并按法庭或仲裁庭要求提供自己掌握的真实证据，以拒不出示不利于己的证据为手段而获得不当利益为法律所禁止"，进而据此认定"不能认定股东查阅公司账簿可能损害其合法利益"。由此可见，公司在抗辩"认为股东查阅会计账簿有不正当目的"时，应当紧紧围绕公司自身合法权益展开，而非其他事由，否则将无法得到人民法院的支持。而这其中所体现出的，正是《公司法》立法所追求的股东和公司之间的利益平衡。

（二）实质性竞争关系是判定股东具有"不正当目的"的典型情形

在四川荥经县建材有限责任公司与刘杰股东知情权纠纷二审案②中，法院认为："荥经县建工石材有限公司经营范围为建材销售，而建材公司的主要经营范围也包括建材销售，刘杰作为建材公司股东，同时又作为荥经县建工石材有限公司的股东和法定代表人经营与建材公司也在经营的建材销售业务，两公司之间构成实质性竞争关系，建材公司提出刘杰查阅会计原始凭证可能损害建材公司的正常经营理由成立，刘杰作为建材公司股东知情权应受到限制，建材公司有权拒绝刘杰查询原始凭证。"

如前所述，会计账簿记载了公司极为重要的经营信息和商业机密，一旦被具有实质性竞争关系的其他公司获取，可能被非法利用从而损害公司合法权益。如果

---

① 参见《最高人民法院公报》2011年第8期（总第178期）。
② 参见雅安市中级人民法院（2016）川18民终1016号判决书。

查阅股东本人或其近亲属自营或为他人经营与公司具有实质性竞争关系的业务，则其可能成为该等商业信息的非法传播者，且在其他经营活动中将不可避免地利用到查阅信息。因此，实质性竞争关系在司法实践中已成为判定股东具有"不正当目的"最为典型的情形。

（三）并非所有"同业竞争"情形皆构成股东"不正当目的"

笔者通过案例检索发现，人民法院对于"同业竞争"是否构成"不正当目的"的认定，存在两种不同的观点：

观点一："同业竞争"未必构成"不正当目的"

倾向于该种观点的主要是上海地区的法院。如上海赛恩斯图文标识设计工程有限公司诉刘迪股东知情权纠纷案①、上海澳仪国际贸易有限公司诉唐颖股东知情权纠纷案②，法院均认为：同业竞争并非就是不正当竞争，有同业竞争并不能直接得出股东具有不正当目的的必然结果。分析上海法院的判决，笔者认为，上海地区法院的审判思路是：首先，就"同业竞争"的认定，采取的是更为严格的"实质重于形式"审查，并不仅以营业执照记载的经营范围存在字面重合来认定存在同业竞争，还需从客户群体、产品区域等方面举证，证明股东或者股东相关方经营的企业与公司存在实质性竞争关系。其次，法院在认定"同业竞争"的基础之上，并未据此直接认定股东存在"不正当目的"，被告公司尚须进一步证明同业竞争是非正当竞争。可见，上海地区的法院在股东知情权和公司利益的平衡问题上，更加倾向于保护股东的知情权。

观点二："同业竞争"即构成"不正当目的"

倾向于该种观点的主要是北京地区的法院。如北京思诚翰盛机械制造有限责任公司与高小强、赵杰知情权纠纷二审案③、陈文与北京超视焦点广告有限公司知情权纠纷案④，法院均认为：有同业竞争就存在股东查阅会计账簿"不正当目的"的可能，则公司有权拒绝股东查阅会计账簿。笔者认为，北京地区法院的审判思路是，一旦认可股东或其关联方经营的企业与公司存在同业竞争，即可认定股东查询公司会计账簿具有"不正当目的"，且有损害公司及其他股东利益的"可能"，这种损害是一种"可能性"，而无须是"必然性"。可见，在北京地区的审判实践中，相对于股东，法院更倾向于保护公司的合法利益。同时，对于知情权案件中同业竞争的认定，北京地区法院大多直接以两家企业工商登记的经营范围中出现重合而予以直接认定，即更倾向"形式"认定。

对此，笔者认为：首先，对于同业竞争应明确为实质性竞争关系，不能仅依经营

---

① 参见上海市第一中级人民法院(2015)沪一中民四(商)终字第1145号判决书。
② 参见上海市第一中级人民法院(2014)沪一中民四(商)终字第2172号判决书。
③ 参见北京市第三中级人民法院(2016)京03民终14282号判决书。
④ 参见北京市第一中级人民法院(2014)一中民(商)终字第9557号判决书。

范围的字面重合简单认定,且公司对同业竞争应负有更高的举证责任;其次,人民法院一旦认定存在实质性竞争关系,即可直接认定股东具有"不正当目的",无须苛求公司再进一步证明该竞争为不正当竞争。会计账簿记载着企业的客户群体、销售渠道等商业秘密,而具有实质性竞争关系的股东极具利用该等商业秘密的可能,即具有所谓的"源动力",从而侵犯公司及其他股东的合法利益。在此逻辑之下,直接认定股东具有"不正当目的",实为更加合理的平衡。

三、"不正当目的"的立法补充

如上所述,由于《公司法》并未给出"不正当目的"的实例释明,司法实践中判定"不正当目的"的情形通常限于股东存在同业竞争、损害公司合法利益的情形。

2017 年 9 月 1 日起施行的最高人民法院《关于适用〈中华人民共和国公司法〉若干问题的规定(四)》[以下简称《公司法解释(四)》]第 8 条则以列举方式对《公司法》第 33 条第 2 款"不正当目的"的规定进行了细化:"有限责任公司有证据证明股东存在下列情形之一的,人民法院应当认定股东有公司法第三十三条第二款规定的'不正当目的':(一)股东自营或者为他人经营与公司主营业务有实质性竞争关系业务的,但公司章程另有规定或者全体股东另有约定的除外;(二)股东为了向他人通报有关信息查阅公司会计账簿,可能损害公司合法利益的;(三)股东在向公司提出查阅请求之日前的三年内,曾通过查阅公司会计账簿,向他人通报有关信息损害公司合法利益的;(四)股东有不正当目的的其他情形。"

通过翻阅相关资料,笔者发现《公司法解释(四)》第 8 条所列举的情形基本与《日本公司法》第 433 条的规定一致。① 进一步分析《公司法解释(四)》第 8 条对于"不正当目的"的规定,对于情形(一)笔者并不持异议。如前所述,一旦股东自营或为他人经营与公司主营业务有实质性竞争关系的业务,公司即有理由相信股东可能存有"不正当目的"而拒绝提供查阅。情形(二),笔者认为,该行为有"可能损害公司合法利益的",才能构成股东的"不正当目的"。如上述李淑君、吴湘、孙杰、王国兴诉江苏佳德置业发展有限公司股东知情权纠纷二审案,即便四名原告在查阅后向第三人通报得知事实并获利,如果该行为并未损害公司合法利益,则不应被认定为具有"不正当目的"。情形(三)笔者无法认同,股东知情权是股东的固有权利,对之限制须慎之又慎,不能仅凭股东过去的"劣迹"就武断地剥夺股东本该享有的法定权利。试想,根据《公司法》第 33 条第 2 款的规定,对于股东提出查阅会计账簿的请求,采取的是"一事一议"的程序标准;而《公司法解释(四)》第 8 条第(三)项所传达的信号则是:一旦股东向他人通报有关信息损害公司合法利益,则自动"禁言"3 年,3 年内丧失查阅公司会计账簿的法定权利。笔者认为,这种规定

---

① 参见黄晓林:《日本公司法对滥用股东知情权的规制——以股东名册阅览为中心》,载《长春理工大学学报》(社会科学版)2012 年第 4 期。

过于严苛且不适当,既不符合《公司法》的基本规定,也有悖于股东知情权的本质属性。情形(四)为兜底性条款,笔者认为"不正当目的"的其他情形,在实践操作中应以"可能损害公司合法利益"为唯一判别标准。

四、"不正当目的"的举证责任

根据《公司法》第33条第2款的规定,股东要求查阅公司会计账簿,应向公司提出书面申请,并说明目的。公司接到股东查阅请求后,如果拒绝提供查阅,应当在15日内书面回复股东并说明理由。此时,股东可以请求人民法院要求公司提供查阅。为此,在股东要求查阅会计账簿时,股东仅负有说明查阅目的的义务,即股东应对其符合积极标准的事实负举证责任;而当公司拒绝提供查阅时,证明"不正当目的"的责任在于公司,即公司应对股东符合消极标准的事实负举证责任。

公司举证查阅股东具有"不正当目的",仅须达到"有合理根据"即可。而对于"可能损害"的发生,法院在认定股东存有"不正当目的"时就应直接得出公司合法利益存在受损的可能性,公司就有拒绝股东查阅会计账簿的法定依据。

五、结语

法律在本质上是一种利益调节机制,科学立法所追求的正是不同利益之间的均衡,《公司法》的立法尤是如此。《公司法》第33条规定的股东对会计账簿的查阅权以及特定情形下公司所享有的拒绝查阅权,正是这种立法精神的体现。

司法实践中对"不正当目的"判别时,应当追本溯源,从公司利益系所有股东利益集合体这一本质出发,在充分尊重每个股东知情权的基础上,允许公司利用"不正当目的"进行合理抗辩,以期实现股东个体利益和公司整体利益的平衡。在具体判断方面,应当将会计账簿记载信息可能被非法利用作为最基本的判别标准,以此判断公司合法利益是否将受侵害,股东要求查阅是否构成"不正当目的"。

参考文献

[1] 潘云波、俞巍:《股东查阅公司会计账簿的正当目的及实现方式》,载《人民司法》2011年第6期。

[2] 马添翼:《股东知情权的限制若干问题研究》,载《法制博览(中旬刊)》2012年第4期。

[3] 彭真明、方妙:《股东知情权的限制与保障——以股东查阅权为例》,载《法商研究》2010年第3期。

第三部分

《公司法解释（四）》与股东利润分配请求权纠纷

股东利润分配请求权的司法保护

——兼论《公司法解释(四)》相关规定

徐嘉丽[*]

[摘要] 股东利润分配请求权是股东对公司享有的一项基本权利,保护其利润分配请求权即是防止小股东遭受大股东滥用股东权利所造成的损害,但我国目前对此项权利的司法保护仍需加强。本文从我国及其他国家的法律规定和司法实践、诉讼主体资格、裁判效力等方面对股东利润分配请求权的司法保护进行了简要分析。

[关键词] 分配利润 股东会决议 主体资格 司法保护

A 公司成立于 2001 年 6 月,2003 年 2 月,A 公司股东会形成决议,原股东全部股权转让给 B 股东、C 股东和 D 股东。C 股东出资 544 万元,占比 68%;D 股东出资 128 万元,占比 16%;B 股东出资 128 万元,占比 16%。转让人和受让人分别签订了书面股权转让协议,并办理了工商变更登记,由 C 股东为法定代表人。同年 8 月,公司形成股东会决议,将 D 股东的股权转让给 C 股东、B 股东,协议双方签订股权转让协议。同时,公司名称变更为 A 公司,并办理了相关工商变更登记。至此,A 公司股东为两人,即 C 股东出资 600 万元,占比 75%;B 股东出资 200 万元,占比 25%。上述转股均系仅办理了工商变更登记,受让人均未支付股权转让金,B 股东及 C 股东均认可双方购买的系空壳公司。

A 公司在案涉争议前,并未在公司章程或者股东会议决议中对股东分配利润作出相应的合理限制。同时,A 公司也不存在全体股东约定不按照出资比例分取红利或者不按照出资比例优先认缴出资的情形。A 公司章程第 8 条第(四)项约定,股东按照出资比例分取红利;第 23 条第(五)项约定,公司弥补亏损和提取公积金、法定公益金后所余利润,按照股东的出资比例分配。

B 股东向法院起诉要求 A 公司向其支付应分配利润,一审法院判决 A 公司向 B 股东支付应分配利润。A 公司不服,提起上诉,二审法院判决驳回上诉,维持原判。A 公司仍不服,申请再审,再审法院判决撤销原判决,并驳回 B 股东的诉讼请求。[①]

---

[*] 四川君合律师事务所律师。

[①] 参见中国裁判文书网(http://wenshu.court.gov.cn/content/content? DocID = 0c24f52f-c17a-4eaa-b8f0-a7ba6b0251bd&KeyWord = 盈余分配纠纷),访问日期:2017 年 10 月 21 日。

一、股东利润分配请求权概述及司法实践

(一) 股东利润分配请求权概述

股东利润分配请求权是股东对公司享有的一项重要的自益权,其是指股东基于自身公司股东的资格和地位而享有的,请求公司向自己分配股权利润的权利。股东利润分配请求权的司法保护一般及于有限责任公司。

股东利润分配请求权可分为抽象的利润分配请求权和具体的利润分配请求权,抽象的利润分配请求权是指股东基于其股东身份享有的权能,而具体的利润分配请求权是指股东通过股东会决议享有的请求公司分配利润的权利,具有债权性。

《中华人民共和国公司法》(以下简称《公司法》)对公司股东利润的分配规定了严格的条件:第一,公司必须有实际可供分配的利润;第二,公司的利润分配方案经由股东(大)会决议通过;第三,公司不存在侵权行为。在满足上述条件后,股东可依法行使利润分配请求权。

(二) 股东利润分配请求权的司法实践

1. 我国司法实践

我国现行《公司法》及相关司法解释对股东利润分配请求权司法保护的规定较为抽象,尚未在股东通过诉讼方式寻求司法救济的程序及裁判规则等方面作出明确规定。而从目前我国司法实践来看,法院在现有法律框架体系下为具体的股东利润分配请求权提供了较为有力的保护,但其对此仍持谨慎态度。这是由于股东利润分配请求权不仅关乎股东权利的保护,更关乎公司债权人的利益,若未能合理处理股东利润分配请求,则有可能牺牲另一方利益,从而不利于社会资源的公正、合理、有效配置。[1]同时也是基于维护公司的自治权,不加以过多的公权力干预的原则,具体体现在股东在公司未经股东会形成分配利润的决议前,向法院提起诉讼请求分配利润的,法院不予支持这一方面。这就导致了一些亟待解决的问题,如:大股东拒绝召开股东会,无法形成有效的股东会决议或决议不分配时,缺乏有效救济措施等。

2. 各国司法实践

在股东利润分配请求权的保护方面,各国的法律大都作出了规定。美国公司法中根据公司是否公开发行上市,将公司分为公众公司(即上市公司)和封闭公司(即非上市公司)[2],请求权保护及于封闭公司。又由于分配利润的权力属于董事会,董事会滥用权力,不与分配利润时,法院可以行使衡平法中的职权,直接强制董事会进行利润分配,Dodge v. Ford Motor Co. 即是一典型案例。

---

[1] 参见张艳、马强:《法院判决解散公司相关问题之研究》,载《法律适用》2008 年第 9 期。
[2] 参见共涛:《非上市股份有限公司的特殊性》,载《法学》2004 年第 7 期。

法国公司法的规定和实践则不同,只要从公司利益角度看,股东(大)会决议具有正当性,股东(大)会就有权作出不分配利润的决议;若不具有正当性,法院才会因股东滥用权利而判决决议无效。

二、股东利润分配请求权诉讼的主要争议焦点

(一) 当事人的主体资格

1. 原告的主体资格

在股东利润分配请求权诉讼中,原告应具有公司的股东资格。实践中,法院一般结合公司章程、工商登记信息、股东名册、出资证明书等文件,综合认定原告是否具备股东资格,这一方式更适用于公司与第三人之间的纠纷。但公司股东内部的纠纷,由于公司股东内部之间可能存在隐名股东等实际出资与约定出资或实际享有股东权利不符的情况,仅凭前述文件可能难以认定股东资格时,就需要法院根据争议当事人的具体构成,综合分析并使用相应的证据认定股东资格。

2. 被告的主体资格

我国目前司法实践中,股东利润分配请求权诉讼的被告最常见的是公司,公司的其他股东等有时也会作为被告。最高人民法院《关于适用〈中华人民共和国公司法〉若干问题的规定(四)》[以下简称《公司法解释(四)》]第13条规定:"股东请求公司分配利润案件,应当列公司为被告。一审法庭辩论终结前,其他股东基于同一分配方案请求分配利润并申请参加诉讼的,应当列为共同原告。"

笔者赞同《公司法解释(四)》的上述规定,股东利润分配请求权是股东对公司享有的权利,分配利润的行为主体是公司和股东,大股东滥用股东权利导致的损害结果也发生于公司和受损害的股东之间。因此利润分配案件中的适格被告一般应为公司。特殊情形下,股东也可成为被告,如果出现法人财产和法人成员财产混同,那么,法律可以否定公司独立人格和独立责任,而让相关法人成员直接对法人债权人承担责任。

同时,其他股东若有相同诉求,由于两者的诉讼标的均对应公司的应分配利润,根据《中华人民共和国民事诉讼法》(以下简称《民事诉讼法》)第52条的规定,应当列为共同原告;对于不同意原告诉讼请求,依据《民事诉讼法》第56条的规定,应作为无独立请求权的第三人参加诉讼。

(二) 公司利润分配的股东会决议及法院裁判的效力范围

《公司法解释(四)》第14条规定:"股东提交载明具体分配方案的股东会或者股东大会的有效决议,请求公司分配利润,公司拒绝分配利润且其关于无法执行决议的抗辩理由不成立的,人民法院应当判决公司按照决议载明的具体分配方案向

股东分配利润。"第 15 条规定:"股东未提交载明具体分配方案的股东会或者股东大会决议,请求公司分配利润的,人民法院应当驳回其诉讼请求,但违反法律规定滥用股东权利导致公司不分配利润,给其他股东造成损失的除外。"

1. 公司利润分配的股东会决议

目前,我国法院对于没有股东(大)会形成的载明具体分配方案的有效决议,起诉请求公司分配利润的,一律不予支持。正如本文开篇的案例,法院判决理由如下:基于前述的司法谨慎干预原则,人民法院在审理公司盈余分配权纠纷时,一般仅支持具体盈余分配权,其前提条件是只有在公司董事会、股东会已形成盈余分配决议,而公司拒不执行该决议,致使股东依据该决议所享有的盈余分配给付请求权(即具体盈余分配权)遭到侵害时,股东方可提起盈余分配权诉讼,否则股东无权径行提起盈余分配权诉讼。[1]

受到损害的中小股东在这种情况下,只能选择替代性的救济方式,即《公司法》第 74 条规定的股权回购请求权,由于其条件是公司连续 5 年不向股东分配利润,而公司该 5 年连续盈利,并且符合《公司法》规定的分配利润条件,则会导致受损害股东的损害持续发生,无法得到及时、有效的救济。因此,笔者认为,《公司法解释(四)》第 15 条有效地对上述情形提供了进一步的补充保护,同时仍维护了公司的意思自治权利。

2. 法院裁判的效力范围

最终出台的《公司法解释(四)》删除了最高人民法院《关于适用〈中华人民共和国公司法〉若干问题的规定(四)(征求意见稿)》第 21 条(未参加诉讼股东申请强制执行的权利)的规定,但笔者仍旧认为,人民法院作出的关于公司分配利润的判决的效力应及于未参加诉讼的有利润分配请求权的股东,且其可以据此申请强制执行。

公司分配利润的行为并不仅仅针对某一特定股东,公司的所有股东均享有利润分配的权利。若法院判决公司向股东分配利润,其效力仅及于原告股东,未参与诉讼的且认同这一判决结果的股东,很有可能会向法院提起相同的诉讼请求。为节约司法资源,保证司法高效,笔者认为,有必要扩大一般给付之诉的效力范围,将法院裁判利润分配的效力及于所有股东。判决生效后,该公司的任一股东均可凭此申请强制执行。

但仍需明确,若未参与诉讼的股东对判决结果存有异议,而判决效力又及于自身,那么这类股东该如何进行司法救济。

---

[1] 参见沈忠达与南通宏昇置业有限公司公司盈余分配纠纷审判监督民事判决书。

三、结语

股东利润分配请求权是保护股东合法权益的一项重要权利,《公司法解释（四）》将原本抽象的规定作了进一步的具体化,但仍存在法律规定与司法实践的空白区域,如"违反法律规定滥用股东权利导致公司不分配利润,给其他股东造成损失的",法院据此认定应当分配,那么分配利润的比例如何确定等问题,公司自治权与司法干预的平衡,仍需在《公司法解释（四）》施行后于实践中进一步明确并细化。

中小股东利润分配请求权之司法直接救济
——兼评《公司法解释(四)》

祝传颂[*] 郭 欢[**]

[摘要] 利润分配请求权是股东的基本权利之一,是股东基于自身的股东身份所享有的请求公司进行利润分配的权利。[①] 在我国的公司治理中,公司的决策权一般由大股东掌握,当大股东不愿意分配公司利润时,中小股东往往束手无策。若利润分配请求权无法保障,无疑是对中小股东利益的侵害。为了解决目前存在的这种问题,最高人民法院《关于适用〈中华人民共和国公司法〉若干问题的规定(四)》[以下简称《公司法解释(四)》]引入了股东利润分配请求权诉讼制度,为中小股东的利润分配请求权的保障指明了方向,但《公司法解释(四)》并非毫无瑕疵,仍存在待完善与明晰之处。

[关键词] 中小股东 利润分配请求权 司法直接救济

一、中小股东利润分配请求权司法直接救济之现状

现行《中华人民共和国公司法》(以下简称《公司法》)及此前的公司法司法解释并没有关于中小股东利润分配请求权司法直接救济的规定,当中小股东利润分配请求权遭受侵害时,各地法院判决也不尽相同。笔者通过中国裁判文书网、无讼案例等查阅了近年来关于中小股东利润分配请求权的裁判,总结出不同案件之间的共性,对相关案件进行分类分析,归纳了我国司法直接救济中小股东利润分配请求权面临的主要问题。

(一) 股东会作出利润分配方案决议的纠纷裁判

在陈某某与宁波三维技术有限公司(以下简称"三维公司")公司盈余分配纠纷案[案号:(2015)甬东商初字第4191号]中,原告陈某某诉称,其入股投资被告三维公司,持股比例为5%。自入股以来,被告三维公司剥夺其股东权益,既不通知原告参加股东会也不告知公司经营情况。同时,原告也无法自行查阅、复制公司会计账簿以及财务会计报告。经查阅工商档案得知公司连续数年都有盈余,且股东会

---

[*] 安徽天禾律师事务所律师。
[**] 安徽天禾律师事务所律师。
① 参见甘培忠:《企业与公司法学》(第7版),北京大学出版社2014年版,第305页。

作出决议,决定分配红利并规定了分配方案,但原告未获分毫分红。被告并没有否认公司连续数年都有盈余,对股东会已作出利润分配方案决议也予以认可,但对原告的持股比例表示异议,并称本案已过诉讼时效。经过审理,法院认为:在公司章程以及股东会决议均对红利以及红利分配进行约定的情况下,理应按照持股比例进行利润分配。

本案是典型的股东会作出了利润分配方案决议,而公司不予分配利润的案件。对于这种情形,理论界与实务界几乎没有争议。如果股东会作出了利润分配方案决议,则股东的利润分配请求权就成为独立于股权的一项债权,存在于股东与公司之间,理应得到支持。①

(二) 股东会没有作出利润分配方案决议的纠纷裁判

1. 公司章程规定了利润分配方案的情形

在河南思维自动化设备有限公司(以下简称"思维公司")与胡克公司公司盈余分配纠纷案[案号:(2006)民二终字第 110 号]中,原审法院认为,根据《公司法》第 33 条和思维公司的公司章程,在公司章程已对利润分配方案作出规定时,公司理应按照章程规定进行利润分配。一审法院宣判后,被告不服一审判决并向最高人民法院提起上诉。最高人民法院审理后推翻了一审判决。最高人民法院认为:"有限责任公司利润分配方案应由公司董事会制订并由公司股东会审议批准。在公司董事会、股东会未就公司利润分配方案进行决议之前,公司股东直接向人民法院起诉请求判令公司向股东分配利润缺乏法律依据。"

2011 年该案入选最高人民法院指导性案例,并作出了如下裁判指导:"在董事会、股东会未就利润分配方案作出决议前,法院不得径行裁判。"②从本案可知,在公司章程规定了利润分配方案,而股东会没有作出利润分配方案决议时,最高人民法院的观点是不支持股东分配利润的诉讼请求。

本案虽入选最高人民法院指导性案例,但针对该案的争议却一直不断。按照最高人民法院的观点,股东请求分配利润的前提是董事会、股东会作出了关于利润分配方案的决议。但在资本多数决的股东会表决模式下,若大股东不愿意分配利润,中小股东的利润分配请求权又该如何保障。最高人民法院从保障公司自治权的角度出发,尊重公司股东会决议,但片面追求公司自治权的保障,忽视了中小股东的利益。

2. 股东之间订立协议约定了利润分配方案的情形

在韩某某与巩某某、潍坊华安汽车救援有限公司(以下简称"华安汽车")公司

---

① 参见曾庆涛:《中小股东利润分配请求权之司法保护——兼评〈公司法司法解释(四)征求意见稿〉》,载《法制与社会》2016 年第 12 期。

② 最高人民法院民事审判第二庭编:《最高人民法院商事审判指导案例(公司卷)》,中国法制出版社 2011 年版,第 298 页。

盈余分配纠纷案[案号(2013)奎商初字第 618 号]中,原告韩某某诉称,其委托杨某某与被告巩某某签订协议,约定了利润分配方案,但被告华安汽车一直未向其分配利润。为此原告诉至法院,请求被告华安汽车支付利润。被告答辩称,根据《公司法》的规定,股东请求公司分配利润,须以公司股东会讨论通过利润分配方案为前提,但截至目前,公司尚未召开股东会决定是否分配利润。经过审理,法院认为:"利润分配属于公司自治事项,公司股东要求分配公司利润应当以利润分配分案已经公司股东会决议通过为前提。原告提供的合同书仅是被告华安公司成立后相关股东权利及义务内容的约定,并非股东会决议,原告在诉讼中也未提供被告华安公司已召开股东会通过了公司利润分配决议的相关证据。"最终法院判决驳回原告韩某某的诉讼请求。

该案法院的判决代表了目前我国各地法院的主流观点,在股东会没有作出利润分配方案之前,股东之间关于利润分配的协议不能作为分配公司利润的依据。

为了进一步探究中小股东利润分配请求权司法直接救济之现状,笔者以公司盈余分配纠纷为关键字,在无讼案例上进行检索,共检索出民事裁判 2 587 份,其中判决 1 282 份。从 1 282 份判决中,笔者随机挑选了 50 份判决,其中 39 份判决不支持没有股东会决议的股东利润分配请求权之诉,仅有 11 份判决支持或间接承认在没有股东会决议时,若有公司章程或类似协议约定分配利润的,公司应当分配利润。从法院判决结果来看,虽然各地法院对司法是否应当直接救济股东利润分配请求权尚存争议,但总体来说仍偏于保守。

二、司法直接救济中小股东利润分配请求权的障碍与必要性分析

(一) 司法直接救济中小股东利润分配请求权的障碍

传统公司法理论认为,股利分配本质上属于公司内部事项,应由公司自主决定,外部第三人,包括司法机关不应干预。[①] 股东之间关于是否分配利润的争议也仅仅是股东在市场判断、经营方针上存在差异。部分股东出于扩大公司规模、增强公司竞争力的目的而不赞成将公司经营所得利润分配给股东,而其他股东则因为资金压力、改善生活条件等原因期望公司能够分配利润,这本身并无对错之分。

另外,"当事人是自己最好的法官",商业判断免受司法行为干涉正是公司自治的保障,而且许多商业决策属于市场活动,法官没有能力和经验去判断、把关。[②] 若法官随意运用自己的司法权力介入到公司的生产经营当中,很可能起到相反的效果,从而导致公司整体利益受损。我国《公司法》之所以没有规定司法直接救济股东利润分配请求权也是源于对公司自治的尊重,避免司法过多介入到公司的生

---

① 参见胡传东、李建革:《论股利分配请求权司法直接救济的可能性与路径设计》,载《郑州大学学报》(哲学社会科学版)2016 年第 6 期。
② 参见施天涛:《公司法论》,法律出版社 2005 年版,第 480 页。

产经营活动当中。

(二) 司法直接救济中小股东利润分配请求权的必要性

公司自治需要尊重,但公司自治并不是万能的,偶尔也会出现自治失灵的现象。在资本多数决原则下,公司自治实际上变成了大股东自治,而大股东的利益并不总是与公司以及其他股东的利益相一致。当大股东的利益与公司以及其他股东的利益出现矛盾时,如果任由公司自治,则可能出现大股东为了自己的利益而侵犯公司以及其他股东的利益的情形。在利润分配上,大股东可能通过操纵股东会,进而左右公司利润分配方案,采用不分或少分公司利润的方法来排挤中小股东。此时,若没有外力救济,中小股东的生存空间将持续被压缩。

与其他救济方式相比,司法由于其公正性与中立性从而成为最适合介入的外部救济手段。在选择司法作为中小股东利润分配请求权救济手段时,还需在司法直接救济与间接救济之间做出选择。司法直接救济即法院直接就股东利润分配请求权作出裁判,司法间接救济主要包括股东依据《公司法》第74条请求公司回购其股权、向他人转让其股权以及依据《公司法》第22条请求法院撤销股东会决议。与传统的司法间接救济相比,司法直接救济既保证了中小股东继续享有股东身份,又保障了中小股东的利润分配请求权,同时,还避免了中小股东重复起诉,节约了司法资源,是最适合的中小股东利润分配请求权救济方式。

三、《公司法解释(四)》关于司法直接救济中小股东利润分配请求权之规定

2017年8月25日,最高人民法院发布《公司法解释(四)》,该解释第13—15条规定了股东利润分配请求权案件的适用解释。第13条规定了股东请求公司分配利润案件应以公司为被告,同时规定了在一审法庭辩论终结前,其他股东基于同一分配方案请求分配利润并申请参加诉讼的,应当列为共同原告;第14条明确了股东请求公司分配利润需提交载明具体分配方案的股东会或者股东大会有效决议;第15条规定了若股东未提交载明具体分配方案的股东会或者股东大会决议但能够证明股东滥用股东权利导致不分配利润致使其他股东遭受损失的除外。

《公司法解释(四)》第一次引入了司法直接救济中小股东利润分配请求权之概念,赋予了利润分配请求权遭受侵害的中小股东直接提起利润分配之诉的权利。其中第14条、第15条明确规定了股东请求分配利润的应当提交载明具体利润分配方案的股东会或股东大会决议,否则驳回其诉讼请求。但不可否认的是,大股东的利益并不总是与中小股东相一致的。当大股东为了己方利益滥用股东权利,通过操纵股东会、股东大会来阻挠分配利润时,公司自治将严重失灵,甚至沦为大股东压榨、排挤中小股东的工具。例如,公司不分配利润,但董事、高级管理人员却领取高额薪酬或者由大股东操纵公司向关联方高价购买产品、低价出售商品从而将

利润转移到关联方等。为了防止这种情形的出现，《公司法解释（四）》第 15 条但书条款规定了公司股东滥用股东权利导致公司不分配利润的，司法可以适当干预，以实现对公司自治失灵的矫正。

《公司法解释（四）》关于股东利润分配请求权之规定充分尊重了公司自治，赋予公司自主决定是否分配利润之权利，同时兼顾了中小股东的利益，相较于之前的规定有明显的进步。《公司法解释（四）》的正式颁布为法院处理类似案件提供了明确的法律依据，结束了长期以来关于公司股东是否有权直接起诉公司要求分配利润的争议，有利于各地法院统一判案标准，维护司法公信力。

四、对《公司法解释（四）》的评析

在肯定《公司法解释（四）》正面意义的同时，我们也应当看到该解释仍有待完善、明晰之处。从目的解释来看，司法解释之意义在于解决法律运行过程中遇到的具体问题，即法律之解释理应充分释疑。

《公司法解释（四）》第 13 条虽规定了股东请求公司分配利润案件应以公司为被告，同时规定了在一审法庭辩论终结前，其他股东基于同一分配方案请求分配利润并申请参加诉讼的，应当列为共同原告，但是对于不同意分配利润的股东的诉讼地位却并未规定。在 2016 年 4 月 12 日最高人民法院印发的《关于适用〈中华人民共和国公司法〉若干问题的规定（四）（征求意见稿）》中曾将不同意分配利润的股东列为第三人，在《公司法解释（四）》正式颁布后这一部分却被删除。司法实践中，就不同意分配利润的股东的诉讼地位各地法院没有统一的标准，有将其列为被告的，也有将其列为第三人的。对此，最高人民法院曾在判决中对不同意分配利润的股东的诉讼地位表明了倾向性观点，在林某某与江苏祥龙红木家具有限公司、陈某坚、陈某华、陈某涵、周某某公司盈余分配案〔案号：（2014）民申字第 296 号〕中，将不同意分配利润的股东列为第三人。在正式公布的《公司法解释（四）》中却将这一部分删除，不免让人感到遗憾。在司法实践中，我们常会遇到部分股东要求分配利润，而其他股东却不同意的情形。《公司法解释（四）》对这一问题的回避，不利于纠纷的解决与裁判尺度的统一。

根据《公司法解释（四）》第 15 条但书的规定，公司股东滥用股东权利导致公司不分配利润的，司法可以适当干预。现实中，公司的生产经营权通常由大股东掌握，中小股东即使想参与到公司的生产经营中，往往也因为大股东的阻挠而无法成行。在不参与公司生产经营的情况下，中小股东又如何去判断公司股东是否滥用股东权利。同时，查账难也是中小股东行使利润分配请求权的障碍之一，在无法查账的前提下，中小股东很难去证明股东滥用股东权利。正如上文提到的陈某某与宁波三维技术有限公司公司盈余分配纠纷案，该案中，小股东陈某某无法自行查阅、复制公司会计账簿以及财务会计报告，其主张分配公司利润自然会遇到障碍。在中小股东既无法参与公司生产经营又无法查账的前提下，若要中小股东证明大股东滥用股东权利谈何容易。

笔者认为,在规定当股东存在滥用股东权利,司法可以适当干预公司利润分配的同时,还需明确举证责任由谁承担。笔者认为,从保障中小股东权益角度出发,是否可以考虑适用举证责任倒置之规定,由中小股东提出股东存在滥用股东权利的初步证据,继而由涉嫌存在滥用股东权利之股东就其不存在滥用股东权利进行举证。笔者预测,在可预见的将来,必将会有大量的关于在此种情形下举证责任分担之争议涌现。鉴于解释是关于实体法《公司法》之解释,故未将举证责任之分担列入解释中也不难理解。期待在此后的司法实践中,最高人民法院能够充分发挥其智慧,以指导性案例等形式明晰在此种情形下的举证责任,在维护公司自治的同时,最大限度地保障中小股东之权益。

根据《公司法解释(四)》第15条但书的规定,有限责任公司的股东有证据证明其他股东滥用股东权利的除外。结合第15条前半句来看,该但书的意思是当有限责任公司的股东有证据证明其他股东滥用股东权利导致公司不分配利润的,不驳回其诉讼请求。但不驳回其诉讼请求具体又是何意却并未明确。是否意味着法院可以径行裁判公司分配利润?还是说不驳回其诉讼请求意味着法院可以判决公司重新召开股东会就是否分配利润进行表决?笔者认为,应明确不驳回其诉讼请求之含义。从平衡公司自治与中小股东权益保障之角度来看,笔者更偏向于不驳回其诉讼请求之含义为法院可以判决公司重新召开股东会就公司是否应当分配利润作出决议。这样既维护了公司自治,避免司法过分干预公司自治,又在中小股东利润分配请求权遭受侵害时为中小股东提供了救济途径,在公司自治与中小股东权益保障之间实现了平衡。

一项好的制度可以使人的坏念头受到抑制,而坏的制度会让人的好愿望四处碰壁。[1] 在大家的努力下,《公司法解释(四)》能够得到完整、全面地落实,立法目的也能更好地实现。

---

[1] 参见李美云:《有限责任公司股东会计账簿查阅权问题研究——兼对〈公司法司法解释四(征求意见稿)〉评析》,载《中国政法大学学报》2013年第4期。

抽象的股东利润分配请求权的司法救济

——兼论《公司法解释（四）》第14、15条

吴正林*

[摘要] 在公司治理过程中，一味强调公司自治原则，并不能妥善解决实践中的纠纷。"资本多数决"原则被大股东所滥用，侵害小股东的股利分配权，此与公司正义原则背道而驰，故须予以矫正。最高人民法院《关于适用〈中华人民共和国公司法〉若干问题的规定（四）》[以下简称《公司法解释（四）》]第15条但书规定，旨在矫正公司自治失灵时，对中小股东的权利保护，该但书规定无论是对司法实践、学界以及将来的立法都具有极大意义。但该规定仍过于抽象，会给司法适用带来新一轮的难题，至于滥用股东权利之标准的认定，宜进行类型化梳理来指导司法实践。法院倘认定构成大股东权利滥用，可直接判令公司分配合理数额之利润。

[关键词] 抽象的股利分配请求权　公司自治　公司正义　权利滥用

一、问题的提出

股权的内容主要表现为资产上的受益权和对公司的经营管理权。《中华人民共和国公司法》（以下简称《公司法》）第4条规定："公司股东依法享有资产收益、参与重大决策和选择管理者的权利。"获取资产收益是股东出资的基本目的，而资产收益权主要体现为股东的利润分配请求权。所谓股东的利润分配请求权，是指股东基于其股东地位和资格所享有的请求公司向自己分配股利的权利。学理上将其划分为抽象的利润分配请求权和具体的利润分配请求权。前者属期待权，能否转化为后者，取决于公司是否有盈余、股东会是否作出分配利润的决议等因素。

实践中，股东利润分配纠纷日益频繁，笔者通过中国裁判文书网检索，共有2013份公司股利分配纠纷，其中2013年102件，2014年384件，2015年343件，2016上涨至658件，基本呈逐年递增之势。纠纷内容大致可分为如下三种：① 股东会或股东大会已经作出了股东利润分配决议，但公司迟迟不向股东分配利润；② 股东会或股东大会未作利润分配决议，或因为未召开股东会，抑或作出不分配利润的决议；③ 决议分配的股东利润过少。针对第一种类型，股东会已经作出了

---

* 安徽徽商律师事务所律师。

利润分配决议,就在公司与股东之间产生了具体的利润分配请求权,该权利属于独立于股权的一项普通债权,股东当然可以起诉到法院,并请求强制执行,这在实务上和学界几乎没有争议。《公司法解释(四)》第14条也予以明确规定:"股东提交载明具体分配方案的股东会或者股东大会的有效决议,请求公司分配利润,公司拒绝分配利润且其关于无法执行决议的抗辩理由不成立的,人民法院应当判决公司按照决议载明的具体分配方案向股东分配利润。"而该"向股东分配利润"在理解上存在分歧,之前的征求意见稿第20条第1款后段规定,"判决对未参加诉讼的有利润分配请求权的股东发生法律效力",现正式解释将其删除,但无论是采纳之抑或删除之,该理解上的分歧依旧存在。第一种观点认为,该判决是向所有股东分配利润,其他股东亦可基于该判决请求强制执行;第二种观点认为,该判决仅支持原告股东的利润分配请求,其他股东若想强制执行仍须再次起诉。反驳观点一的理由是不告不理,法院判决不能超出原告的诉讼请求,因为通常而言,原告股东的诉讼请求只是让公司向自己分配利润。笔者认为,法院判决应是对全体有利润分配请求权的股东的裁判,而非对个别股东利益的裁判,个别股东是根据整体分配结果来实现自己的权利,裁判对所有股东都有效力。无论是出于节约诉讼资源的需要,还是根据规定的文义解释、体系解释、目的解释的结果,都应得出上文结论。

针对第二、三种类型,尤其是类型二,实务上裁判不一,学界也争议颇大,问题主要体现为当公司未作利润分配决议或者决议分配的利润过少时,股东能否直接提起利润分配之诉?法院是否应当支持股东分配利润的请求?法院应当如何判决?本文旨在结合《公司法解释(四)》的相关规定,对这些问题予以分析解答,并尝试对《公司法解释(四)》第14条、第15条作进一步解释论分析。

二、抽象的股东利润分配请求权的可诉性

公司股东会未作出股东利润分配决议,公司利润分配能否通过司法裁判来进行,向来存在肯定说、否定说两种观点。

(一) 否定说

否定说认为,抽象的股东利润分配请求权不具有可诉性。理由主要为:第一,公司盈余分配属于公司自治的范畴,属于公司自决事项,只能由公司内部决议,法院不应干预;第二,公司是否分配利润,应由股东会根据公司的发展战略而定,属于商业行为,而法院难以对商业问题作出准确判断;第三,面临执行难问题,因为倘原告股东起诉要求公司作出利润分配决议,法院支持了原告主张,但公司不履行判决,法院难以强制要求公司作出决议;第四,已经存在其他替代性救济措施,如转让股权(《公司法》第71条、第137条)、行使股权回购请求权(《公司法》第74条)和行使解散公司的诉讼权利(《公司法》第182条)。

(二) 肯定说

肯定说认为,如果公司有利润而不分配,特别是公司被大股东控制而不作出分配决议,有可能损害小股东的利润分配权,而大股东却有机会利用对公司的控制,通过关联交易等方式变相实现分配利益时,应该给予司法救济。

(三) 小结

上述两说似乎均有其道理。但笔者倾向于肯定说,下文尝试对否定说的理由逐一反驳。

首先,公司自治原则确是公司法上的重要原则,但公司法作为法律,还应遵循公司正义原则。公司自治原则是公司法的根基,但缺乏公司正义原则,公司自治原则就会无限膨胀,偏离正义之轨道。类似的道理如合同法强调合同自由原则,尽管如此,我们还需要通过公序良俗原则、等价有偿原则、显失公平可撤销规则、格式条款无效规则等对合同内容进行控制调整,以维护合同正义。更有学者指出,合同正义原则的历史比合同自由原则更为悠久。① 公司正义原则本身就已存在于现行公司法之中,如《公司法》第 20 条规定的人格否认制度,即为了纠正法人人格独立制度偏离正义要求之效用。因此,用公司利润分配属于公司自治事项,就否定其可诉性的观点并不充分。

其次,所谓"法官难以对商业问题作出判断"的观点,实属相对而言,不足为据,例如,法官对于重大商业合同纠纷的裁判已经实质性渗入了自己的商业判断,法官缺乏商业经验并不是拒绝司法介入的理由。②

再者,替代性救济措施不足以实现救济。行使股权回购请求权条件严苛,需满足连续 5 年盈利,连续 5 年不分红,且该条款情形极易被大股东通过各种方式使公司中断盈利所规避。转让股权,于股份公司尚可行,但于有限责任公司情形,因为公司的封闭性,以及大股东的压迫,向外转让股份变得很困难,最后可能只能选择贱卖出让,不足以保护小股东的利益。退一步讲,即使这些替代性救济措施皆可顺利实现,也无法解决该问题,即公司经营状况较好,小股东可能并不愿意退出,而转让股权、回购股权等所谓的救济性措施恰恰成为大股东排挤小股东,将小股东"踢出"公司的工具。从立法目的上讲,立法者有义务制定完善的法律,为股东提供多种救济路径,切实保护股东的各项合法权益。

最后,两大法系国家强制分红的经典案例为司法介入公司利润分配之必要性和可行性提供比较法上的支撑。在法国 Langlois 诉 Peter 案中,公司在 20 年间一直未分配利润,小股东没有从公司获得任何投资回报,大股东则通过提高公司管理者报酬获取利益,最终法院认定小股东受到压榨,判令公司分配股利。在美国道奇诉

---

① 参见梁上上:《论股东强制盈余分配请求权》,载《现代法学》2015 年第 2 期。
② 参见李建伟、茅院生:《有限公司强制分配股利之诉的法理依据》,载《当代法学》2010 年第 2 期。

福特汽车公司案中,福特公司 1903 年至 1911 年间发放了高额股利。到 1916 年,公司留存收益达 1.12 亿美元。公司董事会宣布不再派发红利,利润用于再投资,并决定将全部留存收益用于修建铸造厂。两持股共 10% 的股东起诉要求公司发放股利,法院判决公司发放 1 927.385 万美元股利。①

综上,否定说不足采信,在维护公司自治原则的同时必须兼顾公司正义,有侵害必有救济,禁止大股东权利滥用行为,可以防止实践中发生的长期不分配利润、不公平关联交易以及高比例提取任意公积金来欺压、排挤小股东的行为,确认小股东的诉讼权利。而《公司法解释(四)》第 15 条以但书规定的方式,为中小股东之权益保护提供了救济的可能性,在笔者看来,实为前进了一大步,亦为将来理论与实践之发展提供了生存的土壤。

三、抽象股东利润分配请求权的司法救济

在《公司法解释(四)》颁布之前,我国的司法实践对于抽象的股东利润分配之诉态度不一,有的法院直接不予受理②,有的法院予以受理并作出支持判决③,有的法院则表示不宜直接裁判④。

《公司法解释(四)》第 15 条规定:"股东未提交载明具体分配方案的股东会或者股东大会决议,请求公司分配利润的,人民法院应当驳回其诉讼请求,但违反法律规定滥用股东权利导致公司不分配利润,给其他股东造成损失的除外。"⑤按照该款表述文义,原则否定股东的抽象利润分配请求权,但书条款设置了例外。理论上如何圆融无碍是一回事,立法上如何适应现实又是一回事,通过但书规定来确认股东的抽象利润分配请求权同样可行。且该但书条款规定的主体包括有限责任公司股东和股份有限公司股东。

(一) 条文适用上之解释论分析

首先分析该但书规定的构成要件:① 股东滥用股东权利;② 公司决议不分配利润或不就利润分配作出任何决议;③ 二者之间有因果关系;④ 部分股东受有损失。需要特别说明的是,要件四是一个排除性的要件,对该要件的适用尺度应当适当宽松把握。原则上,滥用股东权利的行为本身,可推定出对其他股东股权的侵

---

① 参见陈颖:《股东利润分配请求权纠纷之司法裁判困境与出路》,载《人民司法》2009 年第 1 期。
② 参见北京市高级人民法院于 2008 年发布的《关于审理公司纠纷案件若干问题的指导意见》(京高法发〔2008〕127 号)第 21 条规定:"公司未就是否利润分配作出有关决议,股东起诉请求分配利润的,人民法院应裁定不予受理。"
③ 参见河南省高级人民法院(2005)豫法民二初字第 15 号民事判决书。
④ 参见上海市高级人民法院《关于审理涉及公司诉讼案件若干问题的处理意见(一)》(沪高法〔2003〕216 号)第 1 条第 2 款规定:"股东起诉要求公司分配利润的……对于是否分配以及分配比例公司未作决议的,法院不宜直接裁判。"
⑤ 尽管《公司法解释(四)》但书条款只规定了"未分配利润"之情形,但鉴于"分配的利润过少"与其相似性,笔者认为亦可类推适用该但书规定。

害,进而造成了其他股东的损失,即只要证明滥用股东权利即可。① 那么问题的关键还是落在了如何认定"股东滥用股东权利"？该表述十分抽象。按照一般的"禁止权利滥用原则"的要件来分析:首先,需要有正当权利存在,此区别于一般侵权;其次,权利行使损害他人或公共利益;最后,有损害之故意。此皆仍存在判断认定上的困难。

笔者认为,在解释论上,必须将其具体化或类型化,方有具体适用价值。可作如此具体理解,即公司有可供分配的利润,由于部分股东的恶意致使公司在一定期限内不分配股利。关于"损害之故意",即恶意,有学者整理了美国法上诸多判例,梳理出如下类型:① 控制股东对小股东有深刻敌意,排斥小股东在公司就业;② 管理层的高工资、高奖金以及公司对其进行高额贷款;③ 董事存在以尽可能低的价格获得小股东的股份;④ 公司储备着巨额的不合理资金;⑤ 大股东的不合理关联交易致使自己获益。② 上述类型殊值参考。

杜万华专委和许德风教授也尝试从类型列举的方式,将该条具体化,如:① 公司不分配利润,但由控股股东、实际控制人担任或者委派的董事、高级管理人员等领取过高薪酬;② 公司不分配利润,由控股股东操纵公司购买与经营无关的财物或者服务,用于其自身使用或者消费;③ 公司不分配利润,而个别股东、实际控制人或董事、高级管理人员操纵公司隐瞒或者转移利润;等等。③ 此亦为司法实践之适用提供较好的指示作用,但列举仍不免挂一漏万,且随着实践之发展演进,又会出现新的情形,所以该处之"禁止股东滥用股东权利"规定,随着审判实践之发展,将来存在逐步梳理、整合并类型化之必要与空间。

(二) 法院判决上之争议

假使已证明上文要件全部符合,按照规定法院应当受理当事人诉请,但法院究竟该如何处理(或判决),不无疑问。

从比较法上观察,美国法的司法判例中,法院介入股利分配的案件并非少见。原告股东只要证明董事存在滥用权力行为,法院即可命令公司进行股利分配。英国法上制定了"不公平损害规则"为小股东提供救济,从其判例来看,"不公平损害"包括支付过高报酬给董事,支配股东不公平地将少数股东排挤出董事会,在公司持续盈利情形下,拒绝分配股利等,救济手段即包含强制分配利润。法国法上有判例支持小股东的抽象利润分配请求权,如果大股东滥用股东权利,还要为此支付损害赔偿。

笔者认为,我国亦可借鉴比较法上之经验,人民法院受理案件后,经审理认为

---

① 参见许德风:《依法保护股东的利润分配权》,载《人民法院报》2017 年 9 月 3 日,第 2 版。
② 参见梁上上:《论股东强制盈余分配请求权》,载《现代法学》2015 年第 2 期。
③ 参见《公司法司法解释四》新闻发布会上杜万华专委的报告,载中华人民共和国最高人民法院网(http://www.court.gov.cn/zixun-xiangqing-57552.html),访问日期:2017 年 9 月 13 日;许德风:《依法保护股东的利润分配权》,载《人民法院报》2017 年 9 月 3 日,第 2 版。

公司不分配股利确属不当,构成对小股东利益的侵害,可直接判令公司分配股利,如此一方面可避免判令由股东会决议决定股利分配时再次出现不分配决议的反复,无益地延误当事人权利的实现;另一方面可避免出现股东会决议只分配少量数额的利润以敷衍法院和股东的现象。

(三) 利润分配的数额确定

实践中还存在一个关键性的难题:法院判决利润分配的数额如何确定? 依据《公司法》第166条的规定,须在弥补亏损和提取法定和任意公积金后再行分配,故利润分配最高额为公司税后利润减去亏损和公积金部分。我国并未规定利润分配最低额,有观点认为,股东向公司投资的目的类似于银行向公司发放贷款,故可参照同期的银行贷款利率作为利润分配的下限,当然这尚需结合个案本身来认定。在具体数额的量化上,2006年中国证券监督管理委员发布的《上市公司证券发行管理办法》对上市公司的现金分红规定为最近三年以现金或股票方式累计分配的利润不少于最近三年实现的年均可分配利润的20%。2008年颁布的《关于修改上市公司现金分红若干规定的决定》将其修改为:"最近三年以现金方式累计分配的利润不少于最近三年实现的年均可分配利润的百分之三十。"参照该上市公司规定,公司按照年度可分配利润的30%左右进行盈余分配具有较大的合理性。同时,法院可依据原、被告委托的会计师事务所等中介机构出具的鉴定意见作为最终确定利润分配数额的参考依据之一。

四、结论

针对控股股东滥用股东权利侵害小股东的利润分配请求权,如果小股东只能以转让股份、请求回购等以退出公司为代价的方式才能获得救济,显非完备。在公司治理过程中,只是一味强调公司自治原则,并不能妥善解决实践中的纠纷,"资本多数决"原则被大股东所滥用侵害小股东的股利分配权,此与公司正义原则背道而驰,故必须通过立法予以漏洞填补。明确强制的股东利润分配之诉具有立法论上的妥当性和必要性。目前《公司法解释(四)》第15条但书规定,虽不属于以立法方式填补法律漏洞,但在司法实践中,可起相同之效用,矫正公司自治失灵时对中小股东的权利保护,该但书规定无论是对实践、学界以及将来的立法都具有极大的意义。

但《公司法解释(四)》第15条但书条款规定得仍过于抽象,也将为司法适用上带来新一轮的难题,至于"滥用股东权利"标准的认定,可以留待我国司法实践和学说进一步发展并类型化。法院如果认定公司不分配股利确属不当,构成股东权利滥用并对中小股东利益造成损失,可直接判令公司分配利润。至于具体数额,可结合原告与公司的具体情况,会计师事务所等中介机构的鉴定意见,在最高利润分配额和最低利润分配额之间确定一个合理的分配数额。

参考文献

[1] 施天涛:《商法学》,法律出版社 2010 年版。
[2] 梁上上:《论股东强制盈余分配请求权》,载《现代法学》2015 年第 2 期。
[3] 李建伟、茅院生:《有限公司强制分配股利之诉的法理依据》,载《当代法学》2010 年第 2 期。
[4] 曾庆涛:《中小股东利润分配请求权之司法保护》,载《法制与社会》2016 年第 12 期。
[5] 龚博:《有限公司股东股利分配权的司法救济》,载《法学》2016 年第 12 期。
[6] 陈颖:《股东利润分配请求权纠纷之司法裁判困境与出路》,载《人民司法》2009 年第 1 期。
[7] 赵旭东:《公司法学》,高等教育出版社 2012 年版。
[8] 刘振:《有限责任公司股东请求分配股利纠纷的司法应对》,载《人民司法》2008 年第 17 期。
[9] 胡传东、李建革:《论股利分配请求权司法直接救济的可能性与路径设计》,载《郑州大学学报》(哲学社会科学版)2016 年第 6 期。

中小股东利润分配请求权的司法干预与保护

杨志泉* 王飞翔**

[摘要] 获取利润是股东投资公司和参与公司管理的主要目的,对股东意义重大。然而,在公司治理和运营中,大小股东的利益偏好往往不一致,容易产生利益冲突,最终导致中小股东的利润分配请求权常常受到大股东的侵害。我国现行公司法律难觅与此有关的直接救济手段。同时,我国目前公司治理遵循以资本多数决为基础的商业判断,而当涉及商业判断领域时,法官更倾向于司法谨慎干预之原则,对该类纠纷消极回避,对司法介入常持排斥态度。最高人民法院《关于适用〈中华人民共和国公司法〉若干问题的规定(四)》[以下简称《公司法解释(四)》]第13—15条规定中小股东可以提起利润分配请求权之诉以保护自己的合法利益,这三条规定虽被视为破冰之举,但其救济条款和方式并未明确,实际可操作性亦十分有限,难以满足中小股东所期待的实际需求。本文结合案例分析和理论研究,分析了我国在司法实践中对中小股东利润分配请求权保护的不足之处,并从事前预防和事后救济两个方面提出了完善之法,以期能够对于保障中小股东的利润分配请求权的实现有所裨益。

[关键词] 利润分配请求权 司法干预与保护 事前预防 事后救济

一、中小股东利润分配请求权行使的现状

(一) 立法现状

《中华人民共和国公司法》(以下简称《公司法》)第 4 条、第 34 条、第 37 条分别对于股东依法享有资产收益、各股东按已经实缴的出资比例分得公司红利、股东会行使审议与批准公司利润分配方案以及弥补亏损方案等方面作出了明确规定。这一系列条款虽然规定了股东所享有的具体权利,但当权利遭到侵害之时,如何对权利进行救济和实现救济的途径却无过多涉及,加之中小股东对于股东会无法施加任何影响,在意欲保护权利时往往徒劳无功。《公司法解释(四)》第 15 条中虽有但书规定,可又该如何加以证明呢? 其实《公司法》第 152 条对此早已有类似规

---

* 安徽天道律师事务所律师。
** 安徽天道律师事务所律师。

定,但难以举证的现实困境让类似的法律条文最终沦为一纸空文,根本无法起到保护中小股东利润分配请求权的目的。

目前,我国法律对于股东利润分配请求权救济途径方面的规定主要包括股权转让、异议股东的股权回购请求权、提起确认无效、可撤销之诉等,却又存在着诸多法律上和制度上的缺陷和漏洞,以致难以被援用,结果只能是致使受侵害的中小股东在寻求司法保护时诉求无门。例如,《公司法》第74条规定股东在利润分配请求权无法实现的时候,可以要求公司以"合理价格"收回股份,即行使股权回购权。但所谓"合理价格"该如何确定?这些立法存在的不明确之处,往往使中小股东在行使利润分配请求权时碰壁后,难以维护其合法权益。

(二) 司法现状

在"资本多数决"情形下中小股东实现利润分配请求权过程中,公司有可分配利润但依然会面临两个具体却又无法避免的现实问题:一是股东会已经作出了利润分配方面的决议或方案,但公司并未实际支付给股东;二是股东会从未作出过利润分配决议或方案,抑或者作出的决议是暂不分配利润。笔者将其简称为"公司未作利润分配决议或方案"。针对这两个具体问题,中小股东的利润分配请求权该如何得以实现呢?

关于第一个问题,目前我国司法实践中没有大的争议,即若股东会已经作出了利润分配的决议或方案,那么股东的利润分配请求权就已经明确下来,可以说该利润分配请求权就已经成为一项普通债权存在于股东与公司之间,独立于股权之外,股东的利润分配请求权得到支持也是无可争议的。司法机关理应介入对其予以干预和保护。

笔者重点讨论的是第二个问题,即当公司并未作利润分配决议之情形下,司法是否应当介入。司法实务中,各地法院也存在着裁判标准以及裁判结果不一致的问题,北京市第二中级人民法院(2006)二中民终字第16770号民事判决书中,法院认为:"公司成立并盈利后,应当按照股东的出资比例向股东分配股利。"[1]这实际上肯定了公司向股东分配股利是其应履行的一项强制性义务。广东省高级人民法院认为,"即使公司多年不作出分配利润的决议,法院也不宜受理该类案件"[2]。上海市高级人民法院认为,对于已有分配方案的,可以根据股东出资的具体条件予以判决;对于是否分配以及分配比例公司未作决议的,法院不宜直接裁判。[3] 在股东会决议没有作出的时候,中小股东的利润请求权实现面临种种困难。

在笔者代理的一起离婚纠纷诉讼案件中集中体现了中小股东的困境和担忧。在法院调解阶段,原、被告双方均同意离婚,但在分割夫妻共同财产时产生了争议,

---

[1] 郝磊:《公司股东股利分配请求权的司法救济》,载《人民司法》2011年第1期。
[2] 刘振:《有限责任公司股东请求分配股利诉讼的司法应对》,载《人民司法》2008年第9期。
[3] 参见陈颖:《股东利润分配请求权纠纷之司法裁判困境与出路》,载《司法论坛》2009年第1期。

原、被告除了某公司40%的股权外无其他夫妻共同财产,原告虽可分得公司20%的股权,但由于该公司是被告与被告父亲合开的公司,作为小股东的原告深知很难从中实际获得利益,原告提出由于平常公司均由被告管理,要求法庭对股权进行折价后以作为自己分得的夫妻共同财产。被告也深知这一点,坚持只给原告股权而不对股权进行折价后补偿给原告。法官也陷入两难境地,如果坚持判给原告方股权,实则损害了原告的合法权益,有违结果正义,但倘若直接干预将股权折价分割,补偿给另一方,却并无法律规定。

目前的司法实践中,相同类型的两个案例中,公司未作利润分配决议,股东直接向法院起诉请求分配利润,但两地法院却作出了两个完全不同的判决结果,这种同案不同判的情形的出现,主要是由于法律规定的不明确而导致的。[①] 目前在我国公司治理结构以及管理制度下,对公司股东的利润分配采取的态度还是以自治为主的方式,公司是否分配利润的决定权在股东会或者股东大会。理论界和实务中偏向于认为"分配利润是公司的商业行为,受公司发展规划、发展目标等多重条件影响",可见司法机关排斥介入、干预商业决定是我国对于利润分配请求权制度立法的基本态度,但这对于中小股东的保护而言,并非积极信号。

二、对中小股东利润分配请求权进行司法干预与保护的合法性与合理性

(一)法律公平价值的需要

关于公司利润分配问题,一定程度上应当遵循"资本多数决"原则,但也会有例外。"资本多数决"原则其在本质上包含了对于效率和公平价值方面的考究与衡量。当过分地注重效率价值时,必然会对公平造成损害,因此在制度设计时,必须重视对其二者的合理平衡。[②] 当公司的大股东利用对于公司的掌控权恶意损害中小股东的利益,使中小股东进行投资的原始目标难以实现时,法律公平方面的价值就会遭受践踏。因而,对效率和公平价值的平衡必须充分予以考虑,缺乏商业判断不该成为司法机关不能司法干预此类纠纷的正当理由。

(二)不仅于法有据,更有利于公司的长远发展

理应明确的是股东利润分配请求权纠纷是可诉的,股东与公司之间是平等的民事关系,他们之间纠纷的解决依据的是调整平等主体之间的财产关系和人身关系的民法、商法,股东与公司之间也是平等的民事关系。[③] 所以,当公司中小股东

---

① 参见朱婷:《关于有限公司中股利分配请求权保护制度的探讨》,载《濮阳职业技术学院学报》2015年第6期。
② 参见李建伟、吴冬:《论有限公司强制分配股利之诉》,载《法律适用》2008年第8期。
③ 参见魏子忠:《强制股利分配制度研究》,天津大学2013年硕士论文。

与公司或者大股东之间发生纠纷却又无协调之可能时,根据《中华人民共和国民事诉讼法》第119条的规定,若符合起诉条件便可诉至法院。如果公司大股东基于私人利益的考虑,擅自利用自身对于公司的掌控权,拒绝作出股东利润分配的方案或者决议。那么,中小股东如若只能无奈退出公司或者继续忍受,无疑是对中小股东合法权益的侵害。从长远角度来说,任凭如此下去,也无益于公司的良好运作和健康发展。

所以,笔者认为,股东关于利润分配是可诉的,对其进行司法干预与保护不但具有坚实的法理基础,也具有重大的现实意义,更有利于社会主义市场经济的健康有序发展。

三、中小股东利润分配请求权的司法干预与保护路径

(一) 事前干预

1. 加强对公司的管理

以法律或者部门规章的形式对股东利润分配的相关内容进行专门规定,并作为公司章程的必要记载事项之一。在设立公司登记时,要求公司设立利润分配方案;如若公司作出利润不分配的决议,必须经过一定比例中小股东的同意。只有这样才能实现投资目的,保障股东平等。

2. 完善并明确利润分配请求权的起诉条件

首先,要完善提起该诉的条件,将公司中小股东纳入权利主体。在英国公司法中,董事或者控制股东在执行公司事务中直接损害股东利益的,受害人可提起不公平损害救济之诉,而法院认为公司事务存在不公平的情形中就包括不进行分配[①],股东可以据此请求法院强制性分配股利。其次,在何种情况下,法院可以受理中小股东要求公司决议分配股利的诉讼并对股东的股利分配请求权进行直接司法干预,即裁判公司分配利润?除了前述的公司利润分配方案已得到股东会的批准的情形外,当公司股东会、董事会决议拒绝分配所积累的利润、象征性少分利润或者回避利润分配事项时,即当这种现象不属于正常的商业判断时[②],股东才能请求司法干预并请求司法保护。美国法院所提供的是一种特殊的衡平救济方式——强制分配利润,Dodge v. Ford Motor Company 案[③]第一次创造性地设立了这一救济方式,确立了美国的强制公司分配利润之诉,即在公司董事存在欺诈、恶意或滥用裁量权并损害股东分红权时,法院可以强制介入公司利润分配,以达到衡平法上的救济目

---

① Sandra K. Miller, How Should U. K. And U. S. Minority Shareholder Remedies for Unfairly Prejudicial or Oppressive Conduct be Reformed, 36Am. Bus. L. J. 1999, p.579.

② 参见邓可人:《论中小股东利润分配请求权的司法救济》,中国政法大学2016年硕士论文。

③ Dodge v. Ford Motor Company, 170 NM 668,682(Mich. 1919); Moskowire v. Bantrell,190 A. 2d 749; Baron v. Allied Artist Pictures Corporation, Del. Ch. 337 A. 2d 653; Cowley v. Communications for Hospitals, Inc. ,573 N. E 2d 996(Mass. App. Ct. 1991).

的。根据这一原则,进行司法干预与保护中小股东利润分配请求权,需要符合以下三个条件:第一,公司存在可供分配的利润;第二,公司存在不分、象征性少分利润或者回避分配利润的现象;第三,大股东或董事存在恶意行使权利的行为。

3. 合理分配举证责任

基于中小股东提起该诉讼时,举证较难,若一味根据目前"谁主张,谁举证"的举证规则,对于中小股东而言想要打赢这样一场实力悬殊的诉讼实为苛刻。如果公司未作利润分配决议或者方案,笔者建议可以考虑将中小股东的举证责任分配为只需证明公司有盈利且长期不分配利润,而将公司控股股东是否存在违规行为以及是否符合利润分配条件这些举证责任归于公司,因为公司和大股东掌握着这些证据的主动权和控制权。此外,对于公司的财务状况、股利分配结构等专业性较强的问题,中小股东往往也很难举证,法院在此时应该起到积极作用,可从当事人推荐的专家或学者中指定人员对所涉诉讼中的专业问题进行辅助调查,并由他们出具相关参考性意见并作为判决参考依据。笔者认为,如果不适用此举证责任分配规则,对举证责任合理进行分配,则显失公平。

(二)事后救济:发挥司法干预的积极作用

过度的完全尊重公司自治,从某种程度来说,是一种放任,这并不能实际解决中小股东利益保护的问题。笔者认为,可以借鉴美国的做法,适当允许司法机关对公司的利润分配加以干预,当公司符合利润分配条件却存在不当目的之情形,法院可判令进行强制分配或采取其他措施合理分配利润。目前存在着诸多中小股东利润分配纠纷,而且以目前的司法现状并不能很好地解决这一困境,所以借鉴美国的成功经验,让法官凭着职业的正义和本身的良知适度地进行司法干预确属必要。因此笔者建议将《公司法解释(四)》第15条但书部分改为:"但当公司符合利润分配条件却存在不当目的之情形,法院可判令进行强制分配或采取其他措施合理分配利润。"这样既能在一定程度上充分尊重公司自治,也保持了司法的适当干预,在公司的商业判断和中小股东的合法权益之间实现了动态平衡。此外,但书并未直接确定出现但书情形时法院应直接判决分配利润,值得注意的是,《公司法》第20条第2款规定:"公司股东滥用股东权利给公司或者其他股东造成损失的,应当依法承担赔偿责任。"所以,当出现但书情形时,该如何实现对中小股东的救济,其方式亦未能统一。

四、结语

《公司法解释(四)》规定的有关利润分配请求权的条款虽然被视为破冰之举,但究其实际效果,仍存在着诸多不足与缺陷,只有完善公司制度管理,设置合理、可操作性强的股东利润分配请求权诉讼制度,才能更好地保护中小股东的合法权益,钳制大股东滥用权利的行为,促进公司乃至社会主义市场经济的健康有序发展。

第四部分

《公司法解释(四)》与优先购买权纠纷

有限责任公司股权外部收购中股东优先购买权的突破

奚庆* 李雪**

[摘要] 在有限责任公司的股权外部收购中,股东优先购买权侧重保护公司其他股东的利益,增加并购双方的交易成本,使并购交易面临更大的失败风险,交易失败易使股东关系不稳定,从长远看,将降低公司效率,不利于市场资源的优化配置。出于利益平衡的考量,有必要突破股东优先购买权。这种突破将对公司的人合性产生影响,但其影响也非常有限。人合性保护应当受到限制,在"同意权"之后设置优先购买权,已经超过了该限度。《公司法解释(四)》对优先购买权的设置进行了修正,但无法从根本上解决问题。鉴于现行法律的规定,除非公司章程中明确排除股东优先购买权,否则在股权外部收购中难以规避。因此,需要从公司制度的其他路径来考虑对优先购买权的突破及其合规性。

[关键词] 股东优先购买权 突破 人合性

一、股东优先购买权概述

股东优先购买权,是指在有限责任公司中,股东向股东以外的人转让股权,在同等条件下,其他股东有优先购买的权利,其主要法律依据为《中华人民共和国公司法》(以下简称《公司法》)第71条。

股东优先购买权的行使应注意以下几点:

1. 适用范围

股东行使优先购买权的前提条件是股东对外转让股权,如若是股东与股东之间的转让,其他股东则无此权利。最高人民法院《关于适用〈中华人民共和国公司法〉若干问题的规定(四)》(以下简称《公司法解释(四)》)第16条规定:"有限责任公司的自然人股东因继承发生变化时,其他股东主张依据公司法第七十一条第三款规定行使优先购买权的,人民法院不予支持,但公司章程另有规定或者全体股东另有约定的除外。"因此,在股权继承中,一般情况下其他股东也无优先购买权。

---

* 南京师范大学法学院副教授、上海市锦天城(南京)律师事务所律师。
** 南京师范大学法学院经济法硕士研究生。

2. 行使条件

在股权对外转让中,其他股东行使优先购买权,前置要件为"其他股东过半数同意"。只有在其他股东过半数同意后,股东才享有优先购买权。另外,股东行使优先购买权,须在"同等条件"下行使。根据《公司法解释(四)》的规定,判断"同等条件"时应当考虑转让股权的数量、价格、支付方式及期限等因素。

3. 行使主体

"其他股东有优先购买权"中的"其他股东"是否包括已经同意股权对外转让的股东?因法律并未明确排除这类股东,所以所有的非转让方股东都具有优先购买权。

4. 行使程序

《公司法》并未对股东如何行使优先购买权作出具体规定。《公司法解释(四)》第17条第2款规定:"经股东同意转让的股权,其他股东主张转让股东应当向其以书面或者其他能够确认收悉的合理方式通知转让股权的同等条件的,人民法院应当予以支持。"可见,转让股东履行优先购买权的通知方式为"以书面或者其他能够确认收悉的合理方式"。而其他股东行使优先购买权的行使期限,根据《公司法解释(四)》第19条的规定,公司章程有规定的从其规定,没有规定或规定不明确的,则以通知确定的期间为准,通知确定的期间短于30日或者未明确行使期间的,行使期间为30日。

股权外部收购,是相对于股权内部收购而言的,指股权收购方为公司外部第三人时的收购。在有限责任公司股权外部收购中,股东若欲实现股权的对外转让,须取得公司其他股东过半数同意,并且其他股东在同等条件下具有优先购买的权利。简言之,在有限责任公司股权外部收购中,转让股东须取得其他股东过半数同意,并且其他股东放弃优先购买权方可实现转让目的。

二、突破股东优先购买权的必要性

在有限责任公司股权外部收购中,"同意权"加"优先购买权"的设计给股权并购交易的双方套上了重重枷锁。实践中,许多并购交易因股东优先购买权的行使程序存在瑕疵而导致整个交易无效,或因行使期限过长等原因导致并购交易成本的增加。在已经赋予其他股东"同意权"的情况下,再赋予其他股东优先购买权,相当于给已经同意的其他股东第二次选择的机会,其他股东可以通过购买股权来达到拒绝第三人进入公司的目的。相比其他股东的权利增益,并购双方却面临着权益受损的风险。

对于转让股东而言,若欲退出公司,进行股权对外转让,首先,需要寻找拟收购方,必须支付寻找成本。其次,找到目标后,与拟收购方就股权转让相关事宜进行谈判须支付谈判成本。最后,双方达成初步共识,转让股东征求其他股东的同意。根据《公司法》的规定,转让股东应就其股权转让事项书面通知其他股东征求同意,其他股东自接到书面通知之日起满30日未答复的,视为同意转让。若条件允许,转让股东可以获得其他股东的过半数同意。接下来,转让股东与拟收购方就转让价格、支付方式、支付期限等作出明确约定,但是,因其他股东拥有优先购买权,须征求其他股东的意见,在其他股东放弃购买时,才能够真正达成并购交易。期间,无论交易是否达成,转让股东须为交易过程支付一系列成本,投入相应的时间、精力与财力。实践中,经常发生其他股东明确表示对拟转让股权行使优先购买权,但却迟迟不与转让股东签订股权转让协议,从而对转让股东的期限利益造成严重损害的案例,究其原因主要在于我国公司法欠缺股东优先购买权行使的责任追究机制。值得一提的是,《公司法解释(四)》对此问题进行了规制:有限责任公司的股东向股东以外的人转让股权,未就其股权转让事项征求其他股东意见,或者以欺诈、恶意串通等手段,损害其他股东优先购买权,其他股东主张按照同等条件购买该转让股权的,人民法院应当予以支持,其他股东仅提出确认股权转让合同及股权变动效力等请求,未同时主张按照同等条件购买转让股权的,人民法院不予支持。换言之,其他股东不能单独主张股权转让合同无效或者股权未转让,还须同时主张以同等条件购买转让股权。但这种主张的效力是什么,转让股东是否可以依此向法院申请强制执行,从而让其他股东受让股权,该解释并未明确,其作用有待进一步的实践证明。再者,在其他股东行使优先购买权之时,即使转让股东能够在同等条件下顺利转让股权,使得股权变现,退出公司,达到交易的最终目的,但也面临失信于拟收购方的商业风险。

对于收购方而言,其支付的交易成本只多不少。不论是谈判成本,还是聘请中介机构对公司作尽职调查的成本,都须在与转让股东就交易价格、支付方式、期限等谈判前作出。简言之,即使交易不确定是否能达成,只要拟收购方有收购公司股权的意愿,这些前期成本都必须提前投入。关键在于,若尽职调查已经完成,与转让股东已经就交易价格、支付方式及期限等达成协议,突然其他股东提出要行使优先购买权(即使没人提出也要主动征求其他股东的意见),相当于拟收购方所做的一切都是在为他人做嫁衣。有人认为,转让股东可以提前征求其他股东对股权是否优先购买的意愿,达到减少交易成本的目的。但这种想法根本无法实现,因为其他股东优先购买权的行使前提是"在同等条件下",只有当一切谈判结束,在转让股东与拟收购方就股权转让的价款等条件达成协议的情况下,方能征求其他股东是否有优先购买的意愿,其他股东可根据条件是否符合本人期望决定是否行使优先购买权。虽然《公司法解释(四)》第21条第3款规定"股东以外的股权受让人,因股东行使优先购买权而不能实现合同目的的,可以依法请求转让股东承担相应民事责任",但只有在已经与转让股东签订了股权转让合同后,其他股东行使优先购买权导致合同目的不能实现时才能追究转让股东的违约责任。若转让股东与拟收购方只是达成共识,未签订股权转让合同,则拟收购方只能自担交易成本。

可见,相对于其他股东的二次选择权,转让股东与收购方都必须付出极大的代价。如此,必然导致利益保护的不平衡。

对公司而言,若股权外部收购因股东优先购买权行使程序的瑕疵或者其他股东滥用股东优先购买权而失败,从眼前看,易使欲退出而无法退出的股东产生消极对抗情绪,将会导致公司股权结构的不稳定,降低公司运行效率,损害公司债权人的利益;从长远看,将浪费交易成本,降低市场效率,不利于市场资源的优化配置。所以,出于利益平衡的考量,笔者认为,突破股东优先购买权具有必要性。

三、突破股东优先购买权的合理性:人合性保护的有限性

一般认为,有限责任公司具有人合性,股东出于对其他股东的信任,共同出资设立公司,这种信赖关系应当获得法律保护,"不能将其他股东不乐意接受的人强加给公司"①。那么,股东优先购买权作为保护公司人合性的措施之一,对其突破是否会损害有限责任公司的人合性呢?

(一) 有限责任公司人合性的内涵

通说认为,公司以其信用为标准,可以分为资合公司与人合公司。所谓资合公司,是指公司的经济活动注重于公司的财产数额,不注重股东的个人条件。资合公司的信用在于公司财产,公司债权人之所以能和公司交易,全在公司有雄厚的财产。所谓人合公司,是指公司的经济活动注重股东的个人条件,公司债权人之所以和公司交易,不在于公司财产的多寡,而在于股东个人的信用如何。② 资合公司法人特征性浓,股东地位移转容易,企业所有与企业经营相分离,具有资合性特征。而人合公司合伙型特征浓厚,股东地位转让困难,企业所有与企业经营合一,具有人合性特征。

从理论上看,似乎人合公司与资合公司能够明确区分,但在我国现有的公司制度和商业实践之下,并不存在纯粹的人合公司和资合公司。我国两大主要公司类型为有限责任公司和股份有限公司,从公司信用来看,两种公司的信用既可以体现在公司财产上,也可以体现在股东个人信用上。公司债权人选择和公司交易,可能是基于公司财力雄厚,也可能是基于股东个人信用高,也可能是二者兼而有之。不论第三人是基于何种原因、何种动机与公司交易,与公司建立权利义务关系,由于我国现行公司立法并不承认无限公司、两合公司等,故而对于有限责任公司或者股份有限公司的公司股东而言,对公司承担的都是有限责任,股东以认缴的出资额或认购的股份为限对公司承担责任,对外并不直接承担责任,公司的债权人也仅能以公司的资产获得清偿。

所以,有限责任公司的人合性并不体现在公司的外部关系(即公司信用)上,

---

① 郑彧:《股东优先购买权"穿透效力"的适用与限制》,载《中国法学》2015 年第 5 期。
② 参见柯芳枝:《公司法论》,中国政法大学出版社 2004 年版,第 10—11 页。

更多地体现在公司与股东以及股东与股东之间的关系上。① 在有限责任公司股权外部收购中,收购方为外部第三人,若通过股权收购进入公司,成为公司股东,对公司内部关系与外部关系都将产生一定的影响。因股东对公司的有限责任,股东的变更对公司外部债权人的影响较小;而股东的变更对公司其他股东而言,确实会产生一定的影响。

(二) 人合性保护的有限性

在股权外部收购中,收购方作为外部第三人进入公司确实会对公司股东间的关系产生影响,但这种影响非常有限。因此,对有限责任公司的人合性的保护应当受到限制,若过度保护将带来诸多不利影响。

1. 有限责任公司兼具资合性与人合性

在公司的内部关系中,《公司法》采用资本多数决原则而非一致同意原则,体现了有限责任公司的资合性特征。若在公司治理中,大股东依靠资本多数决原则操纵股东会或者董事会作出有损小股东利益的决议,或者发生其他大股东欺压小股东的行为时,小股东欲寻找拟收购方退出公司,但因《公司法》对股权对外转让设置了严格的限制规定,小股东退出公司之路困难重重,处于不利境地。同理,过度保护人合性对大股东也会产生不利影响。若大股东处于绝对控股地位,想将公司卖给有意的收购方,种种限制规定将会增加交易成本。公司以营利为目的,股东设立公司的目的也是营利,当股东认为公司已经无法满足其营利目的时,应当给予其便利的退出通道,如此才能更好地保护股东权利。

2. 过度保护对股权外部收购中的交易主体、交易效率的不利影响

在股权外部收购中,转让股东与收购方都须支付一定的交易成本方可达成股权交易,若过于保护公司其他股东的利益,必然对转让股东及收购方的利益产生不利影响,增加交易成本,降低交易效率。

3. 过度保护有违公平原则

在我国现有的公司内部治理中,有限责任公司与股份有限公司的区分并不清晰。事实上,对我国大多数非上市的股份有限公司而言,公司规模较小、股东人数较少的情况同样普遍,公司股东同时担任公司经营层的情形并不少见。② 有限责任公司的企业所有权与经营权可以分离,而股份有限公司的企业所有权与经营权也可合一。这些股份有限公司与有限责任公司并无实质区别,主要区别也只在于在公司登记机关登记的公司类型不同而已。有限责任公司具有人合性,但对于

---

① 参见毕吾辛、郭站红:《股权对外转让规则的思考——以有限责任公司人合性为中心》,载《学习与探索》2012 年第 7 期。

② 在资本市场上的新三板活跃时期,不少规模小的有限责任公司为了登上新三板、获得融资而改制为股份有限公司。许多公司改制前与改制后的股东人数、股权结构、治理结构等并无变化。

股份有限公司而言,其内部关系就不具有人合性吗?① 虽然《公司法》关于股份有限公司资合性的规定较多,但也有关于人合性的规定,如发起人之间的出资连带责任。为什么直接推定股份有限公司的股东之间没有信赖关系而不予以保护呢？对于一些非上市股份有限公司而言,其股东之间也可能存在信赖关系。所以,若是对有限责任公司的人合性过度保护,将导致有限责任公司与股份有限公司相关的股东权利义务配置差异过大(如有限责任公司股权对外转让受到严格限制,但股份有限公司股份可自由转让),对于股东而言有失公平。所以,有限责任公司人合性的保护应当受到限制。

《公司法》在股权对外转让中已经设置了"同意权"规则,足以对有限责任公司的人合性起到保护作用,其他股东可以通过行使"同意权"阻止不合其意的股东进入公司。而股东优先购买权的设置则过度保护有限责任公司的人合性,过度限制股东退出自由,降低市场效率,为并购交易带来一系列的负面影响,因此,突破股东优先购买权具有合理性。

《公司法解释(四)》对优先购买权的诸多细节作了补充规定,一定程度上减轻了因股东优先购买权带来的负面影响。但这种作用非常有限,并不能从根本上解决利益保护失衡以及过度保护人合性的问题,转让股东依旧处于退出困难的境地,收购方仍然可能竹篮打水一场空,为他人作嫁衣。

四、突破股东优先购买权的措施

(一) 公司章程事先约定

从法律规范的性质看,基于对《公司法》修改的基本理念的认识,对于《公司法》第 71 条的规定应当视为任意性规定而非强制性规定,进而对于该条第 4 款所规定的"公司章程对股权转让另有规定的,从其规定"的理解可以视为公司章程可以自由规定股权转让的限制条件。②当然,只有在公司章程的相关规定不违反法律的强制性规定、公序良俗以及有限责任公司的本质的情况下,方可认定该项规定的效力。

但公司章程事先排除股东优先购买权的情况较为少见。首先,若欲修改公司章程,增加或者减少股权转让的限制,必须经代表 2/3 以上表决权的股东通过,此处采用资本多数决原则,若转让方为小股东,则无法实现修改公司章程以达到减少

---

① 参见施天涛:《公司法论》(第 3 版),法律出版社 2014 年版,第 275 页。作者认为,股份有限公司的股东可能非常之少,少于有限责任公司的股东人数也并不奇怪,尤其是在一些家族式股份有限公司中,此种情形较为突出。也就是说,股份有限公司的人合性也是存在的。作者认为,正是因为股份有限公司也具有人合性,其股份转让自由即使《公司法》没有限制,也可以同有限责任公司一样,在公司章程中加以限制。

② 参见奚庆、王艳丽:《论公司章程对有限公司股权转让限制性规定的效力》,载《南京社会科学》2009 年第 12 期。

股权对外转让的限制的目的。其次,即使是大股东,除非处于绝对控股地位,否则也无法凭一己之力修改公司章程。最后,公司章程须明确表示"如有股东对外转让股权,在其他股东过半数同意的情况下,其他股东放弃优先购买权"等类似的明示表示,否则无法阻却法定的优先购买权的权利人行使权利。所以,能够明确规避股东优先购买权的方法极少,即使有,达成的条件也十分苛刻。

因此,在《公司法》已经赋予其他股东在股权对外转让中享有优先购买权以及《公司法解释(四)》对优先购买权进行修正但作用有限的前提下,在有限责任公司股权外部收购中,需要从公司制度的其他路径来考虑对股东优先购买权的突破方法及其合规性。

(二)交易条件与交易方式的灵活选择

1. 构筑非"同等条件"

股东优先购买权并非是绝对权利,其核心是"在同等条件下"的优先。理论研究和司法实践均表明,同等条件并不仅指特定股权转让的价格,还包括付款期限、付款方式等其他价格条件以及违约责任、职工安置、高级管理人员聘用等一系列足以对转让方权利产生实质性影响或者增加额外负担的因素。因此,合理的交易条件设置,可以合法合规地突破公司其他股东的优先购买权。

例如,在丁某、李某、冯某与瞿某优先认购权纠纷再审案[(2012)民抗字第32号]中,丁某、李某、冯某与瞿某同为盈源公司股东,丁某、李某、冯某欲将股权转让给第三方,瞿某提出行使股东优先购买权,股东会上提出的条件为股权以1:1的价格转让,付款方式为合同签订之日起3日内支付转让款的50%,合同签订后90日内付清余款。而丁某、李某、冯某与第三方签订的股权转让合同约定以1:1的价格转让股权,付款方式为在合同生效之日起5日内一次性付清转让款,约定受让方必须以转让款为基数,按照1:3的比例交纳保证金等。后瞿某向法院提起诉讼要求以股东会认定的条件行使股东优先购买权。最高人民法院认为:股东行使优先购买权的前提是,拟出让股东与股东以外的人已经就股权转让达成合意,该合意不仅包括对外转让的意思表示,还应包括价款数额、付款时间、付款方式等在内的完整对价。在本案中,股东会召开时,受让人未到场,也未披露他们的身份或者与他们签订的合同,所以股东行使优先购买权的前提未成就。瞿某提出向丁某、李某、冯某行使优先购买权,因不在同等条件下,所以并未支持其诉求。

除了构筑一般的"非同等条件"外,还可构筑特殊的"非同等条件",如特定物的给付。例如,收购方在收购股权时,除了约定价款,可以约定给付特定物来弥补低价,如收购方给付其收藏的一明代的青花瓷瓶(有价无市)。该项给付义务必须是目标公司其他股东无法履行或无法以同等利益替代。此时目标公司其他股东很难达到"同等条件",从而突破了优先购买权。

需要注意的是,"同等条件"的认定存在一定的弹性。在实务操作过程中应结合对外股权转让的具体情况和相关合同的条款安排予以综合考量。

2. 选择增资等替代方式

股东优先购买权仅适用于股权对外转让的情形,而公司并购的方式却有多种。

广义来说,并购是取得公司控制权的诸多方式的总和。投资者进行并购的目的通常是为了获得目标公司的资产、技术、经营权或市场等。要达到该目的,在现有的法律框架下,至少可以包括股权转让、增加注册资本、公司合并、全资产转让、委托书收购等多种类型。其彼此之间的法律条件并不相同,实际运用中可以进行相应的选择。如股权转让,公司法设计的是人头决,即"其他股东过半数同意",当然,公司可以在章程中约定其他限制条款。而对于公司增资,公司法设计的则是资本决,即"代表三分之二以上表决权的股东通过"。需要注意的是,在增资过程中,要保证增资决议的合法合规性以及增资能够给公司带来利益,避免小股东以恶意增资起诉,给增资带来法律风险。委托书收购,是指收购者以大量征集股东委托书的方式,取得表决权,在代理股东出席股东会时,集中行使这些表决权,以便于通过改变经营策略、改选公司董事会等股东会决议,从而实际控制公司经营权的公司收购的特殊方式。委托书收购的核心在于收购者可以借助第三方力量以低成本取得对目标公司的实际控制权。全资产转让,则是直接与公司进行资产交易,而非与公司股东进行股权交易,此时也就没有股东优先购买权的使用空间。

相对于股权转让,无论是增资还是公司合并、全资产转让、委托书收购,交易程序都更为复杂,收购方可根据具体情况评估交易成本选择合适的收购方案。

3. 高价、小额受让股权以谋求股东身份

根据《公司法》的规定,有限责任公司的股东之间可以相互转让其全部或者部分股权,股东优先购买权仅适用于股东向股东以外的人转让股权的情形。因此,收购方可以采取特定方式,先行成为公司股东后再行完成全部收购目标。以笔者所在律师事务所的律师近期办理的某公司收购案为例。收购方拟收购某公司多个股东合计87%的股权,但其他部分股东明确要行使优先购买权。故而,律师建议先行以较高价格逐一转让1%股权,直至收购方成为公司股东,再行完成剩余股权的转让。当然,此种做法在1%股权转让时仍要履行股东优先购买权的程序。只是因转让方与收购方的相互配合共同使其他股东自愿放弃行使该权利。利用资金优势购买股份成为股东后再以股东身份受让股权,此种方式形式上没有突破优先购买权,但实质上却达到了突破的效果。实践中,该案在第一次1%股权转让时即迫使其他股东放弃了优先购买权,顺利实现了并购目标。此外,运用增资方式也可以使收购方成为公司股东,亦可持续、自由地进一步收购公司股权。

4. 实施间接收购

间接收购,是指存在多层母子公司结构时,通过收购上层公司的股权以取得下层公司的控制权和财产。① 此种收购方式并不是在目标公司股东之间进行收购,而是在上层公司,所以目标公司其他股东不能主张优先购买权。

在现代商业社会中,公司往往通过设立专门的项目公司持有部分资产,目的在于可以通过股权转移方便地转让这些资产。而间接收购的商业优势就在于在不影响子公司权益的同时完成控制权变更,所以在实践中,间接收购被大量采用,不少司法判例也认定其并购的效力。然而,笔者所在律师事务所的律师代理的"上海外滩地王案"中,法院作出了不同的判决。

案情简介②:证大置业通过公开竞买方式竞得上海外滩 8-1 地块(因拍定价格较高,该地块被称为"上海外滩地王"),并设立项目公司持有和开发该地块。后证大置业所属关联方、复星商业所属关联方、绿城合升所属关联方、磐石投资四方达成合意,拟通过合资公司共同开发外滩 8-1 地块。后各方合资设立海之门公司。"上海外滩地王案"在纠纷发生前股权结构图如下:

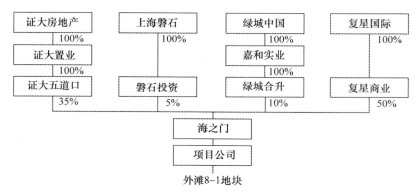

图 1:纠纷发生前的股权结构图

后证大置业因为资金紧张,在简单询问复星商业是否行使优先认购权没有得到明确答复后,证大置业与 SOHO 中国达成了转让协议,双方商议转让海之门公司中除复星商业之外其他股东的控制权,双方签订的协议中对交易目的有"……实现间接持有海之门公司 50% 股权以及项目公司 50% 股权的收购目的……"的明确描述。交易完成后的股权结构图如下:

复星商业认为上述股权转让影响了海之门公司的人合性,侵害了其股东优先购买权,遂向法院提起诉讼。一审法院审理认为,本案所涉间接收购存在以合法形式掩盖非法目的的情形,明显规避了《公司法》关于股东优先购买权的规定,判定相应的股权转让合同无效。二审时该案最终以 SOHO 自动退出外滩地王项目而

---

① 参见彭冰:《股东优先购买权与间接收购的利益衡量——上海外滩地王案分析》,载《清华法学》2016 年第 1 期。

② 有关该案的资料,参见彭冰:《股东优先购买权与间接收购的利益衡量——上海外滩地王案分析》,载《清华法学》2016 年第 1 期。

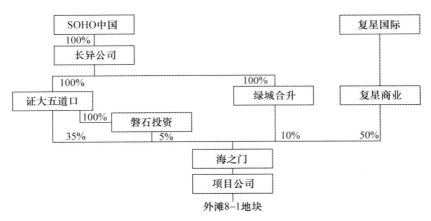

图2：交易完成后的股权结构图

告终。

上述胜诉代理结果只具有个案意义，并不能否定所有间接收购的合法效力，但是其亦给我们重要的提示，间接并购不能恣意妄为，仍需依法合规进行。

五、结语

实践中，商业交易所涉法律关系往往十分复杂，牵动多方利益主体，法律在调整各主体之间的利益关系时应当保持审慎性原则，若超过了其限度，恶法即产生。而良法与恶法，并不能依据法律条文本身来判断，应放到现实的商业实践中验证。在有限责任公司股权外部收购问题中，涉及公司、转让方股东、其他股东、收购方、公司债权人等多方有利害关系的主体，必然产生利益冲突，而《公司法》设置的股东优先购买权导致利益保护的失衡，超过了人合性的保护限度。所幸司法部门已经意识到了该问题，《公司法解释（四）》即对此作了一些修正。但这种修正作用非常有限，实践中只能依靠各方智慧，在不违背法律、行政法规、公序良俗的前提下，从法律制度的整体着手，另辟蹊径。

股东优先购买权的"同等条件"

——对《公司法解释(四)》第 18 条的解读

李凤嫱* 方明玉**

[摘要] "同等条件"是有限责任公司股东行使优先购买权的实质要件,在经历了长期的立法缺失后,《公司法解释(四)》第 18 条对其具体内容进行了确定。本文主要围绕该条文,对"同等条件"的具体内涵进行解读。

[关键词] 优先购买权 同等条件 股权转让价格

《中华人民共和国公司法》(以下简称《公司法》)第 71 条第 3 款规定了有限责任公司股东在"同等条件"下可以行使优先购买权,但是对"同等条件"该如何理解和操作却语焉不详。因为"同等条件"是股东优先购买权行使的实质要件,在股东优先购买权的所有行使要件中居于核心地位,欠缺操作性的立法现状不可避免地导致司法实践的混乱。最高人民法院《关于适用〈中华人民共和国公司法〉若干问题的规定(四)》[以下简称《公司法解释(四)》]第 18 条对"同等条件"进行的释明无疑具有重要的实践意义,笔者试图从该条文出发,进一步探讨"同等条件"的内涵与外延。

一、关于"同等条件"确定标准的理论学说

关于"同等条件"的确定标准,学界中历来众说不一,主要有绝对等同说和相对等同说两种学说。

绝对等同说认为,股东优先购买权人购买股权的交易条件应当与第三人提出的交易条件绝对相同,才能视为达到"同等条件"。在交易中,要求股东优先购买权人与股权转让人订立的合同和第三人与股权转让人订立的合同在价格、数量、履行期限、地点、方式等各个条款上完全一致是非常困难的,该说的条件过于严苛,在实际中不易实现。

相对等同说则认为,在认定"同等条件"时,只要股东优先购买权人提出的购买条件与第三人的条件大致相同即可。相比于绝对等同说,该说在适用条件上有了一定的弹性,似乎更为合理,更有利于当事人的权益保护。但同时,由于相对等

---

* 北京金诚同达(成都)律师事务所律师。
** 北京金诚同达(成都)律师事务所律师。

同说伸缩性较大,没有一个统一的客观标准,法院在审理案件时的自由裁量权较大,可能出现同类案件审判结果不一致的情形,容易引起纠纷和有损司法的权威、公正。

因我国公司法未明确规定"同等条件"的具体内容,故在审判实践中采用上述两种观点进行裁判的案例都有。笔者认为,上述两种观点都有道理,但无论采用何种确定标准,都需要平衡所有股东及第三人的利益。

二、"同等条件"的内涵与外延

《公司法解释(四)》第一次对"同等条件"的内涵进行了阐释:"人民法院在判断是否符合公司法第七十一条第三款及本规定所称的'同等条件'时,应当考虑转让股权的数量、价格、支付方式及期限等因素。"通过对该条文的解读,可知"同等条件"的内涵主要由股权转让价格、付款方式、付款期限及股权转让数量等因素确定。

(一)股权转让价格

在上述所有因素中,股权转让价格无疑是最重要的,是"同等条件"的核心内容。"同等条件"一般被理解为相同价格,是因为股东转让股权就是为了获得相应的金钱利益,因此价格与股权转让人有着最直接的利害关系,是其首要的考虑因素。另外,价格是一个最具操作性的衡量标准,通过简单比较即可明了,能够避免产生不必要的争议。

1. 股权转让价格的确定机制

价格条件的同等,就是指享有优先购买权的股东与第三人给定的购买股权的价格相等。股权转让价格的确定,是"同等条件"中最为关键的内容。讨论股东优先购买权的"同等条件",是在有限责任公司股权转让的背景下进行的,而有限责任公司股权转让价格的确定具有相当的复杂性,所以有必要先从有限责任公司股权转让价格的确定谈起。

在刊登于《人民司法·案例》(2014年第24期)的"覃某与林某侵害股东优先购买权纠纷案"中,原告覃某与被告林某均为目标公司股东。被告林某在未通知原告的情况下,与股东外第三人签订了股权转让合同,约定以3 000万元转让林某所持有的目标公司70%的股权。原告覃某知晓后以各种方式表示不同意该项股权转让交易,并表示愿意购买标的股权。后原、被告之间经过多次磋商,原告不愿以被告和第三人约定的3 000万元价格购买标的股权,仅愿以140多万元的价格购买。被告认为原告不愿以"同等条件"购买股权,应视为放弃优先购买权,故依照约定向第三人转让标的股权并申请办理工商变更登记。原告遂诉至法院,主张被告和第三人签订的股权转让合同无效。

一审判决认为,被告和第三人所签之股权转让合同侵害了原告的优先购买权,应属无效。二审法院维持原判,并指出,被告和第三人约定的股权转让价格"畸高"

"且没有证据证明第三人支付任何对价"。二审法院据此认为,被告与第三人有"故意抬高股权转让价格之嫌",该"畸高"的交易价格是否真实"不可知",因此该约定的价格条件不能作为确定股东行使优先购买权价格的依据(即"同等条件"中的价格条件)。

在上述案例中,二审法院认为,转让股东和第三人约定的股权购买价格不能作为行使优先购买权的"同等条件"的价格依据,并判决系争股权转让合同侵害股东优先购买权,应属无效。这引发了笔者对行使优先购买权价格的依据(即定价机制)的思考。

对于目标公司老股东来说,其可能出于取得公司控制权的目的而购买股权;而对于出于财务目的转让股权的转让股东来说,其所追求的则是通过转让行为来实现股权投资价值的最大化。《公司法》第71条的价值取向,一方面,在于通过限制转让股东自由选择交易对象的权利,用以维护有限责任公司的封闭性和人合性;另一方面,也是为有限责任公司的股东退出公司留出了必要的余地。所以立法者将"同等条件"作为行使优先购买权的定价机制,则是尽可能使该股东的股权投资价值实现最大化。

笔者认为,在市场环境下,不同的投资者基于其投资理念和经验,对于同一家目标公司可能有不同的估值方法,而不同的估值方法得出的结果可能千差万别。第三人完全可能基于对公司未来盈利能力的良好预期或其他商业考量而给予公司远高于其目前净资产的估值。所以,在绝大多数情况下,出于转让股东与第三人之间达成的股权转让价格是当事人意思自治的体现,应得到充分的尊重,即"同等条件"中的股权转让价格应当以转让股东与第三人约定的价格为准。

同时,也应当注意到,在实践中也确实存在转让股东与第三人合谋虚构较高的股权转让价格或其他苛刻的交易条件以阻止其他股东行使优先购买权的情形。有法官指出,对于这样的情形应根据《中华人民共和国合同法》中关于无效合同的规定,以恶意串通损害第三人利益认定转让股东与第三人之间的股权转让合同无效,笔者赞同这样的观点,但值得注意的是,主张恶意串通的一方当事人需要承担相应的举证责任。

2. 影响股权转让价格的其他重要因素

上文探讨了股权转让价格的确定机制,但是,实际交易中的情况复杂多变,股权转让双方之间可能存在特殊的关系(如身份关系、业务关系、借贷关系等),或者第三人承诺给予股权转让人价格之外的利益(比如承诺承担公司债务、向公司贷款、提供特定物或劳务等条件),基于这些特殊的原因,股权转让人会给予第三人一个较优惠的股权转让价格。

在某投资发展有限公司诉王某等股权转让侵权纠纷案中,原告、被告王某及案外人黄某系某建材公司的三个股东,三方在2003年4月签署的股东会决议上约定:"同意王某将其在某建材公司83%的股权转让给某设备制造公司和林某,其他股东完全放弃优先购买权。"同年5月12日,三被告签订股权转让协议约定:"王某将49.8%的股权作价1元(人民币)转让给某设备制造公司,将33.2%的股权作价1元(人民币)转让给林某。某建材公司的债权债务由变更后的股东按出资比例全部继承。"随后原告某投资发展有限公司诉称:三被告盗用其名义伪造股东会决议构成侵权,请求判令股权转让协议无效;其向被告王某优先受让系争股权。

该案中,原告诉请以2元(人民币)价格优先受让系争股权。对此,二审法院认为,我国公司法虽明确规定股东行使优先购买权应以"同等条件"为前提,且实践中对"同等条件"的认定一般也以股权转让当事人之间商定的转让价格为基准,但不能据此将转让价格简单等同于"同等条件",譬如当事人之间会因为存在业务关系或利益关系等因素而确定一个相对优惠的价格,故此类因素在认定"同等条件"时应予以综合考量。本案中,原告仅以2元(人民币)价格请求优先受让股权,而无视被告与受让方之间除约定该转让价格之外,还约定受让方须按照出资比例承担公司债权债务,故显然与"同等条件"要求不符。据此,二审法院对该项诉请不予支持,并告知原告若要购买系争股权,可另与王某协商。

在上述案例中,股权转让价款虽然只有1元(人民币),但第三人愿意按照出资比例承担公司的债权债务,这些附加条件对股权转让人极为重要,已影响到其实质利益,所以股权转让人才会给第三人一个优惠的股权转让价格。笔者认为,在绝大多数情况下,"股权转让的对价"="股权转让价款",此时可以对"同等条件"作绝对等同说理解;但在第三人作出特殊承诺的情况下,"股权转让的对价"="股权转让价款+特殊承诺",就只能对"同等条件"作相对等同说理解了。此种"特殊承诺"给股权转让人带来额外利益,故在"股权转让的对价"不变的情况下,"股权转让价款"会相对较低。但若允许优先购买权人以此"股权转让价款"来行使优先购买权,则对于股权转让人来说有失公平,损害了其实质利益。因此,在确定"同等条件"时也应当充分考虑影响价格条件的特殊因素,并将其折算成金钱计入价格之中。

3. 其他股权转让的对价形式

同理,股权转让人和第三人约定的股权转让对价还可以是土地使用权、知识产权、房屋或者是股权等。此种情况下,老股东如何按同等条件行使优先购买权?若是对"同等条件"作绝对等同理解,老股东也应当拿出各方面情况类似的土地使用权、知识产权、房屋或股权等作为对价依据,但此种方法明显不具备可操作性,会直接限制老股东行使权利。笔者认为,此时只能对"同等条件"作相对理解,只要老股东能支付差不多的对价,即视为满足要求。如果转让股东与第三人约定的转让对价是土地使用权、知识产权、房屋、股权等,则可以聘请各方均认可的第三方中介机构对其价值进行评估,由老股东按照评估价值支付股权转让的对价,即视为满足条件。

进一步说,当股权转让对价中出现了非现金的支付形式及特殊承诺时,如果这些条件属于第三人与老股东都能办到的,则由老股东继续履行;如果属于第三人能办到而老股东办不到的,则将这些条件折算成金钱,计入价格之中。也许反对者会说,在现实生活中,促成股权转让的特殊原因多种多样,要将其折算成金钱存在一定的难度,而且违背了一般的道德准则。"即使以市场价格来补偿,也只能使股权转让人眼前的现实利益得以维护,仍会损害其未来利益及其与第三人之间的各种利益关系。另外一方面,这些特殊原因能否用金钱来代替,应当由股权转让人根据自身的实际情况来判断,不能由优先购买权人来衡量。"此种反对确实有其合理性,但有限责任公司股东优先购买权的设计初衷就是为了保护公司的人合性、封闭性,同时兼顾转让股东的经济利益与交易相对方的选择自由。并且,因非现金的支付形式及特殊承诺衍生出的种类非常多,如果对此作绝对理解,会使原有股东的优先购买权被架空,违背该法律制度的设计初衷。故当两种利益发生冲突时,只能对"同等条件"作相对理解并优先保护老股东的利益。

(二) 付款方式

转让价款的支付方式,可分为一次性付款与分期付款,由于每个人信用程度不同以及利率的浮动,分期付款的潜在风险要大于一次性付款。故一次性付款对股权转让人更为有利,而分期付款则无法实现一次性付款对股权转让人经济利益的保障。当股权转让人与第三人约定就某价款转让股权并且一次性付清时,如果股东优先购买权人主张在相同价格下分期付款,则该股东其实并没有达到"同等条件"。

购买方通常的付款方式都是现金,这是实践中最常见,也是最能让转让股东实现其经济利益的方式。而现金的付款方式也包括支票、外汇、股票、承兑汇票等不同形式。在某些特殊情况下,外汇和股票的价值可能根据时间段的不同而有较大的变化,但当股权转让人与第三人达成股权交易合意并通知优先购买权人时,该部分股权转让款的价格就已经固定下来,可以折算成人民币金额,因此,当转让股东与第三人约定对股权转让价款采用上述形式支付时,股权优先购买权人主张用同等价值的人民币付款,也可视为达到了"同等条件"。

(三) 付款期限

转让价款的支付时间,直接关系到股权转让人的期限利益。股东转让股权,可能是想借此机会退出公司,也可能是因为资金问题。不管出于什么原因转让股权,股权转让价款的获得时间对于股权转让人来说都极其重要,或者可救急,或者可获得更大利益等。股权受让人付款的时间越长,对股权转让人来说也就越不利,所以在其他条件一致的情况下,较短的付款时间优于较长的付款时间。但也并非是要求两者的付款时间一定要完全相同,在不构成对股权转让人实质性影响的情况下,也可以视为"同等条件"。另外一个要考虑的问题是,如果股权转让人允许第三人延期付款,是否可以视为"同等条件"? 股权转让人允许第三人延期付款是出于对其的信任,而由于每个人的信用情况不同,股权转让人可能并不信任股东优先购买权人延期支付时的还款能力。因此,股东优先购买权人不得以此为"同等条件",同样要求延期付款。但是,如果股东优先购买权人提供了相应的担保,足以保障股权转让人能按期受偿的,则可以允许其行使优先购买权。

(四) 股权转让数量

在实践中,经常出现转让股东向第三人转让股权,优先购买权股东主张购买部分股权而发生争议的案例,实务界和理论界对此的认定也并不统一。如今,《公司法解释(四)》对此予以了明确规定,股权转让的数额也应当被纳入同等条件的认定标准之一,优先购买权股东只主张优先购买部分股权的,不符合"同等条件"的要求。

(五) 其他考虑因素

除了《公司法解释(四)》第18条明确规定的界定因素外,笔者认为,违约责任也应当被纳入"同等条件"的考核标准之中。违约责任,是指当事人未按合同约定履行义务而应承担的责任,合同中违约责任条款的约定,可以促使双方当事人履行义务,减少或弥补非违约方遭受的损失,它与当事人的利益密切相关。在实践中可能出现这样一种情形,当股东向外转让股权时,公司的其他股东为了阻止公司外的第三人得到股权,利用股东优先购买权假意与股权转让人磋商、订立合同,阻止股权对外转让,在第三人放弃购买股权后,其又不真正履行股权转让合同。这个时候,股权转让人就可以根据合同中的违约责任条款,来追究其违约责任,维护自身的合法利益。因此,要求其他股东在行使优先购买权时,订立与第三人购买股权时一样的违约责任条款,有利于防止公司其他股东恶意阻挠股权的对外转让。基于上述原因,违约责任也应当成为"同等条件"的一个考量因素。

三、结论

《公司法解释(四)》尝试对股东优先购买权"同等条件"的确定标准作出统一的规定,明确了其中最重要的几个要素:转让价格、付款方式、期限及股权转让数量。在实践中,"绝对等同说"刚性太强,不易实现,无法适应纷繁复杂且不断变化的社会现实的需要;"相对等同说"弹性太大,自由裁量权过大,对其的滥用容易架空原股东的优先购买权。基于上述原因,笔者认为,可以采用"一般规定"+"变通规定"的做法,即股东优先购买权"同等条件"除了应当包括《公司法解释(四)》中所规定的要素以外,还应当充分考虑对买卖双方权利义务有重大影响的合同条款(如违约责任、债务承担、特殊承诺等),以适应复杂变化的现实社会。

参考文献

［1］许尚豪、单明:《优先购买权制度研究》,法律出版社 2006 年版,第 330—334 页。
［2］刘兰芳:《公司法前沿理论与实践》,法律出版社 2009 年版,第 230 页。
［3］李敬:《论先买权若干问题》,载《淮阴师范学院学报》(哲学社会科学版)2003 年第 5 期。
［4］秦悦民、陆安琪:《优先购买权行使中股权定价机制问题解析》,载高杉 LEGAL 微信公众号 2015 年 7 月 22 日。
［5］刘云升:《先买权制度法律价值等诸问题的探讨——兼论先买权制度在未来民法典上的定位》,载《河北法学》2000 年第 5 期。
［6］隗合佳:《股东优先购买权同等条件的确实标准》,载《法制与经济》2012 年第 1 期。
［7］郭明瑞:《论优先购买权》,载《中央政法管理干部学院学报》1995 年第 5 期。

股东优先购买权的侵权救济
——现行立法的不足与完善

邓业军[*]　盛　强[**]

[摘要]　我国公司法规定了有限责任公司股东对外转让股权的通知义务,以保障其他股东的优先购买权。但实践中,转让股东不依法履行通知义务,甚至恶意欺诈通知,损害其他股东优先购买权的案例比比皆是。通过立法确定转让股东与拟受让人共同承担通知义务具有法理正当性,能够最大限度地遏制转让股东不通知甚至是欺诈通知行为的发生;同时应构建股权转让合同被撤销或无效后,以股权转让合同适当履行为原则,以损害赔偿为例外的基本规范,实现股东优先购买权的真正保护。

[关键词]　股东　优先购买权　救济　立法重构

股东优先购买权历来是公司法的难点,事关股东财产权的自由处分,又涉及有限责任公司人合性的维持,同时关涉拟受让人购买股权的交易安全和交易效率。制度设计还需要兼顾标的公司有序运行,并要考虑交易无效后恢复原状之可能和恢复成本。最高人民法院《关于适用〈中华人民共和国公司法〉若干问题的规定(四)》[以下简称《公司法解释(四)》]第16—22条对《公司法》第71条进行了细化,详细规定了股东优先购买权的行使细则,初步形成了有限责任公司股东优先购买权的行权体系。

一、问题提出——转让股东欺诈通知行为损害优先购买权

甲、乙是A公司有限责任公司的股东,公司章程对股权转让的规则没有约定。甲某日向乙谎称丙欲购买甲持有的A公司股权,价格300万元。乙认为价格过高,120万元可以考虑。乙因价高而只得放弃购买。后甲向丙按照事先约定的100万元的价格转让了股权。

如该案例所示,实践中,转让股东欺诈通知损害其他股东优先购买权、架空《公司法》第71条的行为时有发生,该行为如何规制,已成当务之急。

---

[*]　上海锦天城(合肥)律师事务所律师。
[**]　上海锦天城(合肥)律师事务所律师。

二、现行法律救济的不足

(一)股东优先购买权之权利来源

《中华人民共和国公司法》(以下简称《公司法》)第71条规定:"有限责任公司的股东之间可以相互转让其全部或者部分股权。股东向股东以外的人转让股权,应当经其他股东过半数同意。股东应就其股权转让事项书面通知其他股东征求同意,其他股东自接到书面通知之日起满三十日未答复的,视为同意转让。其他股东半数以上不同意转让的,不同意的股东应当购买该转让的股权;不购买的,视为同意转让。经股东同意转让的股权,在同等条件下,其他股东有优先购买权。两个以上股东主张行使优先购买权的,协商确定各自的购买比例;协商不成的,按照转让时各自的出资比例行使优先购买权。公司章程对股权转让另有规定的,从其规定。"该系有限责任公司股东优先购买权的法律依据和基础。《公司法解释(四)》亦有相关规定如下:

《公司法解释(四)》第17条规定:"有限责任公司的股东向股东以外的人转让股权,应就其股权转让事项以书面或者其他能够确认收悉的合理方式通知其他股东征求同意。其他股东半数以上不同意转让,不同意的股东不购买的,人民法院应当认定视为同意转让。经股东同意转让的股权,其他股东主张转让股东应当向其以书面或者其他能够确认收悉的合理方式通知转让股权的同等条件的,人民法院应当予以支持。经股东同意转让的股权,在同等条件下,转让股东以外的其他股东主张优先购买的,人民法院应当予以支持,但转让股东依据本规定第二十条放弃转让的除外。"

《公司法解释(四)》第21条规定:"有限责任公司的股东向股东以外的人转让股权,未就其股权转让事项征求其他股东意见,或者以欺诈、恶意串通等手段,损害其他股东优先购买权,其他股东主张按照同等条件购买该转让股权的,人民法院应当予以支持,但其他股东自知道或者应当知道行使优先购买权的同等条件之日起三十日内没有主张,或者自股权变更登记之日起超过一年的除外。前款规定的其他股东仅提出确认股权转让合同及股权变动效力等请求,未同时主张按照同等条件购买转让股权的,人民法院不予支持,但其他股东非因自身原因导致无法行使优先购买权,请求损害赔偿的除外。股东以外的股权受让人,因股东行使优先购买权而不能实现合同目的的,可以依法请求转让股东承担相应民事责任。"

(二)股权转让之"对外出让通知"和"同等条件通知"辨析

笔者认为,《公司法》第71条第2款的书面通知,应理解为"对外转让通知",该通知侧重于向公司原有其他股东通知拟"对外转让持有标的公司股权的意思表示"。一般情况下,此时尚未形成向外转让股权的"转让条件",不具备转让价款、支付方式等具体内容。原股东收到该通知后,需要作出的回应为"是否同意其对外

转让";"如果同意,是否放弃优先购买权";"如果不同意,是否愿意自己购买"。其回复的组合大体包括:

（1）"同意转让,并放弃优先购买权"。该回复产生的法律效果是,股东对外转让股份时可不再征求该股东意见。

（2）"同意转让,但不放弃优先购买权"。该回复产生的法律效果是,股东可以对外转让,但形成外部转让条件后需征求该股东是否行使优先购买权。

（3）"不同意对外转让,也不愿意自行购买"。该回复的法律效果是,视为同意转让,但形成外部转让条件后需征求该股东是否行使优先购买权。

（4）"不同意转让,愿意自行购买"。该回复产生的法律效果是,股东之间可以开展内部转让的磋商,如果磋商成功,对外转让意向变为内部转让,不存在优先购买权行使问题。如果经过磋商无法达成转让协议,则除非该股东明确表示放弃优先购买权,否则形成外部转让条件后仍需征求该股东是否行使优先购买权。

（5）"不予答复"。按照《公司法》的规定,其他股东自接到书面通知之日起满30日未答复的,视为同意转让。

《公司法》第71条第3款"同等条件下,其他股东有优先购买权"及《公司法解释（四）》第19条的通知,是在达成"外部转让条件"时,就"同等条件下是否行使优先购买权"的通知。这与《公司法》第71条第2款的"书面通知"在通知内容、通知目的及法律效果上有明显区别,不应笼统混为一谈。

值得研究的是,"对外转让通知"是否为"必需的前置程序"？如果拟出让股东并未在股东内部进行"对外转让通知",而直接进行外部出让磋商,并达成"出让条件",只进行"同等条件优先购买权行使与否通知",该"同等条件通知"是否有效？

依据现行《公司法》和《公司法解释（四）》的规定,从文义角度解释,答案应该是肯定的,即"股东内部进行对外转让通知是同等条件通知的前置程序"。理由在于,《公司法解释（四）》第21条明确规定"有限责任公司的股东向股东以外的人转让股权,未就其股权转让事项征求其他股东意见,或者以欺诈、恶意串通等手段,损害其他股东优先购买权,其他股东主张按照同等条件购买该转让股权的,人民法院应当予以支持"。但深入探究该条背后隐含的逻辑及"对外转让通知的实际价值",或许我们会得到另外一种答案。因为,《公司法解释（四）》第21条所述"未就其股权转让事项征求其他股东意见"的立法逻辑和假设前提,可以理解为"既未进行对外转让的通知,也没有进行同等条件的通知",即在转让程序上完全没有考虑"公司原有股东的利益和想法"。如果根据第21条的规定,可以作出上述解释,则不妨再进一步探讨,在公司章程对股东向外转让股权并无"内部通知磋商前置"之类似规定的前提下,强行要求股东进行对外出让通知究竟有无实际价值。

按照上述对外出让通知五种回复组合的法律效果来说,《公司法》规定的"对外转让通知"其实质效果回复（1）在于"原股东放弃优先购买权,以加速出让股权股东启动外部磋商";回复（4）在于"启动内部转让磋商,但不能达成内部转让,出让股东仍有权进行外部转让,且在达成同等条件后,仍需征求原股东是否行使优先购买权";其他三种回复组合产生的效果均在于"视为同意出让,但在达成同等条件后,仍需征求原股东是否行使优先购买权"。由此可以看出"对外转让通知"对于"原股东是否行使优先购买权"并无实质性的肯定或者否定价值,其既不是行使优先购买权的充分条件,也非必要条件。

综上,笔者认为,在公司章程无特别约定的前提下,并无必要强制使用"两次通知"。拟出让股东有权直接进行外部磋商,并在达成转让条件时就"对外出让"和"同等条件"合并通知。毕竟股权转让是股东自由处分权之体现,合并通知并不损害原股东优先购买权之实体权利,也不会从根本上妨碍原股东维护有限责任公司"人合性"之努力和制度设计的目的。反之,如果强行要求进行"两次通知",一方面于股东优先购买权行使并无实际操作价值,另一方面实有损商事交易效率。

(三)现行立法中同等条件通知义务主体设定之缺陷

《公司法》第71条和《公司法解释(四)》第17条明确规定股东对外转让股权必须向其他股东进行通知,以保障其他股东行使优先购买权。结合法律规定的文义和目前的实务操作,上述通知均由"对外转让股权的股东单方进行"。拟转让股权的股东作为交易的发起者和受益人,全程掌握股权转让交易的各项信息,设定其为通知主体理所当然,其理由无须赘述。

但笔者认为,恰恰是因为通知主体单方为股权转让股东,造成了各方的信息不对称,使股东优先购买权极易遭受侵害,自始就存在制度设计的缺陷。理由在于,出让股权的股东可能出于自身利益最大化之种种考虑,或故意破坏公司"人合性"之目的,出现以下不诚信情形:第一,怠于履行或不履行通知义务;第二,单方虚报外部转让价款等抬高同等条件之行为;第三,刻意隐瞒其他股东行使同等条件优先购买权之反馈;第四,实质性降低已通知之同等条件进行对外交易。

在上述情况下,拟受让人及拟行使优先购买权之其他股东均无法掌握相关信息,极易出现在股权出让人单方欺诈隐瞒的情况下,完成股权转让的情形。此时再通过撤销或确认合同无效等救济手段解决,于交易效率和交易安全都有重大妨碍。

三、立法建议

(一)改进通知方式,事前避免

笔者建议,以"转让股东与拟受让人"作为共同的通知主体,拟行使优先购买权之反馈亦需同时向转让股东和拟受让人回复。此种设计的好处在于,使得三方当事人同步直接参与股权转让的磋商,解决了信息不对称带来的种种弊端,也没有实质性加重拟受让人或拟行使优先购买权股东之负担,理由简述如下。

对《公司法解释(四)》第21条规定的"有限责任公司的股东向股东以外的人转让股权,未就其股权转让事项征求其他股东意见,或者以欺诈、恶意串通等手段,损害其他股东优先购买权,其他股东主张按照同等条件购买该转让股权的,人民法院应当予以支持",进行简单分析可以得出,在拟出让股东未进行通知,或者对通知内容和通知反馈有所隐瞒、作不实陈述的情况下,往往是出让股东单方存在欺诈行为。但此时,拟受让人也应承担合同无效或者被撤销的后果,实际上是通过事后否定性的评价,使权拟受让人承担"审查转让股东是否履行通知程序、是否按照通知的同等条件与自己达成交易"的义务。而且,在出让股东单方通知的制度下,拟受让人及时介入交易,即便进行优先购买权方面的审查,一般也只能被动地基于拟出让股东的陈述,或者查看拟出让股东单方提供的材料,一旦拟出让股东提供虚假或者伪造材料,则拟受让人基本没有核实的能力和办法。这种要求拟受让人关注出让人优先购买权的通知情况,却未赋予受让人程序参与权利的制度设计,对受让人并不公平。与其事后评价,不如事先赋予"拟受让人共同通知的权利",规范和引导各方交易行为,避免因通知程序设计不当而导致种种纠纷和争端。

同时,作为拟受让人来说,赋予其共同通知、共同接受反馈的主体资格,并不会实质性加重其责任和负担。受让人只需要在达成股权转让的"同等条件"后,在"同等条件转让通知"上签字或者加盖印章,并留下接受回复的联系地址和方式即可。其作用,一是确认"同等条件的内容";二是提供接受回复的方式。从法律地位和责任上来说,"同等条件通知"第一位的责任人仍是拟出让股东,拟受让人仅为通知行为协助人。如此可以大大降低拟出让人基于自身利益出现单方欺诈的情形和操作空间,也不会实质性地增加拟出让人交易费用和成本。

综上,笔者认为,就同等条件之通知,在未来立法或者司法解释中可以规定:"有限责任公司股东对外转让股权,就股权转让合同主要条款达成合意后,应协同拟受让人共同书面通知公司未放弃优先购买权之股东。未放弃优先购买权的股东收到通知后,决定行使优先购买权的,应在通知规定的期限内书面通知拟转让股东和拟受让人。超过期限没有主张优先购买权的,或者虽主张优先购买权,但不符合公司法和司法解释规定的同等条件的,视为同意转让并放弃优先购买权。股权转让股东或拟受让人单方进行同等条件通知的无效,行使优先购买权的股东仅向股权转让人或者拟受让人回复,不发生主张行使优先购买权的效力。因通知或回复瑕疵而产生的责任由过错方承担相应的后果和民事责任。"

(二) 发生侵害优先购买权时,原则上否定股转合同效力,保护优先购买权

1. 否定股转合同效力

《公司法解释(四)》第 21 条明确了在股东优先购买权被侵害时,股东主张行使优先购买权,以取得出让标的股权的,人民法院一般应予以支持。值得讨论的是,在出现侵害优先购买权的情形时,原股权转让合同的效力问题。

笔者认为,在现行合同法立法体系下,拟出让人未就股权转让事项进行通知,或者单方以欺诈手段侵害原股东优先购买权的,应属于"可撤销合同"范畴,类似的制度如"债权人的撤销权诉讼"。此时被欺诈的原股东享有撤销权,其主张撤销

原合同并按同等条件购买标的股权的,原合同自始无效;其不主张撤销,或者撤销权除斥期间经过的,原股权转让合同自始有效。

但如果是出让人和受让人恶意串通的情形,理应属于《中华人民共和国合同法》第52条规定的自始无效的合同。虽然行使撤销权和请求确认合同无效的结果都是股权转让合同自始无效,但二者在请求权基础、过错责任主体及合同无效后的责任承担上仍有不同,应进行一定的区分。

2. 股权转让合同效力被否认后的优先购买权行使

受损股东履行股权转让合同不存在事实障碍的(排除善意取得)可以按照以下方式行使优先购买权:① 股权转让合同被确认无效,当目标股权的价格发生溢价的,按照最初股权转让行为发生时的股权价格计算优先购买权标的额;② 股权转让合同被确认无效,当目标股权的价格下跌的,按照现有价格计算优先购买权标的额。同时,受损股东还可以请求相关人返还持股期间的分红收益(扣除管理费用)等。

受损股东行使优先购买权存在事实障碍的,可以转而请求相关损害赔偿,具体范围可参照上述价格差价及持股期间的分红等。

(三) 必要时缩短给付,惩罚恶意股东

股东行使优先购买权时,转让股东与拟受让人原股权转让合同无效或被撤销,转让股东应该向受让人返还股权转让价款;行权股东与转让股东以同等条件达成新的股权转让合同,向转让股东支付股权转让价款。一个是合同无效的返还,一个是新合同项下的履约,并非同一合同关系。

但笔者认为,在行权诉讼项下,受让人可以请求行权股东在受让人已实际支付的款项范围内直接向自己支付,以避免诉累,避免转让股东两次获得价款。虽然受让人可能对股权转让合同无效负有责任,但一般来说其责任并不重于转让股东之责任,法律没有理由让转让股东在一次交易中获得两次支付,否则可能会导致合同被确认无效后,转让股东却因此获得了额外的利益,长期侵占资金。这种情况在转让股东存在大额未偿债务,甚至进入破产后尤其明显。允许受让人直接获得行权股东的支付,并不实质减损转让股东的利益,转让股东的债权人也不应从转让股东介入的一次无效交易中额外获益。

四、总结

《公司法》作为商事行为法及裁判法,应当充分发挥指引作用。从事商事行为的商事主体负有较高的注意义务是商法的应有之义,对拟受让股权的第三人在立法上赋予同等的通知权益具有法理正当性和现实合理性,能够最大限度地避免转让股东单方欺诈行为的发生。股东优先购买权的保护应构建在股权转让合同被撤销或无效后,以股权转让合同的适当履行为原则,以损害赔偿为例外的基本规范。

股东优先购买权"同等条件"的法律认定

——兼谈对《公司法解释(四)》第18条的理解

李天霖* 熊雪宇**

[摘要] 有限责任公司股东优先购买权,是指在股权对外转让中,公司内部非转让股东较公司外第三人于同等条件下享有的优先购买拟转让股权的权利。股东行使优先购买权应具备三个条件:一是股东欲对外转让股权;二是优先购买股东与其他购买人购买股权的条件相同;三是必须在规定的期限内行使。优先购买权的前提和基础为"同等条件"。针对"同等条件",司法实践中却存在适用标准不一的问题。对此问题,《公司法解释(四)》作出了细化规定,为更准确地适用《公司法》第71条提供了指引。本文在结合相关案例的基础上,以《公司法解释(四)》相关条文为分析对象,对股东优先购买权行使条件的适用作出分析。

[关键词] 股东优先购买权 行使条件 同等条件

何谓优先购买权,王泽鉴先生有云:"优先购买权云者,为特定人依约定或法律规定,于所有人(义务人)出卖动产或不动产时,有依同样条件优先购买之权利。"① 优先购买权作为我国一项重要的民商事制度,在我国法律中以不同的形态呈现。

在我国,涉及股东优先购买权纠纷的现象在有限责任公司中甚为常见。然而,作为股东优先购买权的法律依据,《中华人民共和国公司法》(以下简称《公司法》)第71条并没有对股东优先购买权作出明确性规定,尤其是在股东优先购买权的行使条件上。股东行使优先购买权需要具备三个条件,其中"同等条件"作为股东优先购买权的前提和基础,出现的纠纷较为常见。

2016年12月5日,最高人民法院审议并原则通过《关于适用〈中华人民共和国公司法〉若干问题的规定(四)》[以下简称《公司法解释(四)》],解释第18条对优先购买权行使条件所涉及的问题进行了细化。笔者结合该条规定,对股东优先购买权行使条件中"同等条件"的实践操作分析如下。

---

* 北京康达(成都)律师事务所天霖律师团队负责人。
** 北京康达(成都)律师事务所天霖律师团队律师助理。
① 王泽鉴:《民法学说与判例研究》(第一册),中国政法大学出版社2005年版,第475页。

一、同等条件的界定

所谓"同等条件",是指出让股东将股权转让给公司内部非转让股东的条件与非股东的第三人购买出让股权时所承诺的购买条件的内容相同。"同等条件"作为股东行使优先购买权的前提条件之一,《公司法》设立"同等条件"的目的是为了维护出让股东和第三人的权益,也是为了维护公司的人合性。而《公司法》第 71 条对此并未进行明确的阐释,忽略了出让股东与第三人恶意串通行为的可能性。恶意串通行为不仅会使优先购买权形同虚设,也会损害公司其他股东的合法权益,更使得公司的人合性得不到有效保护,最终忽略立法的根本目的。

对于"同等条件"的理解主要有绝对同等与相对同等两种。绝对同等要求其他股东购买股权的交易条件应当与第三人的交易条件在价格、数量和方式上完全一致。该观点过于严苛,在实践操作中不易实现。强制当事人对利益影响不大的条款做到完全一致,并不符合当事人的根本利益,也违背了立法的初衷。并且,第三人可以利用个别次要条款来排除其他股东的优先购买权。[①] 相对同等则要求其他股东提出的购买条件与第三人大体相同即可,相对于绝对同等,相对同等的要求似乎更为合理。但同时,由于相对同等适用范围弹性太大,没有统一的适用标准,法官在审理案件时自由裁量权较大,因此可能导致判决结果的不一致。[②]

《公司法解释(四)》第 18 条规定:"人民法院在判断是否符合公司法第七十一条第三款及本规定所称的'同等条件'时,应当考虑转让股权的数量、价格、支付方式及期限等因素。"根据该条规定,"同等条件"是一个综合考量价格、数量、方式等因素的结果。相对于绝对同等和相对同等来说,《公司法解释(四)》第 18 条采取的是更为折中的办法。在股东对外转让股权时,应当根据具体的情况,分别从多个方面考虑股权转让时的同等条件。

二、同等条件考虑因素

(一) 价格因素

由于有限责任公司具有封闭性,没有公开的交易市场,在其股权转让价格上便没有可以参考的标准,可能会出现出让股东与第三人恶意串通的行为。《公司法解释(四)》第 21 条对该行为进行了补充:"或者以欺诈、恶意串通等手段,损害其他股东优先购买权,其他股东主张按照同等条件购买该转让股权的,人民法院应当予以支持。"该规定是对股权转让合同效力的认定,对于导致股权实质上不能转让的行为,法律给予了否定评价。

---

① 参见许尚豪、单明:《优先购买权制度研究》,中国法制出版社 2006 年版,第 330 页。
② 参见离敬从:《论先买权若干问题》,载《淮阴师范学院学报》(哲学社会科学版)2003 年第 5 期。

(二) 数量因素

1. 案例简介①

宁波大地化工环保有限公司(以下简称"大地公司")共有9位股东。刘某持有该公司44%的股权,谢某与章某某等8位自然人股东持有该公司56%的股权,其中谢某持有公司5%的股权。2016年1月12日,大地公司8位自然人股东的共同代表人章某某函至刘某,告知:"8人合计持股56%,现准备将其中的51%股权进行转让。"该函告知刘某在同等条件下具有优先购买权,要求其于2016年1月21日前签订股权转让协议并缴纳一期20%的转让款,否则视为同意该股权转让行为并放弃优先购买权。刘某于2016年1月21日书面告知谢某及章某某,要求行使优先权,并要求按同等条件受让谢某持有的5%的大地公司股权。2016年1月25日,8位自然人股东以章某某为代表致函刘某,认为受让方一次性受让大地公司51%的股权是构成本次交易的价格、交割等其他要素的核心条件,无法分割出售。如不按照《股权转让协议》中列明的全部交易条件购买拟出让股权,即视为同意转让。刘某又于2016年2月2日致函谢某,要求优先受让5%的股权,并尽快签署股权转让协议。转让股东代表章某某又于2016年2月20日致函刘某,拟将所持大地公司51%的股权以总价人民币9588万元对外出售,现拟受让方已经将首期保证金1632万元汇付至其指定的账户,待转让协议签订之日再缴285.6万元以满足协议约定条件,其余转让款的支付按照协议约定的时间履行,并通知刘某若有意行使优先购买权,必须完全满足本次股权转让的同等条件。

2. 问题:刘某对部分拟转让股权行使优先购买权是否有效?

在《公司法解释(四)》出台前,法院大多以2003年11月发布的最高人民法院《关于审理公司纠纷案件若干问题的规定(一)(征求意见稿)》为指导条文,其中第27条规定:"有限责任公司股东主张优先购买部分股权,导致非股东因份额减少而放弃购买的,拟转让股权的股东可以要求主张优先购买权的股东受让全部拟转让股权,其拒绝受让全部股权的,视为放弃优先购买权。"根据该条款,法律并未完全否定仅就部分股权行使优先购买权,而是采取有条件的限制否定。《公司法解释(四)》第18条规定中仅以"数量"二字体现,该条规定对公司内部非转让股东优先购买部分股权并未完全予以否认,也未予以完全的肯定。

事实上,关于"能否对部分股权行使优先购买权"的争议早已有之。有观点认为,首先,股权具有可分性,并且优先购买权是法律赋予股东的权利,股东可以根据自身需求自由选择;其次,有限责任公司具有人合性,其他股东可以根据选择购买部分拟转让股权或全部股权来决定是否让第三人加入。与之相反的观点认为,有些股权关系到整个公司的控制权,因此该股权不具有可分性。② 如果允许其他股

---

① 参见浙江省杭州市拱墅区人民法院(2016)浙0105民初2456号民事判决书。
② 参见赵旭东:《公司法学》,高等教育出版社2003年版,第302页。

东购买部分拟转让股权,则可能会导致公司僵局。

笔者认为,首先,有限责任公司的股权可能包含了控制权,允许部分转让,也会使股权控制权发生转移;其次,其他股东购买部分股权可能使该股权的剩余部分丧失控制权价值,第三人往往会拒绝购买剩余股权,这样一来,转让股东的交易成本便会增加。

一味对优先购买部分股权的行为进行否定,就难免会忽略有限责任公司的人合性。股东对部分股权行使优先购买权的行为可能导致受让人不购买剩余的股权、出让股东与受让人恶意串通损害小股东利益等不良后果。笔者认为,对于部分股权优先购买是否有效,应当根据具体情况进行甄别。

(三) 给付方式

1. 案例简介①

丁某某、李某、冯某某与瞿某某为杭州泵业投资有限公司(以下简称"泵业公司")股东,该公司共有9位股东。2006年9月10日,泵业公司召开股东会,与会的全体股东一致同意将个人所持股权以全部转让的方式,以1:3的价格转让给第三方,并形成股东会决议。瞿某某在该股东会决议上注明:本人决定优先受让(购买)其他股东转让之股权。同日,瞿某某分别与陈某某、欧某某、王某、马某某、鲁某某签订股权转让合同,以1:3的价格受让该5名股东的全部股权,约定付款方式为合同签订之日起3日内支付2/3的转让款作为定金,适用定金罚则,合同生效之日起90日内付清余款。

2006年9月30日,丁某某将其与曹某某于2006年9月8日签订的股权转让合同寄发给瞿某某,履行股权转让的同意程序和优先购买程序,并限瞿某某在30日内作出书面答复。该股权转让合同约定的转让价格为1:3,付款方式为在合同生效之日起5日内一次性付清转让款,并约定受让方必须以转让款为基数,按照1:1的比例交纳保证金,由出让方保存3年,不计息,如受让方3年内有从事损害出让方利益的行为,保证金无偿归出让方所有;如受让方不全额按期支付转让款和保证金的,除不予返还保证金外,还应当向出让方支付全部转让款50%的违约金。瞿某某分别复函丁某某、李某、冯某某,主张其优先购买权已于2006年9月10日形成,要求丁某某等3人按1:3的价格及合同签订之日起3日内支付转让款的50%、合同签订后90日内付清余款的付款方式与其签订股权转让合同,并要求丁某某办理瞿某某与陈某某、欧某某、王某、马某某、鲁某某股权转让的工商变更手续。2006年10月10日,丁某某复函瞿某某,拒绝按瞿某某所述条件签订股权转让合同,并附丁某某与曹某某于2006年10月5日签订的股权转让合同,该股权转让合同在与2006年9月8日的股权转让合同内容一致的基础上,还增加了受让方于合同生效后5日内支付出让方补贴款及承担出让方应缴所得税的条款。曹某某、富某已

---

① 参见最高人民法院(2012)民抗字第31号民事判决书。

按合同约定数额支付了股权转让款、保证金和补贴款。

2. 问题:股权转让价款给付方式是否应当纳入同等条件的范畴?

根据上述案例,股东丁某某与第三人曹某某之间约定:付款方式为在合同生效之日起5日内一次性付清,并约定了保证金与违约金。股东瞿某某提出行使优先购买权的条件为:付款方式为合同签订之日起3日内支付2/3的转让款作为定金,适用定金罚则,合同生效之日起90日内付清余款。不难看出,二者之间的纠纷主要出现在付款方式上。那么对比两者之间的约定,是否应当纳入同等条件的范畴呢?

到目前为止,包括《公司法解释(四)》在内的有关法律法规或司法解释并未对股权转让价款的给付方式进行明确规定。股权转让价款给付方式的种类有多种,包括分期支付、分n期支付、一次性支付等。对于给付方式是否同等,在很大程度上是很难进行界定的。就如同本案例,股东丁某某与第三人曹某某之间约定的给付方式与股东瞿某某的给付方式没有办法进行比较。此外,如果给付方式是股权置换或者是其他股东没有办法满足的给付方式,这样显然是无法达到"同等条件"的。这种给付方式反而给恶意股东规避自身行为提供了便利。

因此,笔者认为,只有在除了给付方式以外的其他方式都等同,但给付方式在其中起关键作用的情况下,才应当将给付方式作为同等条件的考量范畴。

三、总结

《公司法解释(四)》的出台对公司实务操作,尤其股权转让优先权理解与行使无疑是具有重大指导意义的。法律规定的股东优先购买权不仅保护了其他股东的权益,也能平衡其他股东、转让股东与第三人之间的利益。而作为股东优先购买权行使条件的前提条件,同等条件尤有必要进行明确。一方面,《公司法解释(四)》第18条对《公司法》第71条予以了相应补充和完善。另一方面,《公司法解释(四)》不应对部分股权行使优先购买权不分情形予以绝对否定,就此而言,《公司法解释(四)》仍有不尽如人意之处。此外,在同等条件中,作为引发纠纷最多的股权转让价款之给付方式还应予以明确,以防止恶意串通,侵害其他潜在股权受让人权利的情形。是以,笔者冀望立法能够进一步修改并完善。

以案看优先购买权的法律风险

孟 宁[*]

[摘要] 本文主要以一起公司股权转让纠纷为题材,结合该案一审、二审和再审法院的观点,详细分析股权转让中优先购买权的法律风险,指明转让股东和受让方在股权转让通知中应当注意的事项。

[关键词] 股权转让 优先购买权 通知

一、前言

所谓优先购买权,又称先买权,是指特定人依照法律规定或合同约定,在出卖人出卖标的物于第三人时享有的在同等条件下优先于第三人购买的权利。有限责任公司中股东优先购买权在公司法中的具体应用,其制度设计的目的在于维护有限责任公司的人合性和稳定性,保护股东间的信赖利益。在股权转让过程中,如果对优先购买权处理不当,相关各方可能会产生纠纷、形成诉讼甚至承担相应的法律责任,对各方而言均存在一定的法律风险。本文主要结合一则司法实践的真实案例,对股权转让中涉及优先购买权的法律风险作一浅显的分析。

二、案情简介

2015年11月10日中国裁判文书网刊登了"刘春海与季玉珊股权转让纠纷再审民事判决书"[案号为:(2015)苏商再提字第00042号]。[①] 详情如下:

2012年12月17日,季玉珊(甲方)和刘春海(乙方)签订《协议》一份,其中约定:① 甲方将所持有的南京源力混凝土有限公司(以下简称"源力公司")30%的股权转让给乙方,在法律确认生效时一次性付清350万元价款;② 如甲方将股权转让给他人,甲方赔偿乙方价款的20%,乙方若延迟付款,赔偿甲方20%。协议签订后,双方未履行。刘春海诉至南京市栖霞区人民法院请求季玉珊继续履行股权转让协议,赔付违约金70万元。

季玉珊在庭审中举证证明其曾于2012年11月18日分别给源力公司的股东阎

---

[*] 安徽弘律师事务所主任。

[①] 参见中国裁判文书网(http://wenshu.court.gov.cn/content/content?DocID=afd44ffa-f344-417d-a8b5-e5cdb39fe396&KeyWord=2015苏商再提字第00042号),访问日期:2017年10月12日。

长柱和孙有成邮寄了律师函。但无证据证明阎长柱签收了上述律师函。该两份律师函的内容主要是:季玉珊发函告知,现有源力公司以外的人希望以1800万元的总价格购买王德宝和季玉珊所持有的源力公司的全部股权;希望阎长柱和孙有成收到此函后,书面答复王德宝和季玉珊是否同意转让股权,如30日内未书面答复,则视为同意;如主张购买,则于收到此函后的30日内分别支付王德宝和季玉珊各900万元,用以购买王德宝和季玉珊各持有的30%的股权。

季玉珊提供了2012年12月30日给刘春海的通话录音,要求刘春海当日去工商局办理股权转让登记手续,并在工商局等候刘春海,但刘春海没有去。2012年12月30日是星期日。

2013年1月8日,季玉珊与孙有成签订《股权转让协议》一份,其中约定:季玉珊将其所持有的30%的股权一次性转让给孙有成或孙有成指定的第三人,同时孙有成向季玉珊支付对价现金人民币300万元整。协议签订后,孙有成分别于2013年1月29日、2013年7月15日向季玉珊支付股权转让款50万元和10万元。

一审法院认为:季玉珊没有将股权转让的事项有效通知其他股东,未能得到其他股东过半数同意,刘春海和季玉珊签订的股权转让协议无效,驳回诉请。

刘春海不服,上诉至南京市中级人民法院。二审法院认为:① 刘春海与季玉珊签订的协议合法有效。② 由于孙有成享有优先购买权并已实际行使,刘春海与季玉珊之间的股权转让协议已无法继续履行,故对于刘春海要求季玉珊继续履行股权转让协议的诉讼请求不予支持。③ 季玉珊通知刘春海办理股权转让手续,但刘春海未应约前往办理,季玉珊将股权转让给源力公司的股东孙有成的行为,并未违约,刘春海要求季玉珊支付70万元违约金的上诉请求,无事实依据。

刘春海不服,向江苏省高级人民法院申请再审。江苏省高级人民法院认为:① 刘春海、季玉珊签订的协议合法有效。② 应当公平公正地理解协议中约定不明的地方。③ 本案中刘春海未去办理股权变更登记不构成违约,而违约方恰恰是季玉珊,季玉珊股权转让的通知和通知办理股权登记的行为均不合法。④ 按照合同约定,季玉珊应当承担违约责任。最后江苏省高级人民法院对案件予以改判,判决季玉珊向刘春海支付70万元违约金。

三、本案的争议焦点

本案的争议焦点:
(1) 刘春海和季玉珊签订协议的效力问题;
(2) 协议中约定不明条款的理解问题;
(3) 违约责任的划分问题;
(4) 违约方承担何种责任问题。

四、对焦点问题的分析与结论

（一）刘春海和季玉珊签订协议的效力问题

《中华人民共和国公司法》（以下简称《公司法》）第71条第2款、第3款规定："股东向股东以外的人转让股权，应当经其他股东过半数同意。股东应就其股权转让事项书面通知其他股东征求同意，其他股东自接到书面通知之日起满三十日未答复的，视为同意转让。其他股东半数以上不同意转让的，不同意的股东应当购买该转让的股权；不购买的，视为同意转让。经股东同意转让的股权，在同等条件下，其他股东有优先购买权。两个以上股东主张行使优先购买权的，协商确定各自的购买比例；协商不成的，按照转让时各自的出资比例行使优先购买权。"首先，该条规定赋予其他股东相关权利的目的就是要维系有限责任公司的人合性，以免未经其他股东同意的新股东加入后破坏股东之间的信任与合作。而要实现这一目的，只要能够阻止股东以外的股权受让人成为新股东即可，亦即只要股权权利不予变动，而无需否定股东与股东以外的人之间的股权转让合同的效力。其次，该条规定并未规定如果转让股东违反上述规定则股权转让合同无效。再次，如果因转让股东违反上述规定，即股权转让未经上述程序，而认定股权转让合同无效，那么在其他股东放弃优先购买权后，转让股东需与受让人重新订立股权转让合同，否则任何一方均可不受已订立的股权转让合同的约束，这显然是不合理的。综上，股东未经上述程序向股东以外的人转让股权与股权转让协议的效力无涉。

因此，在一般情况下，转让股东和受让人之间的股权转让协议只要是双方真实的意思表示，不违反法律、行政法规的强制性规定，应当认定合法有效，对双方具有法律约束力。

（二）协议中约定不明条款的理解问题

其中关于"在法律确认生效""如甲方将股权转让给他人"的理解上，刘春海与季玉珊存在分歧。按照公平原则，在"法律确认生效时"支付转让款不仅应当理解为其他股东不行使优先购买权的最后时间，还应当理解为股权变更登记的时间。这样对于双方才更加合理公平。

对于"如甲方将股权转让给他人"的理解，季玉珊主张"他人"是除股东之外的其他人，刘春海主张"他人"是除刘春海之外的其他人。按照季玉珊的理解，如果其他股东放弃优先购买权或不具备优先购买条件的情况下，季玉珊仍将股权转让给其他股东，季玉珊也不构成违约，这对刘春海来说显然不公平。因此，笔者认为，应将"他人"理解为刘春海所主张的除刘春海之外的其他人。这样，对双方间协议合理的理解应是：季玉珊将所持有的源力公司30%的股权转让给刘春海，在股权登记在刘春海名下时其一次性付清350万元；除其他股东依法行使优先购买权外，如果季玉珊将股权转让给除刘春海之外的其他人，那么季玉珊构成违约，季玉珊应给付刘春海20%价款的违约金。

实践中,转让股东和受让人之间应当将协议中的权利义务约定清晰明确,尤其要注意许多时间的节点,例如:股东名册变更记载的时间、办理股权变更登记的时间、支付股权转让款的时间,否则极易产生分歧,影响协议的履行。

(三)违约责任的划分问题

1. 关于刘春海未按季玉珊通知去工商局办理股权变更登记是否构成违约的问题

按季玉珊提交的录音证据,季玉珊通知刘春海办理股权变更登记是在2012年12月30日之前,但双方协议签订时间是在2012年12月17日,根据《内资企业登记提交材料规范》可以得知,股东将股权工商变更登记至股东以外的人应在股权转让协议签订30日后。季玉珊通知刘春海办理工商变更登记的时间距双方合同签订时间不足30日,更何况当日是星期日,工商局不可能办理变更登记,故刘春海有理由予以拒绝。另外,季玉珊至今不能证明其已将其与刘春海签订股权转让协议的内容向源力公司其他股东进行了正确的书面通知,即使当时工商局予以办理股权变更登记,因刘春海不得对抗具有优先购买权的孙有成,刘春海也有权拒绝办理工商变更登记。因此,刘春海不构成违约。

最高人民法院《关于适用〈中华人民共和国公司法〉若干问题的规定(四)》[以下简称《公司法解释(四)》]第19条关于书面通知中优先购买权的行使期间与《内资企业登记提交材料规范》的规定完全一致,即优先购买权的行使期间为30日。因此转让股东在书面通知时应当确定行使期间,未明确行使期间的为30日。

2. 关于季玉珊是否构成违约的问题

季玉珊与刘春海之间的协议约定在股权变更登记时一次性付清350万元股权转让款,季玉珊、孙有成之间的协议则约定分期付款300万元。孙有成的出价低于刘春海的出价,分期付款的支付方式更劣于一次性支付,显然孙有成并不具备同等条件,孙有成受让季玉珊案涉股权并非行使优先购买权。因此,在孙有成不具备行使优先购买权条件的情况下,季玉珊将股权再行转让给孙有成,对于刘春海而言,缺乏合同及法律依据,季玉珊对刘春海构成违约。

《公司法解释(四)》第18条对股权转让中的同等条件给予了明确规定,即《公司法》第71条第3款所称的"同等条件",应当综合考虑股权的数量、价格、支付方式及期限等因素确定。因此,所谓同等条件应当在转让股权的类型、数量、价格、履行期限以及履行方式等要素中综合考虑,充分考量其他股东的优先购买权。鉴于此,转让股东、受让人和其他股东都应当对优先购买权中的同等条件进行充分理解,并合法运用,从而保障自己的合法权益。

(四)违约方承担何种责任问题

案例中刘春海、季玉珊之间的协议签订在前,但刘春海未支付对价,而孙有成支付了部分对价,季玉珊亦向孙有成作了履行,故应当认定案涉股权归孙有成所有。因季玉珊不再享有案涉股权,季玉珊事实上不能再向刘春海交付案涉股权,故刘春海请求季玉珊继续履行双方签订的协议不能成立,法院无法支持。

刘春海主张根据其与季玉珊之间的协议约定,季玉珊应支付70万元违约金,季玉珊则辩称其未给刘春海造成损失,请求减少违约金。本案中刘春海的损失主要表现为可得利益(案涉股权升值)损失。在此情况下,季玉珊作为案涉股权的(原)持有人应当证明案涉股权有无升值及升值多少,如果季玉珊不能举证证明,其主张双方约定的70万元违约金过高则缺乏事实依据。季玉珊应当按照协议约定给付刘春海70万元违约金。

《中华人民共和国合同法》第107条规定:"当事人一方不履行合同义务或者履行合同义务不符合约定的,应当承担继续履行、采取补救措施或者赔偿损失等违约责任。"合同签订后对双方均具有法律约束力,违约方应当承担自己的违约责任。

五、结语

在股权转让中,其他股东的优先购买权是无法回避的问题,而转让股东的通知行为对于转让股东、受让人和其他股东都具有重大意义,也是实现股权转让的关键一步。转让股东和受让人应当通过书面通知保证其他股东的优先购买权。因此,转让股东和受让人要高度重视通知的内容和通知的送达,合法有效地行使自己的权利,全面准确地履行自己的义务,规避法律风险。

参考文献

[1] 中华全国律师协会民事专业委员会编著:《公司法律师实务》,法律出版社2006年版。

[2] 中华全国律师协会公司法专业委员会编著:《律师公司法业务前沿问题与案例评析①》,北京大学出版社2016年版。

股东优先购买权与《公司法解释(四)》相关规定的解读

王光英*

[摘要] 股东优先购买权是为了维持有限责任公司人合性的特点而规定的。目前主流观点认为,股东优先购买权是一种形成权,这是偏向于保护其他股东的利益的观点,忽略了转让股东的利益,存在缺陷。股东优先购买权是从转让股东的股权之转让权能派生而来的,应服务于转让股东的利益。从《公司法解释(四)》的规定来看,股东优先购买权还是以保护其他股东的利益为主,同时兼有保护转让股东利益的设计。

[关键词] 股东优先购买权　股东利益　性质

一、股东优先购买权的性质

股东优先购买权,是指除股权转让人以外的其他股东享有的,在同等条件下优先购买转让的股权的权利。根据《中华人民共和国公司法》(以下简称《公司法》)第 71 条的规定,有限责任公司的股东向股东以外的人转让股权,应当经其他股东过半数同意。股东应就其股权转让事项书面通知其他股东征求同意,其他股东自接到书面通知之日起满 30 日未答复的,视为同意转让。其他股东半数以上不同意转让的,不同意的股东应当购买该转让的股权;不购买的,视为同意转让。经股东同意转让的股权,在同等条件下,其他股东有优先购买权。

在有限责任公司股权转让过程中,涉及多种权利关系。首先是股东的退股权和转让权。退股权是股东自动全部或部分解除同公司和其他股东"社员关系"从而全部或部分放弃公司股东资格的权利,根据情势变更原则和股份财产自由转让原则,股东可以选择退出公司。转让权即股东将其股权转让给他人的权利。退股权是转让权的基础,转让权是股份财产所有人行使股权处分权能的具体形式。其次是其他股东对转让股份的同意权,大陆法系国家多通过程序上的规定保护其他股东的同意权。再次是股东的优先购买权,之所以设置股东优先购买权,制度目的一方面是出于有限责任公司具有人合性,保护有限责任公司股东的相互信赖和"在先利益";另一方面是保障股东转让股权时获得最大利益。

---

* 北京市盈科律师事务所高级合伙人,北京市律师协会公司法专业委员会副主任。

关于股东优先购买权的性质,主要有形成权说、期待权说和请求权说。

目前的主流观点认为优先购买权是形成权。该学说认为,在拟出让股权的股东欲将其股权转让给第三人时,优先权人有权以单方意思表示,与义务人形成和义务人将股权转让给第三人的同样条件的合同。这一观点对其他股东利益的保护最为有力。

期待权说认为,在股东未出卖其财产时,权利人的权利尚未现实化,处于期待权状态,当股东出卖股权给第三人时,权利人可行使权利。

请求权说认为,优先购买权是权利人对出卖人享有的买卖合同订立请求权,权利人行使优先购买权,合同的成立需要出卖人的承诺。

笔者认为,形成权说和期待权说都有其缺陷。从《公司法》第71条第3款的规定来看,当多个股东主张优先购买权时,需经协商才能确定,并不能产生形成权的效力。最高人民法院《关于适用〈中华人民共和国公司法〉若干问题的规定(四)》[以下简称《公司法解释(四)》]第20条规定了股东可以放弃转让,显然其他股东行使优先权不能产生成立股权转让协议的效力。而且,将股东优先购买权解释为形成权,有悖于私法的主导性原则,私法以意思自治为原则,以意思管制为例外。股东的期待权说只是解释了优先购买权在未行使时的状态,而没有揭示其性质,就其描述而言,任何权利在尚未行使时都处于期待的状态。

判断优先购买权的性质,应追溯至其制度设计的目的。优先购买权一方面保护有限责任公司的人合性(通过赋予其他股东同意权),另一方面保护股东的退股权和转让权。优先购买权之行使,不能直接在转让股东和其他股东之间形成财产转让的法律关系,当其他股东行使优先购买权时,转让股东不是必须与其订立合同,仍有反悔的权利。笔者认为,优先购买权属于请求权。

二、"同等条件"的理解

股东行使优先购买权的前提是按同等条件受让股权,同等条件如何认定属于重点问题。一般认为,同等条件包括转让股权的数量、转让价格、支付方式及期限等方面,《公司法解释(四)》第18条也规定了以上范围。

"同等条件"首先体现在价格等同,这是最核心的条件。将价格等同视为同等条件的关键要素,满足客观性和可操作性的要求。但在实务中,由于股权转让时不仅涉及股权价格,还涉及其他因素,例如转让股东与拟受让人之间存在合作关系或约定其他从义务而给予价格优惠,主张行使优先购买权的股东能否主张以该价格行使优先权,要看价外条件是否对股价转让价格产生实质影响。参考《德国民法典》,有学者认为"价格等同"的变通规定可以是:价外条件对股权转让价格有实质影响的,应作为价格条件一并考虑,主张行使优先购买权的股东应同时满足"转让价格"和"价外条件",此时方能视为"价格等同",如果价外条件难以满足,但该条件能以金钱计价的,优先购买权人可以以金钱替代或以变通方法解决,以保护优先购买权的实现;价外条件对股权转让价格无实质影响的,价格条件仅需等同于转让股东和拟受让第三人订立合同中的转让价格即可;当且仅当有些特殊条件确实不能以金钱替代或变通方式满足,又足以影响到交易价格的,优先购买权人不得行使优先权。

三、有限责任公司股东向外转让股权的程序

从《公司法》第71条的规定来看,有限责任公司股东向外转让股权时,除公司章程另有约定外,应首先通知其他股东,如其他股东有购买的意愿,此时可进行磋商,进行内部定价;如果无法形成合意,或其他股东同意转让股东对外转让股权的,转让股东可以与第三人进行磋商,进入市场定价阶段;转让股东与第三人就股权转让条件达成合意后需通知其他股东,其他股东可行使优先购买权。可见,按照《公司法》的设计,转让股东对其他股东有两次通知的义务。但在实务中,转让股东往往先与第三人协商股权转让事宜后才通知其他股东,此时已完成市场定价,通知的内容也不限于转让股权本身。

《公司法解释(四)》第19条规定:"有限责任公司的股东主张优先购买转让股权的,应当在收到通知后,在公司章程规定的行使期间内提出购买请求。公司章程没有规定行使期间或者规定不明确的,以通知确定的期间为准,通知确定的期间短于三十日或者未明确行使期间的,行使期间为三十日。"《公司法解释(四)》的这一规定存在三个问题:一是改变了《公司法》规定的程序,转让股东的通知义务由两次变为一次,限制了其他股东的同意权,取消了内部定价的程序;二是其他股东只能选择接受转让股东与第三人确定的条件,而且无法规避转让股东故意设置其无法达到的交易条件的情形;三是规定了其他股东行使优先购买权的时间。

四、转让股东的"反悔权"

当其他股东行使优先购买权时,股东能否反悔,不再以通知的价格出让股权?有学者认为,"反悔"可以在行使优先购买权的其他股东和外部第三人之间形成一种类似拍卖市场的价格竞争机制,可以实现股权转让价格的公平性,这是"反悔权"的价格发现功能。

有限责任公司的股权缺乏公开的市场价格,其价格可能偏离其价值,如果转让股权的价格较低,其他股东纷纷表示请求行使优先购买权,转让股东不能反悔,其利益将会受损。所以,赋予股东"反悔权",有利于发现合理价格,实现交易公平。从合同法的角度看,转让股东的通知是要约邀请,而其他股东行使优先购买权的主张是要约,转让股东可以作出承诺也可以拒绝承诺。

《公司法解释(四)》第20条规定:"有限责任公司的转让股东,在其他股东主张优先购买后又不同意转让股权的,对其他股东优先购买的主张,人民法院不予支

持,但公司章程另有规定或者全体股东另有约定的除外。其他股东主张转让股东赔偿其损失合理的,人民法院应当予以支持。"

从本条解释来看,股东享有"反悔"的权利,但是基于这种反悔给其他股东造成合理损失的,应当予以赔偿。转让股东的反悔行为可能会造成准备行使优先购买权的股东的利益损失,例如,为行使优先购买权而进行准备工作的合理支出或利息损失等。关于损失赔偿的条款是《公司法解释(四)》对此前征求意见稿的补充修改,其性质类似于民法先合同义务中的缔约过失责任。

另外,笔者认为,《公司法解释(四)》规定的"反悔权"事实上也对交易安全和经济效益产生了侵害,应对股东主张优先购买权的时间点进行细分,如果股东已经行权,此时不应支持"反悔权",如果准备行使优先购买权的股东仅仅主张了优先购买权,而并未实际行权时,才可以支持"反悔权"。

五、损害优先购买权的合同之效力

最高人民法院《关于适用〈中华人民共和国公司法〉若干问题的规定(四)(征求意见稿)》[以下简称《公司法解释(四)(征求意见稿)》]第27条规定了三种损害股东优先购买权导致合同无效的情形:① 未履行《公司法》和司法解释规定的程序订立股权转让合同;② 其他股东放弃优先购买权后,股东采取减少转让价款等方式实质改变《公司法》和司法解释规定的同等条件向股东以外的人转让股权;③ 股东与股东以外的人恶意串通,采取虚报高价等方式违反《公司法》和司法解释规定的同等条件,导致其他股东放弃优先购买权,但是双方的实际交易条件低于书面通知的条件。

有观点认为,《公司法》规定优先购买权及股权转让程序来维持有限责任公司的人合性,该限制属于内部限制,不应影响股东与外部第三人合同的效力。而且,损害股东优先购买权的是股权转让行为而非股权转让合同,没有必要否定股权转让合同的效力。

《公司法》第71条规定了有限责任公司股东向外转让股权的程序,按照《公司法解释(四)(征求意见稿)》第27条的规定,违反《合同法》第71条的合同无效。但是,最高人民法院《关于适用〈中华人民共和国合同法〉若干问题的解释(二)》[以下简称《合同法解释(二)》]第14条规定:"合同法第五十二条第(五)项规定的'强制性规定',是指效力性强制性规定。"而《公司法》第71条第4款规定"公司章程对股权转让另有规定的,从其规定",即第71条可以通过公司章程排除适用,不属于效力性强制性规定,所以《公司法解释(四)(征求意见稿)》突破了现行司法解释的规定。

再分析《公司法解释(四)(征求意见稿)》第27条第1款第(二)项、第(三)项的规定,该条款可归纳为转让股东利用虚假的合同欺骗其他股东放弃优先购买权,实质是虚伪意思表示,根据《中华人民共和国合同法》(以下简称《合同法》)第52

条的规定,恶意串通,损害国家、集体或者第三人利益的合同无效。如果转让股东与受让方系通谋,双方签订的虚假的高价合同固然无效,被掩盖的实际达成的真实合同违反了《公司法》第71条的规定,故而无效。但如果受让方为善意第三人,转让股东和受让方之间的合同是否无效有待商榷,司法机关应本着维护交易稳定的原则,支持合同有效。

《公司法解释(四)》最终对该问题进行了修改,其第21条规定:"有限责任公司的股东向股东以外的人转让股权,未就其股权转让事项征求其他股东意见,或者以欺诈、恶意串通等手段,损害其他股东优先购买权,其他股东主张按照同等条件购买该转让股权的,人民法院应当予以支持,但其他股东自知道或者应当知道行使优先购买权的同等条件之日起三十日内没有主张,或者自股权变更登记之日起超过一年的除外。前款规定的其他股东仅提出确认股权转让合同及股权变动效力等请求,未同时主张按照同等条件购买转让股权的,人民法院不予支持,但其他股东非因自身原因导致无法行使优先购买权,请求损害赔偿的除外。股东以外的股权受让人,因股东行使优先购买权而不能实现合同目的的,可以依法请求转让股东承担相应民事责任。"

通过对比可以发现,《公司法解释(四)》将征求意见稿中合同无效的字眼删去了。事实上,《公司法解释(四)(征求意见稿)》第27条规定的三种情形本身存在着问题。第一种情形属于公司内部管理程序上的问题,虽然侵害了公司其他股东的优先购买权,但不宜直接认定该股权转让合同无效,这也与《合同法》及《合同法解释(二)》的观点相契合。第二种情形和第三种情形属于恶意串通情形,根据《合同法》第52条的规定也属于当然无效情形,不必再次强调。《公司法解释(四)》对此进行修正,转而以支持公司股东优先购买权的方式解决优先购买权侵害的问题,事实上也就造成了该股权转让合同履行不能的实际效果,又规定了股东以外的股权受让人因此合同履行不能可以请求转让股东承担相应民事责任的条款,事实上也保护了善意受让方的利益。从一定程度上说,《公司法解释(四)》较征求意见稿对该问题的解释是有所完善的。

但不可避免的是,《公司法解释(四)》仍然存在一定缺陷。缺陷在于,在保护公司股东优先购买权的同时也侵害了交易安全以及商事交易中倡导效率的价值,保护优先购买权限度又在何处?是否会滥用?如何完善?也只能在实践中继续总结了。

六、结语

传统见解对优先购买权的理解较为狭隘,由于优先购买权由其他股东行使,偏向于对其他股东的保护,容易被认为其立法目的旨在保护其他股东的利益、维护公司的人合性,从而忽略转让股东的利益,也就是说,其他股东的利益保护是建立在损害转让股东利益的基础上的。从《公司法解释(四)》的规定来看,一方面强调转让股东须遵守《公司法》规定的程序,另一方面给予转让股东反悔的权利,这些条款体现了平衡双方权利的态度。

参考文献

［1］王林清、杨心忠:《公司纠纷裁判精要与规则适用》,北京大学出版社2014年版,第92页。

［2］蒋大兴:《股东优先购买权行使中被忽略的价格形成机制》,载《法学》2012年第6期。

［3］胡大武、张莹:《我国有限责任公司股东优先购买权研究》,载《学术论坛》2007年第5期。

以案看《公司法解释(四)》关于股东优先购买权的问题

郭 歌*

[摘要] 《公司法解释(四)》于 2017 年 9 月 1 日起正式实施。该司法解释第 16—22 条对"优先购买权"的规定体现出了立法创新与突破。本文结合浙江康桥汽车工贸集团股份有限公司诉马斌雄与浙江万银汽车集团有限公司等股权转让纠纷案,对股东优先购买权问题进行分析。

[关键词] 《公司法解释(四)》 股东优先购买权 损害优先购买权合同的效力

2016 年 12 月 5 日最高人民法院审判委员会原则通过了《关于适用〈中华人民共和国公司法〉若干问题的规定(四)》[以下简称《公司法解释(四)》],于 2017 年 8 月 25 日正式公布,并从 2017 年 9 月 1 日起正式实施,故笔者以《公司法解释(四)》为依据,对其第 16—22 条关于"优先购买权"中体现出的立法创新与突破进行解读。笔者将重点结合浙江康桥汽车工贸集团股份有限公司诉马斌雄与浙江万银汽车集团有限公司等股权转让纠纷案,对股东优先购买权问题进行分析。

笔者将本文分为以下三部分,第一部分介绍浙江康桥汽车工贸集团股份有限公司诉马斌雄与浙江万银汽车集团有限公司等股权转让纠纷案;第二部分阐述此次《公司法解释(四)》中关于股东优先购买权的规定,并着重分析该司法解释第 21 条的意义与突破;第三部分笔者将案例与法条相结合,分析《公司法解释(四)》第 21 条对实践的影响。

一、案情分析

浙江康桥汽车工贸集团股份有限公司诉马斌雄与浙江万银汽车集团有限公司等股权转让纠纷案[案号:(2014)杭拱商初字第 1019 号,(2015)浙杭商终第 1247 号]案情较为复杂,故笔者只选取其中涉及侵犯股东优先购买权的部分进行说明与分析。

马斌雄出资 7 133.2 万元,占浙江万国汽车有限公司(以下简称"万国公司")注册资本的 71.332%。2013 年 3 月 22 日,马斌雄以全球邮政快递的方式通知浙江

---

* 四川君合律师事务所律师助理。

康桥汽车工贸集团股份有限公司(以下简称"康桥公司"),他即将以270万元的价格将其持有的万国公司0.09%的股权转让给浙江万银汽车集团有限公司(以下简称"万银公司")(对外转让)。同年4月26日,针对马斌雄的对外转让行为,万国公司召开临时股东会,会上康桥公司主张转让价格不合理,认为存在明显的排除股东优先购买权的嫌疑。但是,同日马斌雄即与万银公司签订《股权转让协议》,约定以270万元的价格将其持有的万国公司0.09%的股权转让给万银公司。同年5月3日,万银公司向马斌雄支付完毕股权转让款,并且马斌雄同日缴纳了股权转让所得税。

2014年4月24日,康桥公司以马斌雄和万银公司为被告起诉至浙江省杭州市拱墅区人民法院(案由为侵犯股东优先购买权)。康桥公司认为270万元的股权转让款与万国公司的注册资本相比溢价达30倍,此价格有明显排挤内部股东行使优先购买权的嫌疑,应认定马斌雄并未告知康桥公司其拟对外转让万国公司股权的真实数量和价格。虽然马斌雄提前进行了通知,但是其并未履行《公司法》第71条规定的"有限责任公司股东向股东以外的人转让股权,股东应就其股权转让事项书面通知其他股东征求同意"的程序,构成对康桥公司优先购买权的侵犯。康桥公司主张撤销马斌雄与万银公司的《股权转让协议》。

一审法院认为,优先购买权作为股权的衍生权利,属于《中华人民共和国侵权责任法》(以下简称《侵权责任法》)第2条规定的适用范围,同时"由于本案《股权转让协议》不仅签订且已履行完毕,直接行使股东优先购买权在事实上已无法实现阻断股份转让的效力,此时应该赋予受侵害的股东以撤销权"。

针对这个问题,二审法院认为,马斌雄与万银公司的股权转让协议实际上以阻碍其他股东行使优先购买权条件之"同等条件"的实现,来达到其排除其他股东优先购买权之目的,应予撤销马斌雄与万银公司之间的股权转让协议。

一审法院与二审法院皆认为康桥公司享有撤销权的依据为《侵权责任法》。

二、条文释疑

接下来,笔者将对《公司法解释(四)》第21条的条文进行分析,并着重分析其意义与突破。

> 《公司法解释(四)》第21条
> 有限责任公司的股东向股东以外的人转让股权,未就其股权转让事项征求其他股东意见,或者以欺诈、恶意串通等手段,损害其他股东优先购买权,其他股东主张按照同等条件购买该转让股权的,人民法院应当予以支持,但其他股东自知道或者应当知道行使优先购买权的同等条件之日起三十日内没有主张,或者自股权变更登记之日起超过一年的除外。
> 前款规定的其他股东仅提出确认股权转让合同及股权变动效力等请

求,未同时主张按照同等条件购买转让股权的,人民法院不予支持,但其他股东非因自身原因导致无法行使优先购买权,请求损害赔偿的除外。

股东以外的股权受让人,因股东行使优先购买权而不能实现合同目的的,可以依法请求转让股东承担相应民事责任。

从以上条文中可以得知,此次《公司法解释(四)》对于损害股东优先购买权的合同效力认定有了进一步的突破,下面笔者将着重分析"未就其股权转让事项征求其他股东意见,或者以欺诈、恶意串通等手段,损害其他股东优先购买权"。

(一) 股权转让合同的效力问题

根据《中华人民共和国合同法》(以下简称《合同法》)第52条列明的合同无效事由包含的五种情形是:① 一方以欺诈、胁迫的手段订立合同,损害国家利益;② 恶意串通,损害国家、集体或者第三人利益;③ 以合法形式掩盖非法目的;④ 损害社会公共利益;⑤ 违反法律、行政法规的强制性规定。所以,根据《公司法解释(四)》第21条的规定,股权转让合同(股权转让协议)的效力问题应当根据《合同法》的规定来判断。

(二) 要区分清楚股权转让行为和股权转让协议

股权转让虽然是当事人通过订立股权转让合同来实现的,但股权转让合同仅仅是引起股权发生移转的原因行为,从本质上看,对其他股东发生不利影响的则是股权转让本身,而非引起股权发生移转的原因行为,即股权转让合同。当事人之间的股权转让合同约束的是转让方与受让人,如果股权转让合同不直接引起股权发生变动,即不会带来外部性,而如果股权转让合同不产生外部性,就不应认为股权转让合同的效力因侵害其他股东的优先购买权而受影响。但是,由于股权转让本身可能对其他股东的利益产生不利影响,因此,在侵害其他股东优先购买权的情形下,股权转让的效力就值得作进一步的分析。也就是说,应区分股权转让合同和股权转让本身。

有限责任公司股东向股东之外的人转让股权,此时应赋予其他股东以某种权利,以干预股权转让的效力。有学者认为,如果其他股东主张行使优先购买权,则未经其他股东行使优先购买权的股权移转应归于无效;如其他股东不行使优先购买权,则未经其他股东行使优先购买权的股权移转仍为有效。所以,关于侵犯优先购买权的合同效力,理论界与实务界存在着有效说、无效说、相对无效说、可撤销说等多种观点。最高人民法院刘贵祥法官曾在《侵犯优先购买权的合同效力》一文中明确表示侵犯有限公司股东优先购买权的转让合同不当然无效,优先购买权只能影响股权转让的效力,而不能影响股权转让合同这个基础行为的效力。也就是说,刘法官认为有效说与无效说均不妥当。相对无效说与可撤销说则并无本质区别,鉴于现行立法并未采纳相对无效说,因此,可撤销说值得采纳。撤销权只能由享有撤销权的其他股东行使,转让人与受让人以及其他人均不享有撤销权,自然不得以侵害优先购买权为由撤销股权转让合同。撤销权在性质上属于形成权,权利人只需依照单方意思表示就可能使法律关系发生变动。撤销权有存续期间,该期间为除斥期间,在具体计算上可以类推适用《合同法》第 55 条关于撤销权的规定,即权利人应当自知道或者应当知道撤销事由之日起 1 年行使。

当然,以上观点是《公司法解释(四)》公布前的观点。《公司法解释(四)》的公布,尤其是第 21 条的明文规定,相信理论界与实务界的多种观点或许可以得到较大的统一。

三、案情与条文结合

结合浙江康桥汽车工贸集团股份有限公司诉马斌雄与浙江万银汽车集团有限公司等股权转让纠纷案,法院此前根据《侵权责任法》判决侵犯康桥公司优先购买权的《股权转让协议》可撤销,那么现在依据《公司法解释(四)》第 21 条的规定,股东与股东以外的人恶意串通,采取虚报高价等方式违反《公司法》和司法解释规定的同等条件,导致其他股东放弃优先购买权,但是双方的实际交易条件低于书面通知的条件,应当判决侵犯康桥公司优先购买权的《股权转让协议》无效。也就说,《公司法解释(四)》公布前后的主要区别是《股权转让协议》从撤销前有效、撤销后无效变为了自始无效。

四、结语

一份合同从可撤销到自始无效,不得不说在一定程度上保护了交易的稳定性,较大程度地维护了股东的权益,毕竟有限责任公司是以人合性为主的公司,维护股东内部的团结在很大程度上是公司继续存续盈利的基础。

参考文献

[1] 刘贵祥:《侵犯优先购买权的合同效力》,载《公检法办案指南》2013 年第 4 期。

[2] 徐帅:《最高法院案例解析:如何认定侵犯股东优先购买权的股权转让合同效力?》,载无讼阅读,访问日期:2017 年 10 月 21 日。

[3] 北京新奥特公司诉华融公司股权转让合同纠纷案,载《最高人民法院公报》2005 年第 2 期。

[4] 吴兆祥、刘桂祥:《房屋买卖 租赁案件 裁判要点与观点》,法律出版社 2016 年版。

第五部分

《公司法解释（四）》与股东代表诉讼

直接诉讼与股东代表诉讼的评析
——结合《公司法解释(四)》及其征求意见稿

孙 蓉[*] 刘婉菱[**]

[摘要] 我国《公司法》的理论与实践存在比较严重的脱节现象,为了在一定程度上缓解立法的滞后性,保证《公司法》的准确适用,最高人民法院于2016年4月12日发布了《公司法解释(四)(征求意见稿)》,于2016年8月25日发布了《公司法解释(四)》。笔者就《公司法解释(四)》与《公司法解释(四)(征求意见稿)》关于直接诉讼与股东代表诉讼的部分作简要评析,以供读者参考。

[关键词] 股东代表诉讼 基本规定 征求意见稿 细化规定

一、《公司法》对直接诉讼与股东代表诉讼的基本规定

对直接诉讼与股东代表诉讼,我国主要是在《中华人民共和国公司法》(以下简称《公司法》)第149条、第151条及最高人民法院《关于适用〈中华人民共和国公司法〉若干问题的规定(一)》第4条作出了具体规定。

(一)适用情形

公司董事、高级管理人员有《公司法》第149条规定的情形,在履行职务的过程中违反法律、法规或者公司章程规定,损害公司权利,造成公司利益受损;或其他人员违反法律、法规侵害公司合法权利,造成公司利益受损的,应当承担赔偿责任。

(二)交叉请求规则与直接诉讼

如果董事、高级管理人员存在《公司法》第149条规定的情形,给公司造成损失的,股东可以向公司监事会或者不设监事会的监事提出书面申请,要求其向法院提起诉讼;如果是监事存在《公司法》第149条规定的情形,造成公司损失的,股东可以向公司董事会或者不设董事会的执行董事提出书面申请,要求其向法院提起诉讼。

如果被股东请求的机构或者人员受理了股东的书面申请,并同意以公司名义

---

[*] 四川君合律师事务所律师。
[**] 四川君合律师事务所律师。

向法院起诉,则该诉讼构成直接诉讼。

(三) 提起股东代表诉讼的条件

有限责任公司由于具有人合性,股东可以以自己的名义提起股东代表诉讼;股份有限公司由于具有较强的资合性,因此对提起股东代表诉讼的股东资格有严格的要求,即必须连续180天以上单独或者合计持有公司1%以上股份的股东才有资格提起股东代表诉讼。

上述股东根据交叉请求规则提出请求后,满足以下三种情形之一的,即可向法院提起股东代表诉讼:第一,股东向监事(会)或者董事会或者执行董事提出向法院提起诉讼的书面申请,遭到上述人员的拒绝;第二,上述人员在收到股东要求提起诉讼的书面申请30日内,未向法院起诉;第三,情况紧急、不立即提起诉讼将会使公司利益受到难以弥补的损害。

二、对《公司法解释(四)(征求意见稿)》与《公司法解释(四)》中直接诉讼与股东代表诉讼细化规定的评析

最高人民法院《关于适用〈中华人民共和国公司法〉若干问题的规定(四)(征求意见稿)》[以下简称《公司法解释(四)(征求意见稿)》]对直接诉讼与股东代表诉讼从实体和程序两方面分别作出了一些细化规定,包括扩大了直接诉讼和股东代表诉讼的主体范围,增加了直接诉讼和股东代表诉讼中公司及其他股东的诉讼地位的规定,增加了公司替代股东应诉条件的规定,增加了股东代表诉讼案件的调解程序的规定,以及明确了股东代表诉讼的利益归属和诉讼成本的承担。

最高人民法院《关于适用〈中华人民共和国公司法〉若干问题的规定(四)》[以下简称《公司法解释(四)》]对《公司法解释(四)(征求意见稿)》的内容进行了较大幅度的调整,体现在:① 删除了扩大直接诉讼和股东代表诉讼主体范围的条款;② 删除了股东诉讼终结后,对参加及未参加诉讼的股东发生效力的内容;③ 删除了公司替代股东应诉的具体条款;④ 删除了股东代表诉讼案件的诉中调解程序;⑤ 调整了股东代表诉讼胜诉利益处置的条款,使其更为准确。

笔者主要分析细化规定扩大直接诉讼和股东代表诉讼的主体范围、生效判决效力的延展和公司替代股东应诉条件以及股东代表诉讼案件的调解程序三个方面的优势与不足。

(一) 扩大直接诉讼和股东代表诉讼的主体范围方面

根据《公司法解释(四)(征求意见稿)》第31条的规定,《公司法》第151条第1款、第2款所称的"董事、高级管理人员""监事会""监事"包括全资子公司的董事、高级管理人员、监事会、监事;《公司法》第151条第3款所称的"他人",是指除公司或者全资子公司的董事、监事、高级管理人员以外的其他人。在《公司法解释(四)(征求意见稿)》发布以前,全资子公司的董事、监事及高级管理人员在执行职

务中作出损害公司的行为后,如果全资子公司的股东即母公司怠于为公司的利益向法院提起诉讼,全资子公司将难以获得司法救济。《公司法解释(四)(征求意见稿)》第 31 条的规定突破了全资子公司独立的法人人格,使得母公司的股东也有权利监督全资子公司董事、监事及高级管理人员履行公司职务的行为,更大程度地维护了全资子公司的合法权益,同时也能间接维护母公司甚至母公司股东的合法权益。

在海航酒店控股集团有限公司与赵某某、陕西海航海盛投资有限公司、陕西皇城海航酒店有限公司损害公司利益责任纠纷案[案号:(2016)陕民终 228 号]中,二审法院认为:"在母公司对子公司形成绝对资本控制的情形下,母公司的股东为了子公司的利益以自己的名义直接向人民法院提起诉讼,亦不违反《中华人民共和国公司法》规定。"

在本案中,陕西海航海盛投资有限公司(以下简称"海航投资公司")系陕西皇城海航酒店有限公司(以下简称"皇城酒店公司")的唯一股东,海航投资公司是母公司、皇城酒店公司是子公司,海航投资公司与皇城酒店公司之间形成了绝对的资本控制关系。在海航投资公司内部,海航酒店控股集团有限公司(以下简称"海航控股公司")持有其 60% 的股权,赵某某系持有其 40% 股权的股东。

法院认为:赵某某于 2014 年 1 月 24 日致函海航投资公司监事会并主席(召集人)王某某,请求海航投资公司监事会诉请侵害公司利益的股东即海航控股公司承担损失赔偿责任,但海航投资公司监事会在收到该请求后 30 日内并未作为皇城酒店公司股东向海航控股公司提起该诉讼,此时否定赵某某作为海航投资公司股东提起本案诉讼的原告主体资格,则无法保护皇城酒店公司的利益,进而导致海航投资公司利益受损,亦与《公司法》第 151 条的立法本意相悖。故赵某某作为原告提起本案损害公司利益责任纠纷诉讼主体适格。

该案法官认定部分与《公司法解释(四)(征求意见稿)》的立法宗旨是一致的。从以上案例可以看出,如果母公司对子公司形成绝对资本控制,而母公司的控股股东正在施行对子公司有害的行为,作为唯一股东的母公司并不会为了子公司的合法权益提起股东代表诉讼,此时否定母公司其他股东代表子公司提起诉讼的主体资格,子公司的合法权益将无法得到维护。《公司法解释(四)(征求意见稿)》作出如此规定,将对想要谋取不正当利益的全资子公司的董事、监事、高级管理人员及母公司的控股股东等起到一定程度的震慑作用。

《公司法解释(四)》直接删除了《公司法解释(四)(征求意见稿)》第 31 条的规定,笔者认为不妥。上述案例中,法官判决依据的是《公司法》的立法精神,实际上并没有准确的依据,《公司法解释(四)(征求意见稿)》第 31 条恰好能为类案提供法律依据,解决无法可依的情形,因此笔者不赞同删除该条款。

不过,《公司法解释(四)(征求意见稿)》第 31 条仍然存在瑕疵。试想,如果母公司对子公司未形成绝对资本控制,母公司的股东又能否代表子公司提起股东代表诉讼呢？笔者认为不能当然地认为母公司的股东无权提起诉讼。试想甲公司与乙合资成立丙公司，甲公司为丙公司的控股股东，甲公司由丁与戊合资成立，丁为甲公司的控股股东，如果丁与乙联合侵害丙公司的合法权益，作为丙公司股东的甲公司、乙提起股东代表诉讼的可能性很小，如果否定戊代表丙提起股东代表诉讼的主体资格是否能够更有效维护子公司及母公司股东的合法权益？笔者认为完善《公司法解释（四）（征求意见稿）》第31条的规定，对非全资子公司的情况进行讨论作出细化规定，保留在《公司法解释（四）》中比较妥当。

（二）生效判决效力的延展和公司替代股东应诉条件方面

《公司法解释（四）》将《公司法解释（四）（征求意见稿）》第32条关于生效判决约束以相同诉求提起诉讼的股东部分及第33条予以全部删除，笔者认为不妥。

笔者认为，将《公司法解释（四）（征求意见稿）》第32条关于生效判决约束以相同诉求提起诉讼的股东部分删除是妥当的。首先，法院对相同的诉讼请求的审查标准是不确定的，如果只进行形式审查，之前未提起诉讼的股东只要对诉讼请求进行微调，那么微调后的诉讼请求与生效判决的诉讼请求即不同，法院仍然应当进行立案审理，该条款存在的作用不大；其次，如果将该条款明确为生效判决对以相同的诉讼请求及事实起诉的其他股东发生法律效力，法院应当制定标准来评判其他股东主张的诉讼请求和事实与生效判决中的诉求和事实是否相同，否则当事人的诉权可能受到侵害。

笔者认为，《公司法解释（四）》应当保留《公司法解释（四）（征求意见稿）》第32条，规定人民法院审理股东提起的股东代表诉讼案件后，公司申请替代股东诉讼的，应当征得股东的同意。此规定意味着，提起股东代表诉讼的股东可以决定自己自始至终参与股东代表诉讼，反对公司代替其应诉的请求。这是很有价值的，避免了实际上受被告（董事或监事或高级管理人员）控制的公司替代成为原告后，与被告恶意串通的可能性。

如果《公司法解释（四）》不删除《公司法解释（四）（征求意见稿）》第32条生效判决效力延展方面的规定，笔者认为，慎重起见，公司申请替代股东应诉时，不仅应当征得提起诉讼的股东的同意，还应当经过其他未参与股东代表诉讼的股东同意。而且如果股东代表诉讼的被告既是公司的董事或监事或高级管理人员，又是公司股东时，在这种情况下，笔者建议引进关联股东回避制度。既然《公司法解释（四）》已经删除了《公司法解释（四）（征求意见稿）》第32条生效判决的延展方面的规定，保留《公司法解释（四）（征求意见稿）》第33条至《公司法解释（四）》中，障碍应该更小。但遗憾的是，《公司法解释（四）》并未保留此规定。

（三）股东代表诉讼案件的调解程序方面

根据《公司法解释（四）（征求意见稿）》第34条的规定，股东代表诉讼的双方当事人若达成调解协议，应当先提交股东会或者股东大会表决。其中，有限责任公司未提交股东会决议的,全体股东在调解协议书上签名、盖章或者向法院出具同意调解协议的书面意见,法院将据此出具调解书。

该条对股东代表诉讼调解程序的具体操作提供了法律上的指引,笔者建议保留在《公司法解释(四)》中,但是需要对该条款加以调整:

(1)有限责任公司具有较强的人合性,股东人数上限为50人,因此召集全体股东在调解协议书上签名、盖章或者向法院出具同意调解协议的书面意见具有较强的可行性;股份有限公司具有较强的资合性,建议采用资本多数决的形式投票通过,表决权比例需进一步探讨。

(2)如果股东代表诉讼中,被告既是公司的董事或者监事或者高级管理人员,又是公司的股东,甚至是控股股东,调解协议在提交股东会或者股东大会表决时,建议引进关联股东回避制度。

三、结语

《公司法解释(四)》第26条对股东胜诉情形进行了明确,即其诉讼请求部分或者全部得到人民法院的支持,笔者认为这样调整更加严谨,有利于提高股东保护公司合法权益的积极性。《公司法解释(四)(征求意见稿)》及《公司法解释(四)》对直接诉讼及股东代表诉讼作出了若干细节规定,虽然上述规定仍然存在些许不足,但是将为完善公司结构治理起到一定的作用,解决更多与公司法有关的争议。

参考文献

[1] 顾巍巍、隋天娇:《〈公司法〉司法解释(四)(征求意见稿)专题系列研究之一:直接诉讼与股东代表诉讼之最新动态》,载威科先行法律信息库(http://www.wkinfo.com.cn),访问日期:2017年12月28日。

[2] 张磊:《股东福音,听里格解读〈公司法〉解释四(征求意见稿)之二》,载威科先行法律信息库(http://www.wkinfo.com.cn)访问日期:2017年12月28日。

[3] 北京道可特律师事务所:《〈司法解释四(征求意见稿)〉之亮点解读》,载威科先行法律信息库(http://www.wkinfo.com.cn),访问日期:2017年12月28日。

股东代表诉讼的两个问题

李天瑜*

[摘要] 在股东代表诉讼中,原告股东仅享有形式意义上的诉权,其实质意义上的诉权则归属于公司。换言之,形式意义上的诉权与实质意义上的诉权互相分离。股东代表诉讼是基于公司利益受损,代替公司提起捍卫公司和其他股东利益的共益权诉讼。代表人诉讼则是为捍卫自身利益而行使的自益权诉讼。代表人诉讼不具有股东代表诉讼的核心特征,股东代表诉讼具有代为诉讼属性,而不具有代表诉讼属性。

在股东代表诉讼中,公司应当作为第三人参加诉讼,否则其会依附于原、被告某一方,将会形成利益的合谋,损害他方的利益。因此,公司在股东代表诉讼中,列为特殊的第三人较为合理。

[关键词] 股东代表诉讼 法律属性 公司地位

实践中,不乏因为股东结构设置不合理,大股东操纵公司;或者选择合作对象的不审慎,股东、实际控制人或者高级管理人员利用其职务方便损害公司利益,间接导致小股东等利益受到侵害等。小股东虽然可以行使查账权、退股权、解散公司诉权等,来保护其合法权益,但由于在公司成立时,基本上使用的是工商行政管理部门提供的"傻瓜章程",公司章程没有就行使上述权利或者对大股东、董事、监事、高级管理人员及其他管理人员的具体权利加以规范,使得公司章程对其没有太多的约束。《中华人民共和国公司法》(以下简称《公司法》)第152条规定的"董事、高级管理人员违反法律、行政法规或者公司章程的规定,损害股东利益的,股东可以向人民法院提起诉讼",确立了股东代表诉讼制度,赋予了股东代表诉讼权利,对提升公司治理结构品质和强化对中小股东权益保护产生了很多的积极意义和作用。2017年9月1日正式实施的最高人民法院《关于适用〈中华人民共和国公司法〉若干问题的规定(四)》[以下简称《公司法解释(四)》],对诉讼地位、其他股东参加诉讼、胜诉利益处置等问题作了规定,但股东代表诉讼的法律属性、公司在股东代表诉讼中处于何种性质的第三人地位等问题,仍不甚明确,有必要进一步探讨。

---

* 四川公生明律师事务所律师。

一、股东代表诉讼的法律属性

股东代表诉讼,又称股东派生诉讼、衍生诉讼。所谓派生,因股东代表诉讼的诉权本身属于公司,利益受损的是公司。因此,公司与侵害主体间存在直接的利害关系,股东并非是直接利害关系人。但特定情况下,为保护公司利益,法律强制突破现行诉讼法律对原告资格的一般性要求,赋予股东诉权。也就是说,股东代表诉讼的诉权本质上受限于公司的实质诉权或本位诉权,为派生或次级诉权。如支持胜诉利益直接归于股东,则其将变为股东直接诉讼,丧失派生诉讼意义,正因为此核心特征,股东代表诉讼的法律属性是代位性,而不是代表性,或者兼有,也非多数人认为的,股东代表诉讼在诉讼制度上兼具代表性与代位性,是一种双重属性的诉讼制度。① 不能因为其有代表性的个别特征而认定其具有代表性特征。

(一) 股东代表诉讼不具有代表性诉讼的属性

1. 股东代表诉讼与代表人诉讼不在同一范畴

股东代表诉讼是实体法《公司法》的直接规定,股东提起代表诉讼所代表的法律主体只有一个,即其所持投资的公司;而代表人诉讼是程序法《中华人民共和国民事诉讼法》第53条和第54条规定的直接诉讼,其以共同诉讼为基础,只不过代表人代表的当事人人数众多而已。因此,前者属公司法的范畴,而后者则属民事诉讼法的范畴。股东代表诉讼是一种独立的诉讼形式,具有自己独特的形式表现,因而其在具体的诉讼程序设计方面,也不同于现行民事诉讼法所规定的普通民事诉讼程序。②

2. 股东代表诉讼与代表人诉讼的价值取向迥异

股东提起股东代表诉讼的价值在于消除公司所蒙受的损害、恢复公司的应有权利。而股东提起直接诉讼则是为了维护自身利益,而非公司利益。

3. 股东代表诉讼与代表人诉讼的请求权基础差异明显

股东代表诉讼是基于公司利益受损,代替公司提起捍卫公司和其他股东利益的共益权诉讼。代表人诉讼则是为捍卫自身利益而行使的自益权诉讼。

4. 股东代表诉讼与代表人诉讼的争讼外延不同

股东代表诉讼的外延范围十分广泛,凡是公司依私法、公法享有的诉权,只要公司机关拒绝或怠于行使,且无正当理由,具备法定条件的股东均可提起股东代表诉讼。股东代表诉讼的被告既可以是公司的大股东、实际控制人、董事、监事和经理,亦可以是公司外的第三人。而股东代表人直接诉讼其存在范围主要围绕法律、公司章程、股东协议等赋予的股东权利而展开,股东直接诉讼的被告往往限于公

---

① 参见王琨:《证券投资者保护优秀论文集》,中国财政经济出版社2008年版,第302页。
② 参见褚红军、俞宏雷编著:《公司诉讼原理与实务》,人民法院出版社2007年版,第467—469页。

司、控股股东、董事、监事和经理,一般不包括公司外的第三人。当然,股东也可以对侵害自己权益的第三人(如失信的股评家)提起民事诉讼。但此类诉讼严格说来属于侵权法中的普通民事侵权之诉。

5. 股东代表诉讼与代表人诉讼的诉讼主体的变化特点差别明显

公司法针对股东代表诉讼的特殊性而设计的诸种要求和限制(如持股期限和持股比例)只适用于代表诉讼,而不及于股东直接诉讼。

股东代表诉讼中对原告股东的资格有一定的限制,在某些国家的法律规定中,对股东代表诉讼原告的资格限制还较为严格,股东只有满足公司法规定的特定条件和程序之后才能提起诉讼。而提起股东代表人诉讼的原告资格则没有限制,只要是公司股东即可。

股东代表诉讼的原告不需要任何股东推举,股东中可能有的是原告,有的是被告。股东代表诉讼中,股东有可能变为公司,其他股东有可能加入到诉讼中来,公司的股东在诉讼中可能会是被告,还有可能从原告变为被告。而代表人诉讼中,原告需要其他人推举,原告的角色不会转变。

6. 诉讼结果的归属各一

在股东代表诉讼中,原告股东仅享有形式意义上的诉权,至于实质意义上的诉权则归属于公司。换言之,形式意义上的诉权与实质意义上的诉权互相分离。倘若原告股东胜诉,胜诉利益归于公司,而非原告股东。原告股东仅能根据公司法规定的条件与程序与其他股东一道按持股比例间接分享公司由此获得的利益和成果。从理论上说,根据债权优于股东权就公司财产获得满足的原则,原告股东的间接受益期待也有落空的危险。倘若原告股东败诉,不仅由原告股东负担该案诉讼费用,而且该案判决对于公司产生既判力,不仅其他股东不得就同一理由再次提起代表诉讼,公司机关亦不得再就同一理由以公司名义提起诉讼。而在直接诉讼中,原告股东享有的形式意义诉权与实质意义诉权合二为一。原告股东胜败的一切诉讼结果(包括利益和不利益)均归属原告股东,而非其所投资的公司。①

(二) 股东代表诉讼具有代位属性

股东代表诉讼是基于公司的法律救济权而派生出的,这种权利不同于传统意义上股东因其出资而产生的股权,它是来源于公司而由股东来行使的。② 在公司怠于行使诉讼权利时,股东才以自己的名义提起诉讼,不是以所有股东的名义提起,其诉权来自于公司,同时又受制于公司。这一点与民事诉讼中的代位权诉讼类似。只有在公司未提起诉讼的条件下,股东才可以提起。民事诉讼中的代表人诉

---

① 参见刘俊海:《新公司法的制度创新:立法争点与解释难点》,法律出版社 2006 年版,第 252—255 页。

② 参见赵继明、吴高臣:《中国律师办案全程实录——股东代表诉讼》,法律出版社 2007 年版,第 9 页。

讼需要征得被代表人的同意与授权①,而在股东代表诉讼中,征得所有股东同意与授权既不现实也不经济。由此,从起诉条件来看,股东代表诉讼更接近于民事诉讼中的代位权诉讼而非代表人诉讼。

股东代表诉讼胜诉的结果直接表现为利益的取得是公司而非股东,败诉的结果则直接表现为公司受损利益的无法挽回或者根本不存在的受损利益需要被告承担。这也正是股东代表诉讼中代位性的明显体现。

若股东代表诉讼原告胜诉,诉讼费用由败诉方来承担是理所应当的。但若是原告败诉,情况就有些复杂了。股东代表诉讼中原告败诉时,其诉讼费用与赔偿费用(包括律师费、案件受理费、对被告的损害赔偿费等)不可能由所有的股东来承担。这一点与民事诉讼中的代表人诉讼有很大的不同,民事诉讼中的代表人的诉讼行为,对被代表的所有人发生效力②,其败诉后的诉讼费用应由所有被代表的人承担。由此可以看出,股东代表诉讼从诉讼费用负担这一方面来看其明显不具有代表性的特征。

综上所述,股东代表诉讼中的代位性是明显的,根本不具有代表诉讼属性。在司法实践中,有法院望文生义地认为,股东代表诉讼是代表人诉讼,或者是代表其他股东提起的诉讼,从而据此认为,既然原告股东在提起股东代表诉讼之前未能获得全体股东的授权,就不能提起股东代表诉讼。这种裁判思维显然是错误的。这一问题的清楚认识对理论研究与实务应用有着相当重要的指引意义。

二、公司在股东代表诉讼中的第三人地位探讨

尽管《公司法解释(四)》已经正式实施,将公司在股东代表诉讼中定性为第三人,但作为何种地位的第三人未予以明确。按照最高人民法院《关于适用〈中华人民共和国民事诉讼法〉的解释》(以下简称《民诉法解释》)第 81 条"根据民事诉讼法第五十六条的规定,有独立请求权的第三人有权向人民法院提出诉讼请求和事实、理由,成为当事人;无独立请求权的第三人,可以申请或者由人民法院通知参加诉讼"的规定,公司会依附于原、被告某一方,也可能会形成利益的合谋,损害他方的利益。因此,笔者认为,在股东代表诉讼中把公司列为特殊的第三人较为合理。

首先,最高人民法院在《关于适用〈中华人民共和国公司法〉若干问题的规定(四)(征求意见稿)》[以下简称《公司法解释(四)(征求意见稿)》]中意识到了公司在股东代表诉讼中的地位,对防止提起代表诉讼股东与被告的合谋诉讼,而让公司直接接受裁判的结果有特别重大的意义,但在正式的《公司法解释(四)》中却删掉了第 33 条"人民法院审理股东依据公司法第一百五十一条第二款、第三款规定提起诉讼的案件后,公司申请替代股东诉讼的,应当征得股东的同意。股东同意

---

① 参见张卫平:《民事诉讼法》,法律出版社 2009 年版,第 160 页。
② 同上书,第 161 页。

的,其已实施的诉讼行为有效;另行提起诉讼的,不予受理或者驳回起诉"及第34条"人民法院审理股东依据公司法第一百五十一条第二款、第三款规定提起诉讼的案件,当事人达成调解协议的,应提交股东会或者股东大会通过调解协议的决议。有限责任公司未提交股东会决议的,全体股东应当在调解协议书上签名、盖章或者向人民法院出具同意调解协议的书面意见"等相关条文,对公司在股东代表诉讼中处于何种地位未作定论。这说明公司在诉讼中的第三人地位尤为特殊。

其次,股东代表诉讼的前置程序是董事会(董事)、监事会(监事)怠于或不愿代表公司起诉,之后股东才能因为公司利益而提起诉讼,公司作为第三人参与诉讼。但是公司的意思机关被被告控制,如此一来,一场股东代表诉讼中就存在两个公司机关代表同一主体"公司",对本身处于劣势地位的提起股东代表诉讼的股东来说,若对公司参与诉讼不加以限制,股东代表诉讼极大可能变得毫无意义。

最后,依据《民诉法解释》第81条的规定,公司作为无独立请求权的第三人参加诉讼,依附于原、被告某一方,若不明确其诉讼地位,限制其诉讼权利,公司自然而然地作为第三人而依附于被告,"辅助参加诉讼被告董事一方"[1]。这样一来,被告可以从公司得到身心两方面的支持,结果会导致董事等产生只要站在公司控股股东一边就安全的暗示,更会强化控股股东对公司的支配。故而,公司作为第三人参与股东代表诉讼存在不正当性。若在法律上没有规范公司参与股东代表诉讼的行为的规定,法院在诉讼中是不能防止公司依附于被告一方的,股东代表诉讼的风险将明显加大,使得股东提起股东代表诉讼望而却步。

综上所述,公司作为无独立请求权的第三人可以知晓诉讼进程,及时提供有关证据并承受诉讼结果,必要时还可以及时有效地阻止原告股东的不法诉讼行为。从这些方面看,公司作为无独立请求权的第三人是比较合适的。但设置一项制度的目的,在于发挥其作用,如果存在前述情形,股东代表诉讼将会失去其应有的意义。因此,笔者建议设立辅助参与人制度,公司受到限制,只能依附于原告,只能是基于原告一方当事人的立场和庭审争议向法院有限度地提供证据、陈述其对争议的意见的第三人。法院根据该第三人提供的证据和陈述意见,综合判断是否采信,不单独作为证据使用。

---

[1] 〔日〕前田庸:《公司法入门》,王作全译,北京大学出版社2012年版,第338—339页。

以案看股东代表诉讼制度与公司利益的保护

何丽焦[*]

[摘要] 股东代表诉讼制度是为了保护公司利益。董事、监事、高级管理人员及他人损害公司利益,公司怠于行使诉权时,股东可以以自己名义代替公司参加诉讼。本文通过对《最高人民法院公报》案例的分析,从商业机会及对公司造成损失衡量的角度对股东代表诉讼制度进行分析和评判。

[关键词] 股东代表诉讼　商业机会　公司损失　中小股东保护

一、《公司法解释(四)》之股东代表诉讼

(一) 现行《公司法》关于股东代表诉讼的规定

股东代表诉讼制度是保护公司利益的诉讼机制。当公司被大股东控制,董事、监事、高级管理人员或者第三人侵害公司利益,公司怠于行使诉讼权利时中小股东可以通过股东代表诉讼制度来保护公司的利益,进而保护中小股东自己的利益。

《中华人民共和国公司法》(以下简称《公司法》)中关于股东代表诉讼制度的规定集中在第六章"公司董事、监事、高级管理人员的资格和义务"中,具体条文体现在《公司法》第151条"董事、高级管理人员有本法第一百四十九条规定的情形的,有限责任公司的股东、股份有限公司连续一百八十日以上单独或者合计持有公司百分之一以上股份的股东,可以书面请求监事会或者不设监事会的有限责任公司的监事向人民法院提起诉讼;监事有本法第一百四十九条规定的情形的,前述股东可以书面请求董事会或者不设董事会的有限责任公司的执行董事向人民法院提起诉讼。监事会、不设监事会的有限责任公司的监事,或者董事会、执行董事收到前款规定的股东书面请求后拒绝提起诉讼,或者自收到请求之日起三十日内未提起诉讼,或者情况紧急、不立即提起诉讼将会使公司利益受到难以弥补的损害的,前款规定的股东有权为了公司的利益以自己的名义直接向人民法院提起诉讼。他人侵犯公司合法权益,给公司造成损失的,本条第一款规定的股东可以依照前两款的规定向人民法院提起诉讼"以及第152条"董事、高级管理人员违反法律、行政法规或者公司章程的规定,损害股东利益的,股东可以向人民法院提起诉讼"。

现行《公司法》对股东代表诉讼的规定仅仅在于诉权规定,对于公司、其他股

---

[*] 四川公生明律师事务所律师。

东的诉讼地位以及胜诉利益分配方面没有具体规定,司法实践中,法官只能根据判例以及自由裁量权进行裁定,律师代理股东诉讼案件也难以把握诉讼程序。

(二)《公司法解释(四)》中股东代表诉讼的规定

最高人民法院《关于适用〈中华人民共和国公司法〉若干问题的规定(四)》[以下简称《公司法解释(四)》]中对股东代表诉讼制度的规定集中体现在第23—26条。《公司法解释(四)》在现行《公司法》规定的基础上进一步细化,主要体现在明确股东代表诉讼中诉讼参与人的诉讼地位、股东代表诉讼中公司如何承担合理费用以及胜诉利益处置。

在《公司法解释(四)》之前的征求意见稿中对股东代表诉讼被告的范围扩大到公司的全资子公司的董事、监事、高级管理人员,公司要替代股东的诉讼主体资格须取得股东的同意及诉讼中的调解进行了规定。但最终的司法解释并未采取这些观点,一方面由于草案的争议较大,另一方面从法理上来讲,在公司自治与司法介入的选择上,立法选择尊重公司自治。

二、案件事实与争议焦点

(一) 案情简介

1. 江西新纶公司设立及注资的事实

林某某与李某某、涂某某、华通地产投资有限公司(以下简称"华通公司")、江西万和房地产有限公司(以下简称"万和公司")、力高集团(香港)有限公司(以下简称"力高公司")、新纶高科技集团股份有限公司(以下简称"香港新纶公司")、新纶高科技皮业(江西)有限公司(以下简称"江西新纶公司")损害公司利益纠纷一案[案号为(2012)民四终字第15号]。

2003年10月31日,香港新纶公司在香港成立,李某某、林某某在香港新纶公司各占50%的股份。2004年5月9日,江西新纶公司在南昌县成立,香港新纶公司为唯一股东。该公司董事长为李某某,董事林某某、李某海。2004年5月19日,香港新纶公司对江西新纶公司出资710万港元,该款由李某某、林某某各投资355万港元。

2. 万和公司股权转让的事实

2004年5月12日,华通公司在香港成立。公司股东:李某某,持有6 200股;涂某某,持有3 800股。2004年9月24日,万和公司在南昌县成立,公司股东为华通公司,法定代表人、董事长李某某,董事涂某某、李某欣。2005年4月,华通公司向力高公司转让在万和公司的85%股权。2006年5月23日,华通公司将其在万和公司持有的15%股权转让给力高公司。至此,力高公司持有万和公司100%的股权。

3. 700亩土地使用权出让受让的事实

2004年3月11日,香港新纶公司(甲方)与江西省南昌县小蓝工业园管理委员会(乙方)签订《合同书》。约定:甲方在乙方县城投资"香港华通花园"房地产项目,乙方以挂牌方式依法出让700亩商住用地给甲方。2005年9月22日,万和公司向南昌县国土资源局交纳6 000万元土地出让款项。2005年12月7日,甲方香港新纶公司,乙方南昌县国土资源局,丙方万和公司签订《补充协议书》,约定甲方向乙方提供的700亩项目用地土地出让金预付款人民币6 000万元整系丙方所有,其全部权益也归丙方。2006年4月7日,万和公司以每亩17.5万元竞得国有土地使用权,土地面积700亩。

(二) 一审争议焦点

1. 林某某能否提起本案股东代表诉讼

根据法律适用的一般原则,对程序问题的处理应适用法院地法,即适用中华人民共和国内地程序法。林某某依据《公司法》向法院提起股东代表诉讼,诉权应予保护。

2. 李某某是否利用职务便利谋取原属于香港新纶公司的商业机会

首先,2004年3月11日,南昌县小蓝工业园管理委员会即与香港新纶公司签订了《合同书》,双方约定由香港新纶公司在该管理委员会的辖区设立相应规模的企业,作为回报出让给香港新纶公司投资的项目或设立的公司700亩商住用地的土地使用权。因此,该700亩商住用地的使用权构成《公司法》上的商业机会。

其次,香港新纶公司于2004年5月9日在南昌县小蓝工业园设立了江西新纶公司,江西新纶公司的出资也达到了700亩土地使用权受让的条件。香港新纶公司积极履行了《合同书》约定的设立企业的义务,并最终符合受让700亩土地使用权设立的条件,应该认定受让700亩土地使用权的商业机会属于香港新纶公司。

3. 如谋取商业机会成立,应承担何种法律责任及责任主体

本案中,原告林某某认为被告李某某在担任香港新纶公司董事、股东期间,未经香港新纶公司股东会同意,将本属于该公司所有的700亩土地使用权的商业机会,利用职务便利为万和公司谋取。李某某在该商业机会中的获利主要体现在万和公司的股权转让所得。力高公司、万和公司均出具证据,证明万和公司的股权转让金额为5 040万元人民币,本案推定万和公司股权转让的金额为人民币5 040万元。因原万和公司的股东是李某某、涂某某夫妇设立的华通公司,该公司是万和公司股权转让款的获利主体,故应对李某某向香港新纶公司返还人民币5 040万元股权转让款承担连带责任。

(三) 二审争议焦点

本案二审争议焦点为:李某某、涂某某、华通公司在本案中的行为是否构成单独或者共同侵权,从而剥夺了香港新纶公司的商业机会,进而损害了香港新纶公司的合法权益以及在李某某、涂某某或者华通公司构成侵权的情况下如何认定香港新纶公司的损失。

本案香港新纶公司要获得700亩土地使用权的商业机会必须满足其与南昌县小蓝工业园管理委员会所订合同中的相关条件。本案中没有证据证明香港新纶公司(或者通过林某某的行为)满足了约定条件。

林某某于2005年1月15日向李某某发传真明确表示放弃在江西的项目并要求李某某退还其投入香港新纶公司的335万元港币投资款,在未经清算的情况下要求保本撤资。香港新纶公司已不可能如约履行投资及在江西设立房地产企业等义务,更无可能为获得本属于其的700亩土地使用权这一商业机会而作出任何实质性的努力。因此,应当认定林某某在本案中没有积极履行股东、董事义务,香港新纶公司也未能积极履行投资、设立房地产企业等义务。

既然李某某、涂某某或者华通公司在本案中的行为不构成对香港新纶公司的单独或者共同侵权,则香港新纶公司即便存在任何损失,也无须由李某某、涂某某或者华通公司承担。

三、案件评析

(一)案例的争议焦点

1. 本案争议焦点之一:商业机会认定

无论是一审还是二审,法官都将商业机会认定作为本案的争议焦点。一审、二审法院对商业机会认定的结果不同,在于一审、二审法院认定的事实不同。香港新纶公司是否拥有700亩土地使用权的商业机会,在于其是否能取得该土地使用权必须满足的条件。

2. 本案争议焦点之二:公司失去商业机会造成的损失

本案中,法院首先要认定是否构成商业机会,之后再明确公司失去商业机会造成的损失。本案一审法院对公司损失的确定方式值得律师办理案件时借鉴。公司的损失包括两部分:一部分是该商业机会所得利益,另一部分是超出所得利益对公司造成的其他损失。

司法实践中,股东要证明超出所得利益对公司造成的损失,举证难度较大。这需要律师在代理案件中,对案件事实部分进行详细分析,提出可行性方案。

(二)诉讼费用负担分配

本案的二审判决对诉讼费的分配为一审案件受理费人民币331 800元,二审案件受理费人民币331 800元,共计人民币663 600元,均由林某某负担。

《公司法解释(四)》规定,股东代表诉讼中的诉讼请求部分或者全部得到人民法院支持的,公司应当承担股东因参加诉讼支付的合理费用。但股东败诉的费用没有明确规定由谁承担,本案中,案件受理费由股东林某某承担。

股东代表公司提起诉讼,目的是为了保护公司的利益。若规定由公司承担败诉的诉讼费用,容易引起股东滥诉,反而损害公司利益。若规定由股东承担败诉的诉讼费用,可能导致股东不愿意提起股东代表诉讼,导致该制度未能起到应有的作用。对于败诉的诉讼费用成本,律师虽然不能改变立法现状,但可提醒委托人,目前《最高人民法院公报》公布的案例是败诉后由败诉方承担诉讼费,由委托人在衡量后作出选择。

四、结语

　　股东代表诉讼是股东代表公司对损害公司利益的董事、监事、高级管理人员及他人提起诉讼,从而保护公司利益。在实务中,股东代表诉讼制度几乎等同于保护中小股东利益的诉讼机制。公司往往被大股东控制,公司利益被董事、监事、高级管理人员及他人损害时,公司怠于提起诉讼保护公司的权益。本次司法解释对股东代表诉讼制度在立法过程中没有争议的诉讼地位、胜诉利益分配、诉讼费用公司合理承担进行了规定,对立法中争议较大的公司替代原告、双重代表诉讼、诉讼中调解未作规定,从立法上选择尊重公司自治,对司法介入公司治理限制在一定范围之内。随着《公司法解释(四)》的生效,股东代表诉讼主体诉讼地位明确,在诉讼请求得到部分和全部支持时,公司有义务承担诉讼合理费用,这有助于股东在提起股东代表诉讼时衡量诉讼成本。鉴于委托人在衡量诉讼成本时考虑到诉讼费用负担可能性,因此律师在代理股东代表诉讼案件时有更大的发挥空间。

第六部分

《公司法解释（四）》与非上市公司股权激励

《公司法解释(四)》对非上市公司股权激励的实务影响

刘媛媛[*]

[摘要] 2016年12月5日,最高人民法院审判委员会全体会议审议通过了《关于适用〈中华人民共和国公司法〉若干问题的规定(四)》[以下简称《公司法解释(四)》]。《公司法解释(四)》就公司股东会或者股东大会、董事会决议效力案件、股东知情权案件、利润分配请求权纠纷、优先购买权案件、直接诉讼与股东代表诉讼案件等五类案件的法律适用问题进行了细化规定。《公司法解释(四)》正式施行后,势必会对商主体的相关交易安排能否达到预期效果产生广泛影响,律师在诉讼或非诉业务的策略设计上亦应及时规划、调整。本文就《公司法解释(四)》如何影响非上市公司股权激励的实务问题进行粗浅探讨。

[关键词] 《公司法解释(四)》 非上市公司 股权激励

一、讨论范围的说明

(一) 本文所指的股权激励为"非上市公司的实股激励"

股权激励能够被不同组织形式、规模、领域的公司采用,且具体实施方式相当灵活,本文所探讨的股权激励范围仅限于"非上市公司的实股激励",说明如下:

1. 关于"非上市公司"

目前我们能够看到的"股权激励"的相关规定来自2016年7月13日中国证券监督管理委员会发布的《上市公司股权激励管理办法》。由于上市公司具有资合性、开放性、股东权利的"同股同权"等性质,特别是上市公司有公开市场作为定价和退出(出售)依托,较少因激励方案本身引发诉讼,其与非上市公司在具体激励功能、方案设计及效果上有不小的差异。本文探讨的范围仅限于非上市公司,即受制于"人合性""封闭性"特点的公司,不包括主板、创业板的上市公司,也不包括新三板的非上市公众公司。

2. 关于"实股激励"

股权激励是由初始股东通过让渡部分或全部权益,以期最大限度地与公司经

---

[*] 四川君合律师事务所律师。

营者、参与者进行利益绑定,从而保障公司长期、持续发展的机制,在实际操作上有虚拟股份、在职分红、限制性股权、期权、增值权、干股、延期支付、管理层收购等多种模式,彼此之间亦可灵活组合。虽然这些模式都以"股权"为中心进行设计,但"股权"并不一定都被作为激励标的,也可能被作为现金或其他利益的分配参照物,本文探讨范围仅限于以实际股权作为激励标的的机制。

(二)本文讨论的法条为"优先购买权""确认无效情形"以及"股东知情权"的相关内容

非上市公司实股激励在本质上为"增资扩股/股权转让"(授予机制)+"附条件的股权转让"(退出机制)+"股东权利限制/让渡"(激励方案设计),将其与《公司法解释(四)》的相关规定进行匹配后可知:

——优先购买权是股权转让中的重要制度,而股权转让恰是非上市公司股权激励设计中的核心问题;

——确认无效情形直接关系到立法对股权激励方案中的相关安排持肯定还是否定态度,关系到该等激励能否实现预期目的;

——股东知情权作为固有权,涉及股权激励的实施成本问题,更折射出股东权利限制/让渡等激励方案设计的实体问题。

鉴此,本文重点讨论的法条部分为"优先购买权""确认无效情形"以及"股东知情权"项下的相关内容。

二、《公司法解释(四)》对非上市公司股权激励实务的影响

非上市公司股权激励方案通常围绕授予/退出机制、考核条件/激励股权限制、信息披露/议事规则这一脉络进行,《公司法解释(四)》相关法条对该脉络节点有以下三点影响。

(一)优先购买权对退出机制的影响

非上市公司没有开放市场作为依托,其退出路径通常是向指定方出售或由其他股东、股东以外的外部投资人等第三方甚至公司主动回购,本质上都是附条件的股权转让,规划的重点就是重塑股权转让中的优先购买权规则。

实践中操作方式大多是通过激励计划、授予协议、持股协议等一系列协议的方式约定:若激励对象发生违反劳动义务、竞业限制义务、绩效达标义务或死亡、丧失劳动能力等情形时,由特定方(通常是公司实际控制人或其指定方)按照一定价格回购激励股权。但是,随着《公司法解释(四)》对优先购买权的细化规定,上述安排也需要随之调整。

1. 根据《公司法解释(四)》第16条的规定,对原则上不应适用优先购买权的情形,须为特定股东确立优先购买权

《公司法解释(四)》第十六条

有限责任公司的自然人股东因继承发生变化时,其他股东主张依据

公司法第七十一条第三款规定行使优先购买权的,人民法院不予支持,但公司章程另有规定或者全体股东另有约定的除外。

该规定明确了在"继承"情形下,其他股东原则上不享有优先购买权。这是由于"继承"以自然人死亡为前提,通说认为此时并无股权转让的合意。可见,在该规定之下,优先购买权的个性化设计对股权激励方案的重要性也愈加凸显。有鉴于此,在非上市公司的股权激励方案设计中:

(1) 须通过另行约定的方式为特定股东确立实质上的优先购买权及行使规则

与该规定原则上不考虑"人合性"不同的是,此类情形下,非上市公司股权激励仍需要保障"人合性",理由如下:

一方面,激励对象的股东身份往往是其以个人独特的能力、对公司的特殊贡献以及对劳动期限、竞业限制、绩效等承诺作为条件交换而来的,其决策模式与初始股东具有天然差异;另一方面,受各种原因影响,非上市公司股权激励一直在模仿和摸索中成长,并不成熟、完善,大规模进行实股激励的公司并不少见,不少激励对象可能无意向在公司长期发展,但却已经符合法律规定的股东标准,此时,若依普遍法理排除优先购买权,公司的股权结构可能趋于不稳定,反而有损公司的"人合性",不利于公司长远发展。

因此,在激励股权退出过程中,有必要通过方案设计保障初始股东对公司的控制权,也就是针对原则上不适用优先购买权的情形,为特定股东通过另行约定的方式确立优先购买权,并结合股权激励具体承载的功能完善行使规则。

(2) 应特别重视公司章程对相关安排的效力保障作用

按照《公司法解释(四)》第16条的规定,若不欲适用法条本身的原则性规定,应以公司章程或全体股东约定的形式另行约定,否则不能产生预期安排的法律效果。由于在实践中"全体股东另行约定"的难度较大,股权激励应尤其重视公司章程的作用,即应注意将由激励对象死亡引发的退出安排体现在公司章程中,遵循公司章程的修正程序。

值得思考的是,针对股权激励项下股东形成的章程内容是否应普遍适用于公司所有股东的问题,如该章程内容仅适用于激励股东,那么是否突破了有限责任公司有限度的"同股不同权",这可能需要从多维度对股权激励方案的功能、目的进行通盘考量和安排。

2. 根据《公司法解释(四)》第17条、第19条、第21条的规定,对原则上应适用优先购买权的情形,须为其他股东确立放弃/消除优先购买权的规则

《公司法解释(四)》第十七条

有限责任公司的股东向股东以外的人转让股权,应就其股权转让事项以书面或者其他能够确认收悉的合理方式通知其他股东征求同意。其他股东半数以上不同意转让,不同意的股东不购买的,人民法院应当认定视为同意转让。

经股东同意转让的股权,其他股东主张转让股东应当向其以书面或者其他能够确认收悉的合理方式通知转让股权的同等条件的,人民法院应当予以支持。

经股东同意转让的股权,在同等条件下,转让股东以外的其他股东主张优先购买的,人民法院应当予以支持,但转让股东依据本规定第二十条放弃转让的除外。

《公司法解释(四)》第十九条

有限责任公司的股东主张优先购买转让股权的,应当在收到通知后,在公司章程规定的行使期间内提出购买请求。公司章程没有规定行使期间或者规定不明确的,以通知确定的期间为准,通知确定的期间短于三十日或者未明确行使期间的,行使期间为三十日。

《公司法解释(四)》第二十一条

有限责任公司的股东向股东以外的人转让股权,未就其股权转让事项征求其他股东意见,或者以欺诈、恶意串通等手段,损害其他股东优先购买权,其他股东主张按照同等条件购买该转让股权的,人民法院应当予以支持,但其他股东自知道或者应当知道行使优先购买权的同等条件之日起三十日内没有主张,或者自股权变更登记之日起超过一年的除外。

前款规定的其他股东仅提出确认股权转让合同及股权变动效力等请求,未同时主张按照同等条件购买转让股权的,人民法院不予支持,但其他股东非因自身原因导致无法行使优先购买权,请求损害赔偿的除外。

股东以外的股权受让人,因股东行使优先购买权而不能实现合同目的的,可以依法请求转让股东承担相应民事责任。

可见,《公司法解释(四)》对优先购买权通知制度作出了更细化的规定,特别是第17条的"二次通知制度",即有意对外转让股权的股东应就转让事项通知公司其他股东(第一次);过半数股东同意后,转让股东负有再行通知具体对外转让同等条件的义务(第二次)。根据《公司法解释(四)》第21条的规定,若通知程序或事项有瑕疵,可能导致股权转让合同无效的法律后果。

在激励股权授予过程中,激励对象就属于"股东以外的人",在采用股权转让方式授予激励股权时,需要依法履行对其他股东的通知程序、征求其他股东意见。假如激励对象的股权转让合同因未尽通知义务或通知瑕疵处于效力不稳定状态,不仅无法达到激励效果,可能还会引发诸多法律纠纷,给公司的正常经营、发展带来阻碍,因此:

(1)在股权激励方案中,应就授予机制形成初始股东放弃/消除优先购买权的规则、程序以及对应的授权方案;

(2)上述规则、程序以及对应的授权方案应通过股东会决议或符合法律、章程规定的表决程序作出,并最好对公司章程作出相应修订。

(二) 确认无效情形对股东权利限制/让渡设计的影响

1. 相关激励方案不应过度限制股东转让股权

正式发布的《公司法解释(四)》删除了征求意见稿第 29 条"(限制股权转让的章程条款的效力)有限责任公司章程条款过度限制股东转让股权,导致股权实质上不能转让,股东请求确认该条款无效的,应予支持"的规定。

立法者可能是考虑到该条中"过度""实质上"等表述的判断标准,有可能造成司法裁判标准的不统一,不仅会加大司法审查成本,也不利于当事人建立稳定的法律预期。

值得注意的是,该条虽在正式稿中被删除,却应重视其中透露的价值取向,即不应侵害股东的基本权利。在实践中,由于股权激励是初始股东与经营层利益绑定的一种工具,实施者希冀激励对象能对公司保持长期、专一的贡献,因此通常会对激励股权有所限制,常见的如仅将经济受益权利(如分红、增值、清算分配等)让渡给激励对象而保留与身份相关的股东权利(如表决权等),或仿照上市公司的股权激励方法以一定时限或某种条件限制激励股权的处分权能,这样在实质上大量核心条款可能"导致股权实质上不能转让"。笔者认为:

(1) 在方案设计的宏观层面,不宜将激励股权的处分通道完全堵死。虽然股权激励有其特殊的场景和功能,但它仍需在不侵害股东基本权利的框架下进行设计。

(2) 在方案设计的细节层面,首先,应本着"有限制就有相应的救济措施"的原则,为激励对象留出处分空间,如事先安排/指定特定第三方回购;其次,要尊重激励对象的合法利益,应避免指定方以零价或低于、等于原始价格进行回购(激励对象有侵害公司利益和严重违约的情形除外);再次,在具体限制方式上灵活考量,既可以限制具体时限(如 3—5 年),或约定限制条件(如以挂牌或上市为条件,或以劳动、竞业、勤勉忠诚、绩效考核指标作为限制条件),也可以约定限制程序(如约定必须经过某特定初始股东或公司决策机关同意)。

2. 关于两会决议可能导致股权激励方案法律风险的情形

正式发布的《公司法解释(四)》删除了征求意见稿第 1 条关于利害关系人可作为决议无效确认之诉原告的规定、第 6 条两会(即股东会或者股东大会、董事会)决议无效事由的规定,但由于股东会或者股东大会、董事会决议是非上市公司常见的股权激励文件组成部分,在设计股权激励方案时应予以充分重视。

笔者认为,虽然按照正式发布的《公司法解释(四)》第 1 条规定的"公司股东、董事、监事等请求确认股东会或者股东大会、董事会决议无效或者不成立的,人民法院应当依法予以受理",意在维护公司稳定经营和交易安全,能够提起决议无效确认之诉的主体已确定不包括"公司高级管理人员、职工",但是,法律保护小股东权益的原则没有改变,虽然股权激励中的激励对象不应完全等同于普通意义上的小股东,但确有可能因该规定产生争讼风险。

具体而言,在激励方案的设计和落实时,一方面,要对已形成的两会决议进行梳理、排查、补正;另一方面,在股权激励方案的设计和实施中,更要注重两会议事规则的完善,保证小股东参与到议案的讨论程序和过程中,以最大限度地避免效力不稳定的风险。

(三) 知情权等固有权对激励成本的影响

非上市公司股权的自治空间是股权激励方案规划的基础,法律允许通过公司章程、符合章程规定的有效决议乃至股东间协议对"同股同权"的原则进行突破,例如股东出资比例、持股比例、分红比例、优先认缴比例、表决比例均可以按照一定原则重新匹配,但是该突破是有限度的,某些权利就不得通过上述方式另行匹配,比如《公司法解释(四)》第9条涉及的知情权内容。

> 《公司法解释(四)》第九条
> 公司章程、股东之间的协议等实质性剥夺股东依据公司法第三十三条、第九十七条规定查阅或者复制公司文件材料的权利,公司以此为由拒绝股东查阅或者复制的,人民法院不予支持。

该条规定对保护小股东有着积极意义,但同时也进一步加大了股权激励的成本,若按照该条规定,激励对象将会使公司卷入知情权诉讼的法律风险加大。由于公司不得依据公司章程、股东间协议的特殊约定拒绝股东行使知情权,意味着哪怕该股东明确自愿限制或放弃自己的知情权,亦不生效力。

值得注意的是,虽然正式发布的《公司法解释(四)》删除了征求意见稿第16条将知情权空间拓展到记账凭证或者原始凭证的规定,但仍然提醒激励方案的设计者重视商业秘密的防火墙制度,这是由于在商业实践中,行业之间的人才流动相当频繁,这意味着若具有股东身份的激励对象退出公司,涉及公司商业秘密的信息有可能会被泄露或不当利用。

有鉴于此,笔者建议在实务中,一方面,要关注知情权等固有权对股权激励方案设计的影响,并辅以具有可行性的保密、竞业限制等配套制度;另一方面,还要在"激励股东"尚为"拟激励对象"的阶段,就通过适当的程序和措施进行"信息披露",即首先保障"拟激励对象"对激励方案的"知情权",这不仅是对双方利益交换的场景的确认和强化,也能够在一定程度上降低公司的诉讼风险。

非上市公司的股权激励存在缺乏权威样本,已公开的诉讼案例有限,媒体信息的片面指引,全民创业浪潮中的社会浮躁心态等现实窘境,对公司来说,如果决定实股激励,需要更加审慎地调研、评估、规划、设计。当然商业智慧更能催生出实用、灵活的激励方式,而最终的激励效果不仅要靠法律安排,更取决于对人性的研磨和对忠实诚信的坚持。以上是笔者的粗浅探讨,究竟《公司法解释(四)》会对非上市公司实股激励方案产生怎样的影响,还需要时间和案例的沉淀,笔者会对此持续关注。